1 MONTH OF
FREE
READING

at

www.ForgottenBooks.com

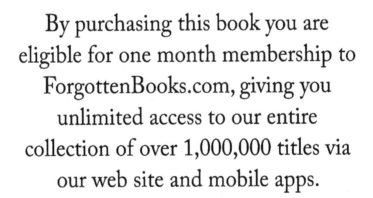

By purchasing this book you are
eligible for one month membership to
ForgottenBooks.com, giving you
unlimited access to our entire
collection of over 1,000,000 titles via
our web site and mobile apps.

To claim your free month visit:

www.forgottenbooks.com/free1204810

ISBN 978-0-331-67961-8
PIBN 11204810

LES
JOURNÉES
AMUSANTES,
DÉDIÉES AU ROI,

Par Madame DE GOMEZ.

HUITIEME ÉDITION,
revue & corrigée.

·AVEC FIGURES.

TOME CINQUIEME.

A AMSTERDAM,
PAR LA COMPAGNIE.

M. DCC. LXXVII.

AU ROI.

IRE,

Le favorable accueil dont VOTRE MAJESTÉ a daigné honorer les Journées Amusantes, m'enhardit à lui en dédier la suite ; heureuse, si les Faits & les Histoires que renferme ce cinquieme Volume, peuvent attirer ses augustes regards, &

A 2

lui faire aprouver les veilles de celle qui met toute sa gloire à se dire, avec un très-profond respect,

SIRE,

DE VOTRE MAJESTÉ;

La très-humble, très-obéissante
Servante & Sujette,

DE GOMEZ.

LES
JOURNÉES
AMUSANTES.

TREIZIEME JOURNE'E.

OMME la belle saison ne faisoit que commencer, lorsqu'Uranie voulut quitter son aimable retraite pour jouir du plaisir de voir les mariages de Camille & de Florinde avec Alphonse & Erasme, elle n'eut pas plutôt satisfait à ce que l'amitié exigeoit d'elle, qu'elle proposa à Thélamont de retourner à la campagne ; ce tendre époux, qui ne se trouvoit jamais mieux que dans les lieux où rien ne pouvoit le distraire des soins d'un amour parfait, y consentit avec joie ; il n'y avoit que huit jours que les deux belles cousines étoient engagées sous les loix de l'hymen, quand Thélamont & Uranie furent prendre congé d'elles & de leurs époux.

Orophane & Félicie étoient de la partie, ne pouvant se résoudre à se séparer de deux

A 3

personnes qu'ils aimoient uniquement ;
mais à peine Uranie eut-elle apris le deſſein
qu'elle avoit formé , que Camille l'inter-
rompant avec ſon enjouement ordinaire :
comment , dit-elle , vous prétendez , belle
Uranie , nous abandonner & partir ſans
nous ? Non , Thélamont , non , Orophane ,
continua-t-ellè du même ton , il ne ſera
pas dit que de nouveaux époux ſoient moins
charmés que vous de ſe trouver en liberté
auprès de ce qu'ils aiment ; & je me trompe
fort , ou Florinde , Alphonſe & Eraſme ne
ſouffriront jamais un ſemblable affront.

N'en doutez point , charmante Camille ,
s'écria Eraſme , Florinde & moi ſuivrons
par-tout Uranie & Thélamont. Alphonſe
ayant dit la même choſe , il parut alors un
renouvellement de tendreſſe entre ces huit
amis , qui leur fit aiſément connoître qu'une
ſociété choiſie , unie par les nœuds d'une
amitié ſincere , & d'une véritable eſtime ,
ne pouvoit trouver qu'en elle de ſenſibles
plaiſirs.

Ainſi il fut réſolu qu'ils partiroient tous
le lendemain matin , & qu'ils employeroient
le reſte de cette journée à faire avertir de
leur départ ceux & celles qu'ils ſavoient
être dignes de ſe joindre à eux , lorſqu'ils
en auroient le tems ou le deſir ; ce qui ayant
été exécuté ponctuellement de part & d'autre , ils quitterent la ville avec une joie qui
ſe répandit ſur leurs moindres actions. Ce
fut dans cette heureuſe diſpoſition qu'ils
arriverent chez Uranie , où , ſuivant l'agréable loi qu'on s'y étoit impoſée , on n'eus

pas plutôt dîné , qu'on se rendit dans le
sallon des livres , pour y passer le plus chaud
du jour.

Voici , dit Camille en entrant , le seul
endroit où je m'imagine avoir de l'esprit ,
quand même on me contraindroit de me
taire. Vous en avez trop , répondit Uranie ,
pour ne vous en pas croire par-tout. Mais ,
ma chere Camille , si ce lieu a pour vous
quelqu'avantage par-dessus les autres , c'est
de vous y voir en pleine liberté au milieu de
ceux que vous aimez & qui vous aiment de
même. Il faut convenir, dit Alphonse , que
si cela ne donne pas de l'esprit, cela y ajoute
beaucoup , & que l'on n'est guere en état de
le faire briller lorsqu'il est contraint par le
caractere ou l'humeur des personnes avec
lesquelles on se rencontre , & le peu de raport du génie & des sentimens : c'est ce qui
prouve , interrompit Erasme , qu'en toute
chose la concorde & l'union sont absolu-
ment nécessaires , nulle société , nul corps
& nul état ne pouvant se soutenir sans une
parfaite intelligence.

Ce que vous dites est si vrai , ajouta Thélamont , que Plutarque raporte que ceux
de Sparte soutenoient que ce n'étoit pas la
force de leurs murailles qui rendoit leurs
places imprenables , mais la vertu & l'intelligence de leurs habitans. En effet , Licur-
gue ne recommandoit rien plus fortement
aux Lacédémoniens , que l'union entr'eux ,
& la magnanimité envers leurs ennemis ; ce
qu'ils observerent si bien quelque tems , que

leur ville ne paroiſſoit être remplie que d'une
ſeule famille.

Tant que les Grecs furent unis, dit Orophane, ils ſoutinrent, ſans s'ébranler, la
puiſſance formidable des Perſes, & au contraire, lorſque la méſintelligence ſe gliſſa
parmi eux, ils devinrent la proie de leurs
ennemis ; la diſcorde & la méſintelligence
ſont la ruine & le poiſon des Etats, des
corps & des ſociétés ; elles ferment l'eſprit,
voilent les lumieres ; avec elles le meilleur
conſeil paroît mauvais, & le ſentiment le
plus juſte eſt le moins ſuivi : au lieu que
l'union & l'intelligence ouvrent l'entende-
ment, & donnent de nouvelles clartés.
Dans un Etat, un corps ou une ſociété,
lorſque la concorde y regne, le moins ſpi-
rituel y devient néceſſaire, un bon conſeil
en attire un meilleur, un ſentiment judi-
cieux en fait naître un plus juſte encore ; &
quoique les avis ſoient différens, la bonne
intelligence les réunit tous pour ſe rendre
au plus utile ou au plus ſenſé : ainſi je trouve
que la belle Camille a raiſon de ſe croire
plus d'eſprit ici qu'en nul endroit, notre
union nous donnant mille occaſions de faire
briller le peu que nous pouvons en avoir,
un bon mot en fait dire un autre, un beau
diſcours fournit une plus belle réponſe ; &
notre eſtime réciproque nous portant à nous
écouter avec plaiſir, rien ne tombe, rien
ne nous échape, & nous nous prêtons,
pour ainſi dire, des agrémens les uns aux
autres.

Il faut bien le croire ainſi, dit alors Fé-

licie en fouriant , puifque Camille vous a
affez prêté des fiens , pour nous en faire
trouver infiniment à tout ce que vous venez de dire , & je fuis perfuadée qu'il n'y a
perfonne ici qui ne foit de votre fentiment,
Il n'en faut pas douter , répondit Florinde ,
& nous avons un trop grand intérêt à foutenir l'utilité de l'intelligence & de l'union ,
pour n'être pas tous d'accord en ce point :
mais , continua-t-elle , puifque notre converfation s'eft tournée naturellement fur
cette matiere , je fouhaiterois fort être inftruite de ce que c'eft que les Guelfes & les
Gibelins ; tout ce que j'en ai pu lire ne
m'ayant point affez éclairée fur un fait qui
me paroît d'importance ; & quoique par
cette queftion je faffe voir mon ignorance ,
j'aime mieux la découvrir pour en fortir ,
que d'y refter en la cachant , d'autant plus
que cela nous rapellera ce qu'Orophane
vient d'avancer fur les malheurs que peuvent caufer la difcorde & la méfintelligence.
Il y a autant d'efprit , dit Thélamont , à
vouloir aprendre , qu'il y en a à favoir ; le
defir d'être inftruit eft la fource de la fcience : ainfi , charmante Florinde , le vôtre ne
vous rend que plus eftimable ; & pour le
fatisfaire , je vais faire enforte de vous expliquer clairement la querelle des Guelfes &
des Gibelins , dont vous n'êtes pas la feule
qui ignoriez les particularités.

Les feules divifions qu'il y eut en Italie ,
entre les Papes & les Empereurs d'Allemagne , en furent la caufe. Après la mort de
Conrad III du nom , qui arriva en 1152 ,

A 5

toutes les villes d'Italie, refuserent l'obéïs-
fance à son succeffeur Frédéric I, chef de
l'illuftre Maifon de Suabe, que les Italiens
furnommerent Barberouffe. Ce Prince
irrité de cet obftacle, fit marcher une puiffante armée dans leur pays, qui ravagea
une partie de ces belles provinces ; & s'étant
mis lui-même à la tête de fes troupes, fut
affiéger la ville de Milan qu'il prit d'affaut.
Sa haine & fon reffentiment furent fi loin
en cette occafion, qu'il fit paffer au fil de
l'épée tous les habitans, fans diftinction de
fexe & d'âge ; enfuite il donna la ville au
pillage ; après quoi il y fit mettre le feu,
fans aucun refpect pour les lieux faints, ni
pour les fuperbes antiquités qui marquoient
la magnificence des anciens Empereurs, &
la grandeur romaine. Non content de cette
défolation, il fit encore démolir tout ce
que les flammes & la fureur du foldat
avoient épargné, & faifant labourer cette
terre infortunée, il y fit femer du fel, voulant par-là la condamner à une éternelle
ftérilité.

Sa haine implacable & cet excès de cruauté
aliénerent contre lui prefque toute l'Italie,
il donna plufieurs batailles où il fut heureux, & toujours cruel ; mais fon fils Othon
ayant été fait prifonnier dans une bataille
par les Vénitiens, il fit la paix avec le Pape
Alexandre III. Cependant les troubles qui
avoient caufé tant de malheurs, fe renou-
vellerent fous Henri VI du nom, fon fils
& fon fucceffeur : mais ils éclaterent bien
plus fous le regne de Frédéric II, fils de

Henri. Ce jeûne Prince, trop enflé de la gloire qu'il avoit acquife dans la Terre-Sainte où il avoit remporté plufieurs victoires contre les Sarrafins, voulut remettre toute l'Italie fous fon obéiffance ; & pour y parvenir, il y mena une armée formidable, qui ravagea toutes ces belles contrées qui font entre le Pô & les montagnes du Tirol. Le Pape, juftement alarmé, lui fit offrir la paix à des conditions honorables auxquélles il ne voùlut point entendre ; ce qui obligea le Pontife à le fraper d'anathême jufqu'à deux fois ; la plus grande partie des Italiens ne voulut plus avoir de communication avec ce Prince, & l'on fit agir tant de reffforts contre lui, qu'ils donnerent occafion à ces horribles factions qui fe firent de part & d'autre dans toute l'Italie.

Ce fut alors que fe formerent ces deux puiffans partis, l'un pour le Pape, fous le nom de Guelfes, & l'autre pour l'Empereur, fous celui de Gibelins, fource inépuifable de querelles & de diffentions ; la haine & la rage s'étant emparées du cœur de ceux qui étoient entrés dans ces factions, on vit commettre les crimes les plus énormes, les villes & les villages, les grands & les petits vengeant leurs quelles particulieres ; fous prétexte du bien public, le vol, le brigandage, le meurtre, & l'incendie, tout étoit employé, fans craindre la rigueur des loix, la force & la violence tenant feules lieu de titre & de pouvoir.

Cependant l'excommunication fulminée contre Frédéric fit une telle impreffion fur

Les efprits, tant en Italie qu'en Allemagne, que lorfque le Pape eut dépofé cet Empereur au concile de Lyon, quelques Princes d'Allemagne s'affemblerent, & élurent à fa place Henri, Landgrave de Thuringe; mais étant mort l'année de fon élection, les mêmes Princes apellerent à l'Empire Guillaume, Comte de Hollande, auquel Conrad, fils de Frédéric, le difputa avec vigueur. Après plufieurs guerres, où ces Princes eurent différens fuccès, Conrad quitta l'Allemagne, pour aller dans fes Royaumes héréditaires de Naples & de Sicile, où il mourut en l'an 1254, & Guillaume, Comte de Hollande, ayant auffi perdu la vie dans une bataille que les Grifons gagnerent contre lui en 1256, ce fut alors que toute la puiffance des Empereurs fe vit prefque détruite en Italie, le parti des Guelfes étant devenu fupérieur à celui des Gibelins; à quoi contribua encore la méfintelligence des Princes d'Allemagne, fur le choix d'un Empereur; cruelle & trifte divifion! qu'on pourroit regarder comme une rétribution des crimes & des maux qu'ils avoient commis ou occafionnés en perfécutant les chefs de l'Eglife.

Cette réflexion me paroît jufte, dit alors Uranie, voyant que Thélamont avoit ceffé de parler; car enfin, quoique ces guerres ne regardaffent que le temporel, elles ne pouvoient fe faire fans attaquer un peu le fpirituel; & je trouve que Frédéric Barberouffe avoit offenfé directement la puiffance divine par l'excès de fes cruautés, & Frédéric

Il par son injustice , en ne voulant pas accepter une paix avantageuse , & qui ne lui étoit offerte que dans la vue de terminer des maux dont la religion ne pouvoit manquer d'être altérée.

Quoi qu'il en soit , répondit Alphonse , il n'est rien de plus vrai , que les sentimens oposés des Princes d'Allemagne sur l'élection d'un Souverain , jetterent ce vaste pays dans des troubles qui lui attirerent des malheurs infinis. Ce fut aussi dans ce même tems , que , pour saper entiérement les restes de la puissance de la maison de Suabe , le Pape donna à Charles , Duc d'Anjou , l'investiture du Royaume de Naples , qui y marcha avec une puissante armée. Conradin , fils de Conrad , vint au-devant de lui à la tête de la sienne , composée d'Allemands & des Napolitains qui lui étoient restés fideles. La bataille se donna entre ces deux Princes , Conradin la perdit & y fut fait prisonnier ; Charles lui ayant fait faire son procès , il fut condamné à perdre la tête , ce qui fut exécuté ; & par-là , la race des anciens Ducs de Suabe fut entiérement éteinte.

Cependant les troubles continuoient toujours en Allemagne ; & les Princes , partagés sur le choix d'un Empereur , ce qui fit qu'un parti élut Richard , Duc de Cornouailles , fils de Jean , Roi d'Angleterre , & l'autre nomma Alphonse X du nom , Roi de Castille , tous deux en l'an 1257 ; mais ni l'un ni l'autre de ces Princes n'ayant fait aucun effort pour se rendre maître de l'Allemagne , il arriva un interregne dans

cet Etat , qui le fit tomber dans le défordre
& la défolation ; les Grands ne s'accordant
point , & ne fe rendant à aucun des partis
que les plus fages propofoient, les divifions,
la haine & les diffentions produifirent des
brigandages dans tout l'Empire.

On ne diftinguoit plus qui étoit le Souverain ou le fujet , la confufion étant d'autant plus grande , que les trois principales
familles étoient alors éteintes , celle de
Suabe , d'Autriche & des Landgraves de
Thuringe : ainfi chacun cherchoit à fe rendre maître de ces belles fucceffions fans y
avoir de droit. Ce fut donc à la force à en
décider ; & celui qui eut l'avantage fur fes
concurrens , les foumit à fon obéiffance :
comme ces Princes avoient befoin de gens
de guerre , ils permettoient tout aux foldats
pour les attirer dans leur parti ; enforte que
le vol , le brigandage , & tout ce qu'il y a
de plus affreux , devint permis ; la ligue que
les villes du Rhin avoient faite en l'an 1255 ,
ne put même arrêter ces défordres , parce
que les foldats qui s'étoient débandés , s'é-
toient élu des chefs , & fe cantonnoient dans
les châteaux , d'où ils faifoient contribuer
tout le pays.

Mais enfin, le fouverain arbitre des Hommes eut pitié de ces peuples malheureux, &
infpira à quelques Princes de fe joindre aux
villes qui s'étoient liguées ; ils affemblerent
des troupes, chafferent ces voleurs des lieux
forts qui leur fervoient de retraites , leur
firent fouffrir les peines que méritoient leurs
brigandages , & nettoyerent les chemins &

les rivieres de ces postes publiques ; malgré
cela , la division des Grands ne laissa pas de
durer encore , jusqu'à ce que , lassés de leur
propre mésintelligence , ils élurent d'un
commun accord en l'an 1273 , Rodolphe ,
Comte d'Asbourg, pour Empereur , duquel
descend celui qui regne aujourd'hui , qui
fut assez heureux pour rendre le calme à
l'Empire , y faire observer les loix , & remettre les choses dans l'état où elles devoient être.

On ne peut trop admirer cet habile Prince , ajouta Erasme , qui sut si bien profiter
de la dignité impériale , qu'il rendit sa maison la plus florissante de l'Allemagne ; de
simple Comte qu'il étoit ; car Ottocare ,
Roi de Boheme , après la mort de Frédéric ,
Marquis d'Autriche , qui avoit eu le même
sort à Naples que Conradin, s'étoit emparé
de l'Autriche ; de la Carinthie , de la Car-
niole , du pays de Vindismark , & de Por-
tenau , dont Rodolphe le déposséda , & en
investit son fils Albert , & donna à son second fils Rodolphe le Duché de Suabe :
tant il est vrai qu'il ne faut que des occasions pour faire connoître les grands hommes à ceux qui font dignes de commander
aux autres.

Cet Empereur , ajouta Thélamont , étoit
si sage & si politique, qu'après avoir affermi
sa maison , comme Erasme vient de le dire ,
plusieurs Princes lui ayant conseillé de porter la guerre en Italie , pour y faire revivre
les droits de l'Empire , il leur répondit qu'il
connoissoit la justice de sa cause , mais que

les traces de ses devanciers l'épouvantoient. Et cependant, pour faire voir qu'il savoit des moyens moins violens, & qu'il n'ignoroit pas son pouvoir & son droit, il envoya des agens secrets aux principales villes d'Italie, qui leur proposerent de les affranchir & de les mettre en liberté pour de grosses sommes d'argent. Ils négocierent si bien & si adroitement cette affaire, que tout fut réglé, les patentes impériales envoyées & reçues, l'argent compté & transporté en Allemagne, avant que le Pape en fût informé. L'on murmura à Rome ; mais la chose étant faite, & ne pouvant y avoir de remede, on s'apaisa ; & l'Empereur Rodolphe, sans répandre de sang, & remplissant ses coffres, donna des marques de son autorité & de la puissance impériale dans un pays où on les croyoit anéanties.

. Une autre preuve, dit alors Uranie, de l'intelligence de ce Prince, c'est qu'après avoir assuré son pouvoir en Allemagne, & exterminé tous les brigands, il fit publier un édit, par lequel il ordonnoit que tous les actes & jugemens publics ou particuliers seroient faits & écrits en langue allemande, qui jusqu'alors avoient été en latin ; & par-là il trouva le moyen de perfectionner la langue, & de réunir les esprits, en les disposant à concourir unanimement au bien de l'Empire. Après avoir exécuté toutes ces grandes choses, il mourut en 1291.

En vérité, reprit Florinde, je suis charmée que ma curiosité nous ait fourni l'occasion d'entendre des faits aussi beaux qu'instructifs; mais, continua-t-elle, je crois que nous pouvons pourſuivre, en nous promenant, un entretien qui, dans quelque lieu que nous portions nos pas, a toujours de nouveaux agrémens.

Toute la compagnie ayant aplaudi au ſentiment de Florinde, elle ſe rendit ſur la terraſſe qui donnoit ſur l'eau, où, après avoir fait pluſieurs tours enſemble & ſéparément, elle ſe réunit & prit ſes places ſur les ſieges de verdure dont elle étoit ornée. Alors la converſation étant devenue générale, & s'étant rapellé quelques traits de ce qui avoit été agité dans le cabinet des livres. Pour moi, dit Camille, je ne puis me laſſer de dire que la colere & la vengeance ſont de toutes les paſſions les plus funeſtes & les plus dangeureuſes, par les cruels effets qu'elles produiſent.

Ah! ma chere Camille, s'écria Florinde, ne leur faites pas l'honneur de les traiter de paſſions; cela fait trop de honte à celles que l'on peut reſſentir ſans crimes. Il ne faut pas tout-à-fait condamner Camille, interrompit Félicie, l'uſage autoriſe ce qu'elle vient de dire. Mais en effet, il y a tant d'eſpeces de paſſions, qu'il eſt difficile de les démêler: tout eſt devenu paſſion, l'amour, la haine, l'ambition, la vengeance, la colere, la pitié, ladouleur, la volupté, le jeu, le vin, la chaſſe, & mille autres dont les noms m'échapent, & dans la penſée où je ſuis que les paſſions réſident dans l'ame, j'avoue que j'ai de la peine à concevoir que cette ame, que je me figure ſi belle & ſi pure, ſoit en-

tourée de sentimens si différens , & dont là
véhémence est seule capable de ternir touté
sa pureté.

. Voilà une matiere digne de Thélamont ,
reprit Orophane ; & son éloquence devroit
bien tirer Félicie de l'incertitude où elle paroît être. Je vous assure , répondit-il , què
vous m'embarrassez , & que je ne me sens
nullement assez savant pour vous disserter
les passions.

. Non , non , reprit promptement Uranie ,
point de modestie à contre-tems ; nous sa-
vons de quoi vous êtes capable ; & de plus ,
nous ne sommes point ici dans une acadé-
mie où il soit nécessaire de faire briller son
savoir , ni d'employer des phrases fleuries ,
& de ces grands mots que la plupart de ceux
qui les disent n'entendent pas ; il ne faut
seulement vous expliquer que comme vous
le pensez , & selon ce que vous sentez.

. Puisque vous vous mettez aussi de la partie , ma chere Uranie , répondit Thélamont ,
il m'est impossible de résister : ainsi donc
pour vous contenter , sans vouloir entrer
dans le détail de l'irascible , du sensitif , &
du reste de ces expressions savantes qui em-
brouilleroient mon discours & mes pensées ,
je vous dirai que je ne donne le titre de
passion qu'aux choses que la raison peut
régler sans les pouvoir détruire , parce
qu'elles sont nées avec nous , étant absolu-
ument nécessaires à la perfection de la
créature.

Sur ce principe , je n'admets que trois
sortes de passions , qui sont l'amour , la

haine & l'ambition, étant des mouvemens
attachés à l'ame, pour rendre l'homme capable d'aimer le bien, de haïr le mal, &
de chercher les moyens d'acquérir la gloire
par ses vertus ou par ses actions, ces trois
passions étant elles-mêmes trois vertus éma-
nées de la divinité, essentielles à la créature
pour aimer, connoître & se rendre digne
du Créateur. Tous les hommes naissent avec
elles, ce qui fait qu'il leur est impossible de
les vaincre ; mais la raison, qui est une des
plus belles parties de l'ame, les conduit,
les regle, & leur donne les bornes qui peuvent les empêcher de se tourner en vices.

Cependant, dit alors Camille, la raison,
cette belle partie de l'ame, est commune à
tous les hommes, & on ne voit pas qu'ils
s'en servent tous pour régler leur amour,
leur haine, leur ambition. Il est vrai, reprit
Thélamont : mais quoique chacun de nous
ait la raison en partage, la différence des
humeurs, des tempéramens, celle des tems,
des lieux, des occasions & de l'éducation,
nous porte à en faire des usages différens ;
mais cela n'ôte rien de son pouvoir sur les
passions, ni de la nécessité où nous sommes
d'avoir celles dont je fais mention.

Un enfant qui ne fait que de naître les
possede au même degré qu'un homme con-
sommé ; il aime, il hait, & il ambitionne
selon la portée de son âge ; & lorsqu'il est
plus avancé, ses passions n'augmentent pas,
mais elles se dévelopent ainsi que sa raison ;
car nous naissons avec autant de raison que
nous devons en avoir le reste de notre vie ;

l'âge & l'éducation ne faisant que la dévoiler : les trois passions dont je parle sont si bien nées avec nous, qu'elles n'ont pas besoin d'objet pour se déclarer, nous étant naturel d'aimer le bien, de haïr le mal, & de desirer de nous perfectionner ; & ce desir n'est autre chose que de l'ambition.

La colere, la vengeance, la crainte, la douleur, la jalousie & la pitié ne sont point des passions, mais des maladies de l'ame, qui ne sont qu'accidentelles, ayant besoin d'objet pour être excitées ; car si elles lui étoient naturelles comme les trois passions que je prétends avoir été créées avec nous, cette ame seroit sans cesse agitée, opressée & dans une contention perpétuelle : nous ne serions jamais sans colere, sans vengeance, sans crainte, sans douleur & sans pitié, & ces mouvemens véhémens ne nous laisseroient jamais goûter aucun repos, puisque nous ne pouvons les ressentir sans une opression si vive, qu'elle se répand sur notre corps, & que nous en souffrons comme du mal le plus cruel, & que, lorsque notre ame vient à en être possédée, elle gémit, se trouble, & n'est plus dans son assiette ordinaire.

Au lieu que l'amour, la haine & l'ambition lui sont si naturelles, & sont si bien attachées à elle, qu'elle cesseroit d'être ame, si quelqu'une des trois pouvoit l'abandonner ; elle ressent du plaisir à aimer ce qui est aimable ; elle trouve de la satisfaction à haïr ce qui lui est contraire ; & l'ambition lui fait naître une espérance de parvenir à

ce qu'elle defire ; qui la foutient , la calme ,
& lui fait goûter d'avance les douceurs de
la poffeffion.

La raifon n'a point d'autre travail avec
ces trois paffions que de les régler , les conduire & les borner ; mais elle a bien une
autre occupation avec la vengeance & la
colere : lorfqu'elles viennent agiter l'ame ,
non contente de les combattre fans ceffe, elle
cherche à les détruire entiérement , parce
qu'elles ne font pas du nombre des paffions, mais de celui des vices; la douleur, la
crainte & la pitié ne peuvent être regardées
comme des paffions , l'homme n'en étant
poffédé que pour un tems , ainfi que de la
colere & de la vengeance , puifque toutes
ne naiffent que par le pouvoir des objets
réels qui les excitent.

Il faut qu'on nous irrite pour nous mettre
en colere ; il faut qu'on nous offenfe pour
que nous fongions à la vengeance ; il faut
que quelque mal violent nous porte à la
douleur ; & il faut enfin que quelque dé-
faftre fenfible arrive à notre femblable ,
pour exciter notre pitié ; mais que l'on cherche à nous adoucir , notre colere finit ;
qu'on nous demande pardon , ou que nous
foyions vengés , notre vengeance meurt ;
qu'il ne nous arrive rien de douloureux ,
nous ferons fans douleur ; & que notre
femblable ne fouffre point , nous ne fenti-
rons point la pitié.

Ce qui eft très-différent de l'amour , de
la haine & de l'ambition , qui étant nés avec
nous , n'ont pas befoin d'objets pour fe main-

tenir, & qui étant satisfaites, n'en meurent
pas pour cela. Sans objet nous aimons le
bien ; sans objet nous haïssons le mal, &
sans objet nous ambitionnons la connoif-
sance de l'un & de l'autre ; nous n'attendons
pas qu'on nous aime pour aimer, qu'on
nous haïsse pour haïr, & qu'on nous offre
pour desirer. Il n'en est pas de même de la
crainte, de la colere, de la vengeance, de
la douleur & de la pitié ; il faut que l'on
nous force & que l'on nous contraigne à les
ressentir ; lorsque nous en sommes délivrés,
nous respirons, notre ame est à son aise ;
au lieu que l'amour, la haine & l'ambition
ne lui donnent qu'une occupation brillante
& satisfaisante, dont l'agréable variété la
tient comme suspendue, & la met dans une
douce agitation ; mouvemens dont elle tire
sa grandeur & son immortalité, puisque
lorsqu'elle est dégagée des défauts attachés
à l'humanité, & qu'elle tourne ses regards
vers celui qui l'a créée, son amour lui sert à
l'adorer, sa haine à détester ce qu'il défend,
& son ambition à desirer de retourner à lui.

   Cette définition est frapante, dit alors
Camille ; mais en quel rang faut-il donc
mettre les autres choses que d'on a nommées
passions ?

   Ce titre, charmante Camille, reprit
Thélamont, ne leur a été donné que par
l'excès de la vanité de l'homme qui, trouvant dans le mot de passion l'impossibilité
de vaincre, en a voulu relever la gloire
qu'il croit avoir à les dompter ; vaincre ses
passions est un objet digne de son orgueil,

& c'eft pour le fatisfaire plutôt, que par un
véritable principe de fageffe, qu'il a fait des
paffions & des monftres terribles des plus
fimples amufemens, afin de fe rendre plus
recommandable lorfqu'il vient à s'en détacher. Quelle vanité, dans le tems qu'il n'eft
rien de plus fimple & de plus aifé ! lorfque
l'on donnera à toutes ces chofes le nom de
vices au lieu de celui de paffions, alors la
difficulté de les vaincre & la gloire de les
avoir vaincus s'en iront en fumée. La colere, la vengeance, l'envie, la médifance,
l'orgueil & l'intempérance font des vices &
non des paffions ; or, les vices font connus
pour tels de tous les hommes, & Dieu a
donné à tous les hommes une volonté libre
de les fuivre ou de les éviter ; par conféquent, il y a moins de gloire à les vaincre,
que de foibleffe à s'y abandonner.

Cependant, dit Alphonfe, la commune
opinion veut que nous foyions nés plus en-
clins au mal qu'au bien : & fi cela eft ainfi,
fe peut-il qu'il n'y ait pas de gloire à vaincre fon penchant ? Je trouve, répondit
Erafme, que c'eft une grande erreur, puifque fi cela étoit, celui qui nous a créés &
qui nous auroit donné ce malheureux penchant, feroit dans la néceffité de nous pardonner toutes les fois que nous nous y li-
vrerions.

Non, reprit Thélamont, nous fommes
tous nés pour le bien ; & l'auteur de la nature ne nous a donné la connoiffance du
mal, que pour nous engager à n'y pas tomber ; & comme notre ame ne pouvoit être

fenfible à l'un & à l'autre fans l'amour, la
haine & l'ambition, il lui a donné ces trois
paffions pour fa perfection ; mais connoiffant la foibleffe humaine, par une fage précaution, il les a accompagnées de la raifon
pour les régler & marquer à l'homme l'u-
fage qu'il en devoir faire, en lui laiffant
toujours le choix du bien ou du mal, il lui
à montré l'amour, la haine & l'ambition
comme des paffions qu'il pouvoit fuivre
fans crime, fi par fa feule volonté il ne les
tournoit pas en vices ; & il lui a montré les
vices tels qu'ils font, pour qu'il les évitât ;
mais il ne lui a fait voir que comme un mal
à venir, qu'il étoit le maître de ne pas ref-
fentir ; au lieu qu'il lui a montré les paffions comme une chofe préfente & née avec
lui, dont il ne pouvoit abfolument fe paffer, puifque l'amour lui étoit néceffaire pour
aimer le bien, la haine pour haïr le mal,
& l'ambition pour acquérir les vertus & s'y
perfectionner.

A l'égard du jeu, il n'eft par lui-même
qu'un amufement, dont la volonté de
l'homme a fait un vice ; mais ce n'eft pas
une paffion, puifque l'on s'en peut défaire
auffi aifément qu'il eft facile de parler ou
de fe taire, quand on a les facultés de l'un
& de l'autre ; le luxe, l'avarice & l'intérêt
l'ont rendu pernicieux, & l'homme n'a qu'à
écouter fa raifon pour fe détacher d'une
occupation qui le peut conduire à des chofes fi contraires à la vertu.

Les jeux des anciens n'étoient que pour
délaffer les hommes de leurs travaux, mais
ils

ils n'avoient rien de fordide ni de merce-
naire ; l'honneur & la gloire en étoient l'u-
nique but ; l'efprit , l'adreffe ou l'agilité du
corps faifoient la feule émulation des
joueurs : aujourd'hui les jeux n'ont pour
motif que la perte des biens & de la réputation ; mais comme c'eft toujours une inven-
tion de l'efprit humain , l'homme n'a qu'à
vouloir pour s'en défaire , étant né pour
haïr le mal.

La volupté n'eft pas non plus une paffion ,
n'étant produite que par la délicateffe du
goût & de l'inclination. La véritable volupté
confifte à fuivre les plaifirs fans excès , à les
goûter long-tems & avec réflexion , à s'en
faire des chofes les plus fimples , à trouver
de la fatisfaction dans tout ce que l'on eft
capable de faire. La tranquillité , l'aifance ,
la pureté des mœurs , font les compagnes
de la vraie volupté : une vie douce , unie ,
innocente & heureufe , ne peut être que vo-
luptueufe ; l'étude , la folitude , un petit
nombre d'amis , un repas frugal , font fuf-
ceptibles de volupté : dans l'union de deux
cœurs extrêmement fideles , la conformité des
fentimens , la pureté de leur ardeur , & une
confiance réciproque les font jouir des plus
doux agrémens de la volupté ; enfin la volupté
fe trouve par-tout où n'eft point la débauche.

Pour la chaffe , elle n'eft ni paffion ni
vice , c'eft un exercice innocent & noble ,
qui rend l'homme martial & belliqueux ,
qui l'endurcit au travail , à la fatigue , &
qui , par l'adreffe qu'il y fait voir , & l'efpece de gloire qui y eft attachée , la rendent

une occupation qui n'eft contraire ni à la vertu ni aux bonnes mœurs ; mais comme l'excès eft condamnable en toutes chofes, même dans les meilleures, la raifon doit encore régler cet exercice, ainfi que les autres actions de l'homme. Cependant, quelque habitude qu'il en faffe, ce ne fera jamais un vice, ni une paffion, mais un amufement qu'il aimera préférablement à un autre, & qui fe détruira de lui-même, à mefure que l'homme avance en âge & manque de force; ce qui n'arrive point aux trois paffions que j'ai admifes, fur lefquelles la force & l'âge ne peuvent rien ; puifque pour être vieux, caduc, infirme, & même impotent, on ne ceffe pas pour cela d'aimer, de haïr & d'ambitionner.

Thélamont n'eut pas plutôt ceffé de parler, qu'il s'éleva un murmure d'aplaudiffemens dans cette aimable compagnie, qui lui marqua le plaifir extrême que fon difcours lui avoit fait ; mais Uranie, qui connoiffoit l'embarras où le jettoient les louanges, les prévint en prenant la parole : Je ne puis difconvenir, dit-elle, que tout ce que nous venons d'entendre ne mérite notre admiration ; cependant épargnons la modeftie de celui qui vient de nous charmer, en nous contentant de lui dire, que nous aurions beaucoup perdu, s'il nous avoit privés de nous inftruire de fes fentimens fur les paffions.

Je ne fuis pas fi complaifante que vous, dit Camille avec vivacité ; & quand Thélamont feroit mille fois plus modefte, il faut

que je lui témoigne l'effet que fon difcours a
produit en nous , en lui avouant qu'il m'a
fait goûter cette efpece de volupté qu'il nous
a fi bien dépeinte.

La compagnie trouva l'expreffion de cette
aimable femme fi plaifante, qu'elle lui fournit quelques momens d'un agréable diver-
tiffement. Alphonfe , qui l'aimoit du plus
tendre amour, lui donna encore occafion de
faire briller fon efprit , en lui demandant
avec empreffement , fi elle n'avoit connu la
volupté que de cet inftant ? Je la connois ,
lui répondit-elle, avec un regard charmant,
fans favoir précifément fon nom , & je vois
à préfent que je ne dois point nommer autrement la douce fatisfaction que je reffens
d'aimer & d'être aimée. Que j'ai de joie ,
dit alors Uranie, de voir Camille & Florinde
dans l'état où je les ai tant fouhaitées ! je lis
dans les yeux d'Erafme tout ce qui fe paffe
dans fon cœur : ils difent à fa charmante
époufe tout ce qu'Alphonfe voudroit répondre à la fienne. A peine eut-elle achevé ces
mots , qu'elle vit arriver de l'autre bout de
la terraffe , Hortence & Mélente , & les
ayant fait remarquer à fes amis , ils fe leverent & furent au-devant d'eux.

Après les premieres civilités , Hortence
prenant la parole : nous avons apris , dit-
elle , en s'adreffant à Uranie, que vous étiez
ici de ce matin : & comme nous habitons
Mélente & moi le château de Célimene
pour quelque tems , nous avons voulu dès
ce jour vous témoigner la joie que nous
donne votre retour , & prendre part à vos

inſtructives occupations. Uranie & Thélamont, qui avoient pour eux une eſtime particuliere, les remercierent avec tendreſſe de leur empreſſement ; enſuite de quoi on retourna ſur le bord de l'eau , où ayant repris leurs places, la converſation recommença par les félicitations que firent Hortence & Mélente aux nouveaux époux. La maiſon d'Uranie , continua Mélente , ſemble porter bonheur aux amans fideles. C'eſt le temple de l'union & de la conſtance , & elle en eſt elle-même la déeſſe.

La fiction eſt des plus galantes, dit Félicie, mais elle eſt vraie ; & ſi Uranie vouloit faire part à la compagnie d'une ode qu'il y a très-peu de tems qu'elle a envoyée à une de ſes amies , elle prouveroit aiſément combien Mélente penſe juſte à ſon égard.

Ma chere Félicie, répondit Uranie en ſouriant , vous devenez indiſcrette ; n'importe, interrompit Orophane , c'eſt à vous à donner l'exemple , en ſuivant la loi que l'on s'eſt preſcrite ici , & nous encourager par-là à ne nous rien cacher des productions de notre eſprit, ou des effets de notre mémoire. Il n'eſt pas juſte non plus , ajouta Thélamont , de paſſer ſous ſilence les preuves de notre génie & de notre vertu ; & c'eſt n'aimer qu'à demi , qu'avoir de telles réſerves avec ceux dont nous connoiſſons la tendreſſe & l'attachement. Je me rends , reprit Uranie , & ce que vous allez entendre ſervira de juſtification au reproche que vous me faites. Alors après avoir rêvé un moment pour ſe rapeller ce qu'elle avoit à dire , elle commença ainſi :

L'Amour parfait.

ODE.

Quelle eſt ta curieuſe envie,
Et par quel abſolu pouvoir
Exiges-tu que de ma vie,
Mes vers te faſſent tout ſavoir ?
L'amitié nous ordonne-t-elle
De rendre un compte ſi fidele,
Et ne peut-on, ſans la trahir,
Sans bleſſer ſa délicateſſe,
Pour lui cacher notre foibleſſe,
Un moment lui déſobéir ?

Mais pourquoi craindre de l'inſtruire
Sur un ſujet ſi glorieux ?
Je ne dois point rougir d'écrire
Un ſecret que diſent mes yeux :
Muſe, contentez Célimene ;
Chantez les douceurs de ma chaîne,
Inventez des accens nouveaux ;
Que ma vive ardeur vous anime ;
Mêlez le tendre & le ſublime
Pour célébrer des feux ſi beaux.

Le Dieu qui fait que tout reſpire,
Le Dieu qui range ſous ſes loix,
Et qui ſoumet à ſon Empire,
Bergers, Héros, Sages & Rois :
L'amour, par un trait tout de flamme,
S'eſt rendu maître de mon ame :
Ce ſuperbe & charmant vainqueur,
Veut, pour illuſtrer ſa victoire,
Que je tire toute ma gloire
De la défaite de mon cœur.

B 3

Pour être sûr de sa conquête,
Il ôta le fatal bandeau,
Dont le destin ceignit sa tête,
Et prit pour guide son flambeau :
A cette éclatante lumiere
La trahison fut la premiere
Qui vint s'offrir à ses regards.
Il vit ensuite l'inconstance ;
Du mensonge & de l'impudence
Il aperçut les étendards.

A cet aspect versant des larmes,
Il voit à regret que ses feux,
Malgré leur éclat & leurs charmes,
Ne font point de mortels heureux :
Et connoissant que sa puissance,
Ne vaincra mon indifférence,
Qu'en chassant ces cruels sujets,
Il eût détruit jusques aux traces,
Et dans l'instant met à leur place
De plus favorables objets.

Les tendres soins, la complaisance ,
Les bienfaits & l'empressement,
Suivis de la reconnoissance,
M'annoncerent ce Dieu charmant :
Ma raison ne put s'en défendre,
Et me conseillant de me rendre,
A tous ses traits j'offris mon cœur.
Il examina sa victime,
Et voulut que la seule estime
Prît le soin d'en nourrir l'ardeur.

Depuis cette heure fortunée,
Dix fois du brillant Dieu du jour ,
J'ai vu la course terminée,
Sans voir affoiblir mon amour ;
Dix fois par ses cruels ravages

L'hyver a détruit nos ombrages ;
Dix fois les zéphirs amoureux
Ont ramené l'aimable Flore,
Sans que, pour l'amant que j'adore,
On ait vu ralentir mes feux.

Celui qui se repaît sans cesse
Des plus superbes monumens,
Celui par qui Rome & la Grece
Virent saper leurs fondemens ;
Le tems voit même sa puissance
Assujettie à ma constance,
Contraint d'en respecter le cours,
Il ne peut étendre sa rage
Que sur les traits de mon visage,
Ou sur la longueur de mes jours.

Fragiles dons de la nature,
Vous ne causez point mes regrets :
Je fais céder votre parure
A de plus solides attraits ;
Ils ne peuvent seuls satisfaire,
Et c'est par eux que je peux plaire ;
Il n'est point d'éternel printems,
Ce qu'il produit, l'hyver l'efface,
Nous vieillissons, la beauté passe,
Mais le cœur triomphe du tems.

Aux passions l'ame est sujette,
C'est un mal qu'on ne peut parer.
Mais elle en devient plus parfaite,
Quand elle fait les épurer ;
Un amour fondé sur l'estime,
Qui par un pouvoir légitime,
D'aucuns remords n'est combattu,
Quelle que soit sa violence,
Par sa rare persévérance,
Est mis au rang de la vertu.

B 4

Je ne m'étonne point , dit Florinde ,
lorsqu'Uranie eut fini , du chagrin que
Thélamont nous a fait voir ; il avoit un
pressentiment de l'intérêt qu'il devoit prendre à cet ouvrage , & je ne crois pas qu'on
puisse mieux décrire la constance & l'amour
parfait.

J'en ai été saisie , ajouta Hortence , &
nous devons tous les remerciemens à Félicie de nous avoir procuré cette belle piece ;
mais le silence de Thélamont me surprend ,
& il me paroît qu'il devroit y être pour le
moins aussi sensible que nous. Regardez-
le, reprit aussi-tôt Camille , & vous n'aurez
rien à lui reprocher. En effet , ce tendre
époux ressentoit une joie si parfaite des
preuves qu'il recevoit à chaque instant de
l'amour de son aimable femme , qu'il avoit
toutes les peines du monde à ne la pas faire
éclater ; la compagnie , qui avoit les yeux
attachés sur lui , ne put s'empêcher de le
railler sur la contrainte qu'il se faisoit , ce
qui lui ayant donné un peu plus de liberté ,
il ne balança plus à suivre une partie des
mouvemens de son cœur , & prenant la
main d'Uranie , auprès de laquelle il étoit
assis, & la baisant avec ardeur : Puisque les
traits qu'on me lance, lui dit-il , autorisent
mes transports, souffrez , ma chere Uranie,
que je vous assure , à la vue de cette belle
assemblée , que mon amour & ma fidélité
égalent votre tendresse & votre constance ;
& que si vous les exprimez avec plus de
graces que moi , je les ressens aussi parfaitement que vous.

Uranie, qui ne s'attendoit pas à l'action de Thélamont, rougit extraordinairement ; mais réfléchiffant qu'elle n'étoit qu'avec des maris & des femmes qui s'aimoient de même, & qui n'attachoient pas de ridicule aux marques qu'ils s'en donnoient, elle fe remit & répondit à Thélamont avec la tendreffe que méritoient les affurances qu'il lui donnoit de la fienne ; le filence qu'on leur prêtoit leur ayant fait juger de l'attention que la compagnie avoit à leur difcours, Uranie fit relever Thélamont, & s'adreffant à tous en général : Voilà, leur dit-elle avec un air riant & modefte, de quoi vous êtes caufe, fans votre curiofité vous n'auriez pas été expofés à un fpectacle que les hommes ont entiérement banni de la fociété.

Il y a déja quelque tems, répondit Mélente, que cette matiere a été agitée dans cette belle retraite ; & vous devez vous fouvenir, Madame, que je promis de ne me point conformer à un ufage fi peu convenable aux fentimens de deux cœurs étroitement unis.

Pour moi, dit alors Alphonfe, la qualité d'époux ne m'ôtera jamais celle d'amant ; & je ne puis comprendre comment ni pourquoi on cherche à priver l'hymen de la feule chofe qui le peut rendre agréable.

On ne doit pas douter, ajouta Erafme, que je ne fois du même avis : j'aime Florinde avec ardeur, & je fuis d'un fang où les maris n'ont jamais ceffé d'être amans : c'eft cette conformité de fentimens, reprit Thélamont, qui m'a tiré de mon embarras ;

B 5

car enfin je vous avoue que j'aurois été très
mortifié de ne pouvoir expliquer dans ce
moment à Uranie tout ce qu'elle m'avoit
infpiré.

Il faut convenir, dit Félicie, que nous
fommes heureufes de nous trouver liées à
des perfonnes dont les penfées, l'humeur
& les fentimens ont tant de raport avec les
nôtres, & que nous poffédons en cela la
fuprême félicité. Vous voulez bien, répondit Orophane en fouriant, que je prenne
ma part d'une réflexion qui nous eft fi avan-
tageufe, & que je vous en remercie au nom
de toute la compagnie. Félicie fe préparoit
à répartir à fon époux, lorfque Florinde
prenant la parole : En quel endroit de la
terre, dit cette aimable femme, pourroit-
on trouver un bonheur pareil à celui dont
nous jouiffons ? l'Efpagne & l'Italie, par
l'effet d'une jaloufie dont leurs peules font
efclaves, ne permettent aucune liberté aux
femmes; elles vivent avec leurs maris comme
des captives avec leurs patrons ; elles ne
connoiffent ni les douceurs de la fociété, ni
celles de l'amitié; chez les Turcs, elles
font entiérement féparées du commerce des
hommes, & celles qui compofent le Serrail
du Grand-Seigneur, qui devroient jouir
vraifemblablement de quelque privilege par-
deffus les autres, font celles qui en ont le
moins. Dans l'attente de plaire un jour à
cet Empereur, il faut qu'elles vivent comme
fi elles étoient mortes pour le refte du genre
humain ; & elles ne peuvent fans crime
commercer avec les hommes, ni même avec

les femmes de dehors qui font renfermées comme elles , & par conféquent elles ne favent ce que c'eft qu'un ami ou qu'une amie ; elles ne peuvent faire aucune partie de plaifir , quelque innocente qu'elle puiffe être ; & fi elles font tant que de contracter entr'elles une fociété agréable, elles portent leurs amitiés à des excès qui en alterent la douceur. Ce n'eft donc qu'en France qu'on peut dire que les hommes & les femmes jouiffent des véritables plaifirs de la vie, par la liberté qu'ils ont de fe pratiquer , de fe connoître , & de former par cette connoif-fance des liaifons d'eftime , d'amitié & d'a-mour qui ne font fujettes à aucuns des évé-nemens tragiques dont les pays que je viens de citer font remplis.

Ce que vous dites , ma chere Florinde , répondit Uranie, eft très-jufte ; cependant je fuis perfuadée que fi on offroit notre li-berté & notre façon de vivre à celles qui prétendent au cœur de l'Empereur des Turcs , elles les refuferoient, & préfére-roient leur captivité à notre franchife : la plupart de ces femmes étant élevées & nour-ries dans cette idée , l'ambition eft fi forte en elles, qu'elles ne croient de félicité que dans le degré d'honneur où elles afpirent ; c'eft où elles bornent tous leurs fouhaits ; c'eft ce qui fait leurs occupations , leurs penfées, leurs intrigues, & ce qui meut géné-ralement ce grand nombre de beautés dont le Serrail eft rempli.

Je fuis très-affuré , ajouta Alphonfe, que quelque grandeur qu'on eût offerte à cette

B 6.

fameuse Roxane, favorite de l'Empereur
Amurat IV, elle l'eût dédaigné, & eût préféré son brillant esclavage à nos plus douces
libertés. Si elle eût été bien persuadée de sa
fin tragique, interrompit Thélamont, peut-
être eût-elle préféré le rang le plus médiocre
parmi nous à tout l'éclat du sien.

Puisque nous sommes tombés sur ce sujet, dit alors Camille, je voudrois bien savoir les véritables causes de la mort de cette
Sultane, & de ce qui porta Amurat à la lui
donner si cruellement, après l'avoir aimée
avec tant d'ardeur.

Il est très-facile de vous satisfaire, répondit Thélamont, & si cette histoire, qui est,
d'assez longue haleine, pouvoit amuser
cette belle compagnie, je m'offrirois de
vous en raconter les particularités dès ce
même moment. On est si charmé, dit alors
Hortence, de trouver des occasions de vous
faire parler, & de vous entendre, que vous
ne devez pas douter que nous ne saisissions
celle-ci avec empressement ; & nous avons
assez de tems jusqu'au soupé, ajouta Florinde, pour vous écouter sans interruption.
Toute la compagnie ayant aprouvé ce que
disoient Hortence & Florinde, & ayant prié
Thélamont de lui donner la satisfaction
qu'elle attendoit de lui, il ne s'en fit pas
presser davantage ; & voyant qu'on lui prêtoit attention, il commença en ces termes.

HISTOIRE de Rakima & du Sultan Amurat. IV.

JE ne m'engage pas à vous faire un récit de la vie d'Amurat depuis son enfance jusqu'à sa mort, puisque personne ici n'ignore les événemens généraux de l'Empire. Ottoman, & que mon unique dessein est seulement de satisfaire la curiosité de l'aimable Camille, en vous raportant les particularités du regne de cet Empereur, & les causes de la mort de Roxane, qui peuvent vous être inconnues, ne les sachant moi-même que par des mémoires qui n'ont point été mis au jour. Et pour vous mieux instruire de ce que vous desirez savoir, je ne prendrai mon histoire qu'au tems qu'Amurat tourna ses armes contre la Perse. Les guerres continuelles que le grand Uladiflas, Roi de Pologne, fut obligé de soutenir contre les Ottomans, quoique la victoire se fût toujours déclarée en sa faveur, avoient si fort épuisé ses trésors & la nation Polonoise, qu'il se vit contraint d'écouter les propositions de paix que lui firent les Ministres de la Porte, qui fut enfin conclue à la satisfaction des deux Empires. Ce fut alors que l'Empereur Amurat IV. se résolut d'employer toutes ses forces à se venger du Roi de Perse, qui avoit accordé sa protection au Bacha Perker, qui s'étoit retiré dans ses Etats avec des trésors immenses, & qui,

pour le prix de l'afyle qu'il lui dohnoit , lui
avoit livré la fameufe ville de Babylone ,
dont ce traître étoit Gouverneur , dans laquelle le Sophi avoit fait entrer une forte
garnifon , ayant fait fortifier la place par le
favant Ingénieur Nitelly , natif de Padoue ,
que le Doge de Venife lui avoit envoyé ; il
avoit auffi rempli les magafins de guerre &
de bouche , & les remparts étoient hériffés
d'une nombreufe artillerie.

Amurat n'ignoroit pas de toutes ces
chofes ; mais ne voulant rien négliger pour
affurer fa vengeance , & furprendre fon ennemi , il ordonna à fes Miniftres de publier
que les prodigieux armemens qu'il faifoit
faire étoient deftinés à la conquête de l'Italie , où il vouloit porter la guerre, à l'exemple de Mahomet II.

Mais l'Ambaffadeur du Roi de Perfe à la
Porte étoit trop habile pour prendre le
change , & il favoit trop bien les fujets
qu'Amurat avoit de fe plaindre de fon maître , pour ne pas pénétrer fes deffeins ; ainfi
il ne balança point à donner avis au Sophi
de ce qu'il craignoit , afin qu'il fe mît en
état de réfifter à la puiffance formidable qui
alloit l'attaquer. En effet , Amurat fit paffer
le Bofphore de Thrace à fes troupes de l'Europe , & marcha avec une grande diligence
du côté de la Perfe.

Ses troupes , tant d'Afie que d'Europe ,
au nombre de trois cents mille hommes , fe
trouverent prefqu'en même tems fur les
bords de l'Euphrate qu'Amurat paffa après
avoir défait celles que le Roi de Perfe y

avoit placées pour s'opofer à fon paffage ; & fans s'arrêter fut droit à Tauris, qui pour lors étoit le féjour ordinaire des Rois de Perfe, portant par-tout la terreur & l'effroi, & ravageant tout le pays qui eft entre l'Euphrate & cette fuperbe ville, n'épargnant ni âge ni fexe ; & fut attaquer Tauris, où il trouva une réfiftance qu'il n'avoit pas attendue.

Il fit faire plufieurs propofitions aux habitans, pour les obliger à fe rendre ; mais, comme ils favoient que leurs peres avoient été trompés par un femblable langage du cruel Sélim premier du nom, & par fon fils Soliman le magnifique, qui, après avoir pillé la ville, amenerent captifs à Conftantinople tous les habitans qui avoient quelques talens pour les arts & le négoce, ils réfolurent de réfifter de toutes leurs forces au Sultan Amurat ; & ils y réuffirent fi bien, que cet Empereur défefpéroit de l'emporter de cette forte, lorfqu'un traître lui indiqua l'endroit de la ville le plus foible. Il le fit attaquer avec une fi furieufe artillerie, fi fouvent redoublée, qu'enfin il fit une breche fi fpacieufe, par où il fit donner l'affaut ; les Perfes en foutinrent quatre plus violens les uns que les autres ; mais enfin le dernier fut fi terrible, que cette malheureufe ville fut emportée & réduite fous la puiffance d'Amurat. Ce Prince, irrité de fa réfiftance, fit paffer au fil de l'épée hommes, femmes, & enfans.

Enfuite de quoi il fit enlever toutes les richeffes de cette ville, tant en meubles fu-

perbes, qu'en or, argent & pierreries qui
furent trouvés dans les riches palais dont les
Sophis avoient embelli cette ville. Non content de cette expédition, il les fit raser ainsi
que les mosquées, les maisons & les murailles, & fit passer sa charrue sur les fondemens, pour intimider les autres places où il
avoit dessein de porter ses armes.

Après avoir donné quelque repos à ses
troupes, il marcha contre la ville de Rézan,
qu'il fit d'abord investir par les Spahis; &
lorsque l'armée entiere fut arrivée, il en
forma le siege; dans une des attaques de
cette place, un parti de Spahis ayant fait six
prisonniers, entre lesquels se trouva un
jeune peintre italien, nommé Bionchiny,
ils le fouillerent, & parmi plusieurs portraits dont il étoit chargé, en ayant vu un
qu'ils jugerent digne d'être présenté à Amurat, ils lui menerent le prisonnier.

L'Empereur Turc n'eut pas plutôt jetté
les yeux sur cette peinture qui représentoit
une femme d'une rare beauté, qu'il se sentit piqué du desir de la connoître; dans
cette pensée, il demanda avec empressement
à Bionchiny le nom & le pays de cette admirable personne, si elle vivoit, s'il en avoit
fait le portrait d'après elle, ou si ce n'étoit
point un effet de son imagination.

Bionchiny, qui ne voyoit rien qui pût
l'obliger à déguiser la vérité, & qui jugea
aux premiers mouvemens qu'il remarqua
sur le visage d'Amurat, que cette aventure
pourroit peut-être servir à sa liberté, lui
répondit ingénuement que ce portrait étoit

celui de l'admirable Rakima , fœur de l'E-
mir Gumer , qui commandoit dans la ville
de Rézan & dans toute la province , &
qu'il pouvoit affurer fa Hauteffe , que ,
quelque beauté qui l'eût frapé dans cette
peinture , Rakima étoit encore mille fois
plus charmante , tout fon art n'étant pas
fuffifant pour repréfenter les graces dont
elle brilloit avec d'autant plus d'éclat ,
qu'elle n'avoit que feize ans , & que fon
efprit furpaffoit de beaucoup les qualités de
fa perfonne.

Amurat étoit trop fufceptible des impref-
fions amoureufes pour entendre un pareil
difcours avec indifférence ; & malgré tout
l'empire que Roxane avoit fur fon cœur ,
il ne put fe défendre d'y donner place à Rakima ; mais voulant faire fervir cet amour
naiffant à fa politique , il fit comprendre à
Bionchiny que fa fortune dépendoit de fa
fincérité , & lui ordonna de l'inftruire de
tout ce qui concernoit l'Emir Gumer , fon
humeur , fon caractere , & de quelle forte
il étoit regardé dans le pays.

L'adroit Italien , qui pénétra d'abord les
motifs de cette curiofité , s'empreffa de la
fatisfaire: Seigneur , lui répondit-il , Gumer
eft l'homme de l'univers le plus avare & le
plus-intéreffé , capable de tout facrifier à fon
ambition , & au defir de s'enrichir ; ce font
ces fentimens qui l'ont porté à piller toute la
province , fans que les cris , les remontrances & les gémiffemens des habitans du pays
l'aient pu toucher , non plus que les Miniftres Perfans , à qui il fait part de fes brigan-

dages ; & je fuis perfuadé , continua-t-il ,
en le jettant aux pieds de l'Empereur , que
fi ta Hauteffe veut prendre quelque confiance en fon efclave , il pourroit par de cer-
tains moyens réduire la ville fous ton
obéiffance.

Le jeune peintre lança un regard fur le
portrait de Rakima en finiffant fon difcours,
qu'il fit concevoir à Amurat une partie de
ce qu'il penfoit , & lui trouvant de l'efprit
& l'intelligence néceffaire pour remplir fes
deffeins, il réfolut de s'en fervir dès ce même
jour ; & fans plus balancer : Hé bien ! lui
dit-il , fi tu veux m'être fidele , & quitter ta
religion pour embraffer celle des vrais
croyans , je te rendrai fi riche & fi puiffant,
que tu n'auras rien à defirer.

L'Italien , qui n'avoit attendu qu'un dur
efclavage , charmé des offres du Sultan , lui
promit tout , & s'engagea à tout ; alors ils
convinrent qu'auffi-tôt que la nuit feroit
venue , il rentreroit dans la place , diroit
qu'il avoit trouvé les moyens de fe fauver ,
& qu'il prendroit un tems favorable pour
exécuter les ordres d'Amurat auprès de
l'Emir , & ce Prince lui ayant donné les
inftructions néceffaires à fon projet , le jour
n'eut pas plutôt fait place aux ténebres , que
l'adroit Bionchiny exécuta la chofe avec
tant de bonheur , qu'on ne put rien foup-
çonner de la vérité.

Lorfque Gumor eut apris fon retour , il
le fit venir devant lui , & l'ayant interrogé
fur les forces d'Amurat , le peintre les exagéra d'une façon à faire trembler l'Emir ;

ajoutant qu'il avoit apris que le deffein d'A-
murat étoit de traiter cette ville de la même
maniere que celle de Tauris, fi on lui faifoit la moindre réfiftance.

Gumer, à qui la cruauté d'Amurat n'étoit
pas inconnue, & qui craignoit bien moins
de perdre la vie & fa famille que fes tréfors,
parut épouvanté au raport de Bionchiny, &
ne put fe contraindre affez pour ne lui pas
faire voir une partie du trouble de fon ame.
L'Italien, qui l'examinoit avec attention, le
trouvant au point où il le defiroit, lui demanda une audience particuliere, fous
prétexte d'avoir des avis importans à lui
donner.

L'Emir avoit l'efprit dans une fituation à
ne le pas laiffer différer d'aprendre les moindres circonftances de ce qui fe paffoit dans
le camp d'Amurat ; & fur le champ ayant
fait paffer Bionchiny dans fon cabinet, il
lui ordonna de parler. Seigneur, lui dit
alors le peintre, il ne tiendra qu'à vous de
n'avoir rien à craindre de l'Empereur des
Turcs ; je fais à n'en pouvoir douter que ce
Monarque, après avoir donné un exemple
de févérité par le fac de Tauris, voudroit
avoir une occafion d'en donner un de fa
clémence dans la province de Rézan, fi on
lui faifoit des propofitions raifonnables. Il
n'a fait fentir fa fureur aux habitans de la
ville de Tauris, que pour fe venger de leur
réfiftance ; il fera connoître la douceur de
fa domination à ceux de Rézan, fi vous ne
vous obftinez pas à vous défendre ; en un
mot, Seigneur, je fuis affuré qu'il ne dé-

pendra que de vous de garantir vos richeſſes
& votre famille de la cruauté du vainqueur ; car , continua-t-il , ne vous flattez
pas de pouvoir lui réſiſter ; il ne partira
point d'ici qu'il n'ait mis la ville , la province , & tous les habitans à feu & à ſang ,
à moins que vous ne le faſſiez changer de
ſentimens par une réduction volontaire,
qui ſans doute vous ſera d'autant plus avan-
tageuſe , qu'en conſervant vos tréſors , vous
les augmenterez encore par le traité que
vous ferez avec Amurat , qui préférera toujours qu'il lui en coûte de grandes ſommes,
que des hommes qui lui ſont néceſſaires à
ſes autres expéditions.

Gumer, qui avoit écouté l'Italien, rêvant
profondément ſur chaque article de ſon
diſcours , & trouvant beaucoup de vérité
dans ce qu'il lui diſoit, animé par la crainte
& par l'eſpoir de s'enrichir encore , lui
avoua que s'il étoit aſſuré qu'Amurat écou-
tât ſes propoſitions , & qu'il gardât la foi
du traité qu'on feroit avec lui , il ne balan-
ceroit point à lui livrer la ville de Rézan ,
& toutes les places de la province , & à
abandonner les intérêts & le ſervice du Roi
de Perſe , pour s'attacher à jamais à ceux de
l'Empire Ottoman. Mais que ce qui l'em-
barraſſoit étoit de trouver quelqu'un en qui
il pût ſe confier , & qui ſe chargeât de ſa
commiſſion.

A ces mots, Bionchiny lui dit qu'il n'a-
voit qu'à lui faciliter ſon retour dans le
camp d'Amurat, & qu'il lui promettoit une
entiere réuſſite dans ſon entrepriſe. L'Emir,

charmé du zele que ce jeune homme lui témoignoit, fit ce qu'il souhaitoit, & étant
rentré dans le camp, il arriva au pavillon
du Sultan, où selon l'ordre qu'il en avoit
reçu, il demanda le Grand Visir Achomat,
qui l'introduisit aux pieds d'Amurat, auquel
il rendit un compte exact du succès de sa
négociation ; l'affaire fut bientôt conclue.
Le Grand-Seigneur donna au traître Gumer
toutes les sûretés & l'argent qu'il souhaitoit ;
& ce lâche livra à l'ennemi de son Roi, de
sa patrie, de sa religion, & particuliérement de sa maison, la place que le Roi de
de Perse son maître & son parent lui avoit
confiée.

Comme la belle Rakima étoit le véritable
motif qui avoit fait agir Amurat, il ne fut
pas plutôt entré dans la place, qu'il laissa le
soin de pourvoir à tout au Grand Visir
Achomat, & ne voulut s'occuper que de
celui de son amour ; pour cet effet, il demanda à l'Emir la satisfaction de voir son
admirable sœur, dont il lui dit qu'on lui
avoit fait un récit qui lui donnoit un ardent
desir de la connoître. Gumer fut transporté
de joie à cette proposition ; & ne doutant
point que ce jeune Monarque ne devînt
épris de ses charmes, il fonda sur cette espérance des projets de grandeur & d'élévation,
qui le firent obéir avec une promptitude
extrême ; & ayant conduit ce Prince à l'a-
partement de Rakima, il eut la satisfaction
de n'être point trompé dans son attente.

Cette entrevue eut quelque chose de singulier, par la surprise réciproque de ces

deux amans. Quelque prévenu que fût le
Sultan par le portrait de Rakima , il la
trouva fi fort au-deffus de cette peinture ,
qu'il en fut faifi d'étonnement , & Rakima ,
qui s'étoit figuré Amurat , comme un
homme terrible , qui ne refpiroit que la
guerre & le fang , trouvant en lui le Prince
le mieux fait & le plus galant de fon tems ,
ne put déguifer fon trouble.

Ils s'étoient avancés l'un vers l'autre avec
de mutuelles marques d'admiration ; & Rakima ayant voulu fe jetter à fes pieds , il
l'en empêcha avec une action fi paffionnée ,
qu'il fut aifé de voir dès ce moment que l'a-
mour s'étoit entiérement emparé de fon
ame : C'eft à moi, Princeffe , lui dit cet
Empereur , à vous rendre de pareils refpects ; & les fentimens que vous m'infpirez
vous foumettent Amurat pour jamais ; il
accompagna ces parolesde cet air dont il
favoit gagner les cœurs lorfqu'il vouloit
plaire. Rakima en fut touchée , & lui répondit en rougiffant : Quels que foient les
fentimens que ta Hauteffe daigne avoir
pour moi , je ferai toute ma gloire d'y conformer les miens.

L'Emir Gumer , qui étoit préfent à ce
commencement d'entretien , & qui jugea
qu'Amurat ne le vouloit pas finir fi-tôt, lui
laiffa la liberté de le continuer , fous prétexte d'aller donner fes ordres , pour que
tout fe rangeât à fon devoir ; il le laiffa
avec fa fœur , fans autres témoins que fes
femmes efclaves, qui par refpect s'étoient
affez éloignées d'eux pour ne rien entendre
de ce qu'ils difoient.

La jeune Rakima n'avoit jamais rien aimé; élevée comme le font celles de son sexe dans tout l'Orient, Amurat étoit le premier homme aimable qui s'étoit offert à ses regards, & comme je l'ai déja dit, il étoit le Prince le mieux fait & le plus galant de son tems; tous ses traits étoient beaux & bien formés, & il avoit dans toute sa personne un air de liberté, de grandeur, de majesté & de galanterie, qui le faisoient à la fois aimer & respecter. de tous ceux qui l'aprochoient familiérement.

Cette aimable Princesse ne put se défendre contre ces premieres impressions de l'amour; elle le sentit naître aussi promptement qu'Amurat avoit vu former le sien; & comme en ce pays, aimer & le dire est une même chose, l'Empereur ne fut pas long-tems sans aprendre son bonheur; il le trouva si grand, & s'y abandonna de telle sorte, qu'il en oublia Roxane, quoiqu'elle l'eût suivi dans cette guerre, & qu'elle fût à portée d'aprendre son changement; & s'il s'en souvint, ce ne fut que pour songer à mettre Rakima à l'abri des effets de sa jalousie. En effet, ce Prince enchanté de se voir aimé aussi ardemment qu'il aimoit, demanda Rakima à Gumer, & le lâche lui livra sa sœur avec la même facilité qu'il lui avoit livré les places de son Roi. Amurat le combla de richesses, de présens & d'emplois, & lui prouva la grandeur de son amour par celle de sa reconnoissance, & sa passion étant satisfaite, sans être diminuée, il songea à poursuivre ses conquêtes.

Mais cependant la grande Sultane Roxane, qui étoit dans le camp d'Amurat, ayant apris par les efpions qu'elle tenoit toujours auprès de lui, l'effet des charmes de Rakima, entra dans une fureur difficile à exprimer, & ne fe promit pas moins que la mort de fa rivale ; ces fortes de traits lui étoient familiers, & cette Princeffe joignoit à une beauté qui n'avoit point d'égale une cruauté fans exemple dans celle de fon fexe. Elle avoit été la premiere paffion d'Amurat, & s'étoit acquis un empire fi abfolu fur fon cœur & fon efprit, qu'il étoit autant fon efclave que le refte des Turcs étoient les fiens ; le moindre partage la défoloit, & fa aloufie étoit fi terrible, qu'elle avoit déja fait périr par le fer & le poifon un grand nombre de beautés qui avoient cherché les occafions de plaire à ce Monarque.

Sa cruauté avoit infpiré une terreur fi vive parmi les Dames du Serrail, qu'elles en avoient toutes perdu l'envie d'enchaîner Amurat. Elle lui écrivit du camp plufieurs lettres pleines de reproches, y joignant même quelques menaces qui firent craindre à ce Prince qu'elle ne voulût troubler fes plaifirs par fa préfence : ce qui l'obligea de lui envoyer un ordre exprès, pour lui défendre l'entrée de Rézan ; il connoiffoit fon humeur jaloufe, il en redoutoit les effets, il craignoit auffi le pouvoir qu'elle avoit fur lui, & l'autorité qu'elle s'étoit acquife fur fes actions, depuis qu'elle lui avoit donné un fils. Mais il craignoit encore plus pour Rakima : ainfi voulant la mettre à l'abri

des

des fureurs de sa rivale, il se résolut de l'envoyer à Damas; pour cet effet, il lui forma
une maison pareille à celle de Roxane, &
la confia à l'Eunuque Uglan, qui lui étoit
fidele, & sur les soins duquel il se reposoit
dans ses affaires secrettes. La belle Rakima
s'étoit attachée si sincérement à Amurat, &
elle avoit si bien trouvé le chemin de son
cœur, qu'elle n'aprit point sans une extrême
douleur qu'il falloit s'en séparer; & malgré
les risques qu'elle couroit auprès de lui,
elle eût volontiers préféré toutes sortes de
périls au chagrin de s'en éloigner.

Amurat fut vivement touché des termes
dont elle se servoit pour lui persuader de la
laisser auprès de lui. Seigneur, lui disoit-
elle en le regardant avec des yeux où tout
son amour étoit peint; pour empêcher ma
mort, tu m'y condamnes toi-même; tout
ce que tu peux craindre de la jalousie de
Roxane n'a rien pour moi de si dangereux
que ton absence; je ne cours auprès de toi
qu'un péril incertain, & je mourrai sûrement en m'en éloignant: ah! Seigneur,
si je dois mourir, permets que ce soit auprès
de ta Hautesse, & que mes derniers regards
n'aient point d'autre objet que mon Empereur.

De pareils discours perçoient le cœur du
Sultan; mais plus elle lui faisoit voir d'a-
mour, & plus il craignoit de la perdre. Ma
chere Rakima, lui répondit-il, vous ne
pouvez mourir sans me faire cesser de vivre;
je veux que vous vous conserviez pour
moi. Je ne me sépare de vous, que pour

me mettre en état de n'avoir rien à craindre
pour vos jours ; ayez cette complaisance
pour un Prince qui vous adore ; je vous
rejoindrai bientôt, & vous reconnoîtrez à
mon retour, qu'Amurat n'a rien de plus
cher que l'incomparable Rakima.

Ils eurent encore plusieurs conversations
semblables : mais enfin, il fallut que la
Princesse se rendît à ses raisons, & le jour
de son départ étant arrivé, ils se dirent
adieu avec des transports de tendresse & de
douleur, qui leur prouverent combien ils
s'aimoient. Lorsqu'elle fut partie, Amurat
retourna au camp, où Roxane n'eut pas
sujet d'être satisfaite de l'accueil qu'il lui fit,
étant trop plein de sa nouvelle passion pour
répondre à la sienne. Quelques jours après,
il fit marcher l'armée du côté de Babylone ;
mais voulant se délivrer des importunités
de la Sultane, il la renvoya à Constantinople ; & malgré les honneurs extraordinaires
qu'on lui rendit dans toutes les villes de
son passage, & la superbe réception qu'on
lui fit dans la capitale, elle ne se put consoler du déplaisir secret dont son ame étoit
pénétrée.

Cependant l'armée étant arrivée devant
la superbe ville de Babylone, Amurat en
forma le siege, qu'il pressa avec tant de
vigueur, qu'après quatre assauts qu'il fit donner coup sur coup, sans que les Persans qui
se défendoient glorieusement eussent un instant de relâche, il emporta cette fameuse
place en cinquante-deux jours de tranchée
ouverte, par les soins, la sagesse & le cou-

rage du Grand-Visir Achomat. Le Sultan donna le pillage aux soldats, & leur commanda de passer tout au fil de l'épée, sans distinction d'âge ni de sexe ; ce qui fut si rigoureusement observé, qu'aucun de ces malheureux ne put échaper à la rage du vainqueur, ne trouvant pas même d'asyle dans les mosquées & dans les tombeaux, d'où on les retiroit pour les égorger avec une barbarie inouie.

Ensuite de tant d'horribles cruautés, Amurat porta la désolation dans plusieurs autres provinces qu'il soumit à son Empire, & comme il en vouloit personnellement à Scah-Séphi, Roi de Perse, il entra fort avant dans ses Etats, pour tacher de l'engager dans une affaire générale ; mais ce Monarque, ne voulant pas exposer son Royaume à la décision d'une bataille, s'étoit retiré dans des montagnes affreuses, d'où l'Ottoman ne pouvoit le faire sortir, sans risquer de perdre son armée victorieuse. Cependant voulant à quelque prix que ce fût satisfaire sa vengeance, il se résolut de lui envoyer un cartel, dans lequel il lui marquoit, que mettant à part la considération de ses victoires & des avantages qu'il pouvoit tirer de son armée invincible, capable de subjuguer tout l'Orient, il étoit prêt de déterminer l'ancienne querelle de leurs maisons par un combat singulier.

Mais le prudent Roi de Perse feignit d'ignorer qu'il lui eût fait ce défi, pour n'être pas obligé d'y répondre ; & au même instant, ayant assemblé son Conseil, il y fut conclu

qu'on enverroit des Ambaſſadeurs à Amurat, pour lui faire des propoſitions de paix.
Ce Prince, qui voyoit ſon armée extrêmement fatiguée, & qui d'ailleurs brûloit de
revoir Rakima, reçut leurs offres avec
plaiſir, & laiſſant le Grand-Viſir Achomat
pour en régler les conditions, il tourna
toutes ſes penſées du côté de Damas, où il
ſe rendit avec une diligence digne de ſon
amour.

La tendre Rakima le reçut avec des
tranſports de joie difficiles à décrire ; &
l'Empereur la retrouvant plus belle & plus
paſſionnée que jamais, en ſentit de telle
ſorte augmenter ſa flamme, qu'il crut n'a-
voir rien aimé juſqu'à ce moment. Mais tandis
qu'il goûtoit à Damas tous les plaiſirs que
peut donner une ardeur mutuelle, la cruelle
Roxane exerçoit ſa rage à Conſtantinople,
d'une maniere à faire trembler les plus hardis. Comme elle n'étoit point aimée, ſa diſ-
grace aparente n'affligeoit perſonne, &
beaucoup eurent l'imprudence d'en marquer de la joie. Cette Princeſſe, qui avoit
des eſpions par-tout, en fut bientôt informée, & fit ſentir ſa fureur à tous ceux qui
fondoient quelque eſpérance ſur ſon malheur. Elle ſe rendit ſi redoutable, qu'on
n'oſa plus parler d'elle, & que les plus
Grands de l'Empire ſe tenoient ſur leurs
gardes, dans là crainte de tomber dans ſes
pieges. Mais les trois Princes, freres d'A-
murat, Bajazet, Orcan & Ibrahim, étoient
ceux qui avoient les plus juſtes ſujets d'a-
préhender ſa cruauté ; ils étoient priſon-

iers, & étroitement gardés, sous les ordres
du Caïmacan ou Lieutenant du Grand-
Visir, & se voyoient tous les jours exposés
à la barbarie de cette ambitieuse femme,
qui depuis long-tems avoit formé le dessein
de les faire périr, afin qu'ils ne pussent
disputer un jour l'Empire à son fils.

Elle fut par ses émissaires que ces malheureux Princes avoient témoigné de la
joie à la nouvelle de l'infidélité d'Amurat,
se flattant que ce changement de maîtresse
en aporteroit peut-être à leur condition,
ou du moins les délivreroit de cette cruelle
ennemie. C'en fut assez pour lui faire jurer
leur mort ; & les secrets mécontentemens
qu'elle avoit de se plaindre d'Amurat,
ayant encore augmenté son inclination
barbare, elle ne voulut plus différer à la
satisfaire. Pour y parvenir avec plus de facilité, elle commença par gagner le Caïmacan, qu'elle mit dans ses intérêts à force
de présens, & avec son secours fit composer
de fausses lettres, par lesquelles les Princes
paroissoient avoir des intelligences avec les
ennemis de l'Etat, & elle eut la hardiesse de
les dénoncer au Divan, & d'y remettre ces
preuves prétendues de leurs crimes.

Les Princes y furent ouis ; & ayant fait
connoître leur innocence & la fausseté de
l'accusation & des lettres, les Visirs du Divan les renvoyerent absous ; Roxane au
désespoir que son stratagême n'eût pas réussi,
& brûlant du desir de répandre cet illustre
sang, en forma un autre digne de son horrible méchanceté. Elle contrefit un ordre

C 3

d'Amurat, où il lui commandoit de faire
étrangler Bazajet & Orcan ; munie de ce
faux pouvoir, elle se fit ouvrir la prison de
ces Princes, où elle entra suivie de douze
muets & de plusieurs autres bourreaux, &
ayant fait venir Bazajet & Orcan, elle leur
prononça elle-même l'arrêt de leur mort,
& poussa l'indignité jusqu'à leur avouer
qu'elle les immoloit bien plus à sa haine
qu'aux intérêts d'Amurat.

Le Prince Bazajet voulut tenter de la fléchir, & employa d'abord tout ce qu'il crut
capable de la faire désister de son dessein
barbare ; mais voyant qu'il n'y pouvoit parvenir, & qu'il falloit se résoudre à mourir,
il changea de langage ; & après lui avoir reproché tous les crimes qu'elle avoit commis,
& l'avoir remerciée de lui ôter une vie qui
le délivroit de l'horreur de la voir, & qu'il
n'auroit employée qu'à chercher les moyens
de la punir de toutes ses cruautés, il tendit
le col aux muets qui l'étranglerent aux
pieds de Roxane. Pour Orcan, il ne s'éten-
dit pas en reproches inutiles ; mais s'étant
mis en défense, il abattit deux de ses bourreaux, & en blessa deux autres mortelle-
ment ; & avec une intrépidité qui fit pâlir
son ennemie, il s'élança au travers de ses
satellites, dans le dessein de lui donner la
mort, mais le nombre l'accabla, & malgré
sa force & son courage, il eut le même sort
de son frere.

Le bruit de ce meurtre affreux fut bientôt
répandu du serrail dans la ville, & pour
lors les mécontens éclaterent avec impétuo-

fité, tout Conftantinople fut en alarmes, &
l'on crioit à haute voix qu'il falloit entrer
dans le ferrail, en arracher la cruelle
Roxane, qui avoit ofé tremper fes parrici-
des mains dans l'illuftre fang ottoman, &
la punir de tous fes crimes, en la facrifiant
au reffentiment public.

Pendant que ces chofes fe paffoient à
Conftantinople, Amurat rempliffoit Damas
des marques de fon amour pour Rakima;
fa groffeffe, qui venoit d'être déclarée, mit
le comble à fa joie; il la célébra par de fuperbes fêtes; tout retentiffoit dans cette
ville du contentement de ces deux amans;
& ce fut dans le fort des jeux & des plaifirs
que ce Prince aprit les nouvelles du trouble
qui régnoit dans fa capitale; & comme en
même tems fa paix avec la Perfe fut publiée,
il congédia l'armée, & fit partir Achomat
pour apaifer les défordres de Conftantinople. Le Grand-Vifir trouva les efprits fi fort
aigris contre Roxane, par les cruautés
qu'elle avoit exercées, & les mécontens
d'autant plus dangereux, qu'ils étoient fo-
mentés par la Sultane Validé ou mere de
l'Empereur, qui avoit une haine implacable pour cette barbare femme, qu'elle venoit encore d'augmenter par le meurtre de
fes deux fils, qu'il manda au Sultan que fa
préfence étoit abfolument néceffaire pour
terminer tous ces différends. Amurat, qui
connut de quelle importance étoit fon retour à Conftantinople, fe réfolut de partir
de Damas, & d'amener Rakima, & lui déclara ce deffein, perfuadé qu'il en étoit

C 4

trop aimé, pour qu'elle y réſiſtât : mais
cette Princeſſe, qui, malgré la ſolidité de
ſon eſprit, avoit le défaut commun des
Perſes & des Arabes, qui donnent dans des
ſuperſtitions outrées ; ne reçut pas cette
nouvelle avec autant de joie que le Sultan
ſe l'étoit imaginé.

· Rakima avoit auprès d'elle un homme de
la race d'Aly, que ces peuples regardent
comme un grand Prophete, & qui croient
que tous ſes deſcendans ont le don de prédire l'avenir ; ils les apellent Almaſaïris : la
Princeſſe avoit une entiere confiance au
ſien ; & elle ne ſe vit pas plutôt groſſe,
qu'elle le conſulta ſur ce qui lui devoit arriver, & ſur le ſort de l'enfant qu'elle portoit. L'Almaſaïris, après avoir fait toutes
ſes prieres & les cérémonies qu'ils obſervent
en ces occaſions, lui dit d'un ton prophéti-
que, qu'elle mettroit au monde un Prince
qui ſeroit un jour Empereur des Turcs ; s'il
pouvoit éviter la cruauté de ſes parens & le
ſéjour de la ville de Conſtantinople, dont
l'aproche lui devoit être fatal. Que ſi le ciel
détournoit ces malheurs, il ſurpaſſeroit en
grandeurs tous les Princes Ottomans ſes
prédéceſſeurs ; que pour elle, ſi elle entroit
jamais dans le ſerrail, ſa perte étoit certaine ; mais qu'elle fît enſorte de retenir
Amurat près d'elle une année révolue, &
que par cette précaution elle ſe mettroit à
l'abri des malheurs qu'il lui venoit de prédire, & de ceux qui menaçoient l'Empereur
dans ſa ville capitale, où toutes ſortes de
peines domeſtiques l'attendoient ; & enfin

la mort qui seroit une suite de son retour.
La jeune Sultane, extrêmement alarmée de
ces prédictions, avoit fait une ferme résolution d'employer tout son pouvoir sur Amurat, pour l'empêcher de la quitter d'un an
entier ; & comme elle ne lui avoit encore
vu aucun dessein de retourner à Constantinople, elle ne lui avoit rien dit de la prophétie de l'Almasaïris.

Mais lorsqu'il lui eut appris le départ d'A-
chomat, & ce qu'il lui mandoit pour presser
le sien, avec la résolution qu'il avoit prise
de l'emmener, elle se jetta à ses pieds, &
se conjura, en répandant un torrent de larmes, de ne point quitter Damas, ni la conduire à Constantinople, où les plus grands
malheurs les attendoient l'un & l'autre.
Amurat, qui l'aimoit alors véritablement,
fut vivement touché de l'état où il la vit ; &
après l'avoir fait relever avec tendresse, il
la pria de lui apprendre d'où lui pouvoit venir la répugnance qu'elle lui marquoit à le
suivre & à le voir partir ; elle ne s'en fit pas
presser long-tems, & lui raconta tout ce
que l'Almasaïris lui avoit prédit ; & en finis-
sant son discours, elle recommença ses instances pour l'obliger à ne la point quitter,
& de là laisser à Damas. L'Empereur Turc
ne fit que rire des prédictions de l'Almasaïris ; & par de solides raisons, il tacha de la
convaincre de la fausseté de ses opinions ; il
y joignit aussi l'intérêt de son amour, & lui
fit comprendre que, si elle l'aimoit sincère-
ment, elle ne pouvoit, sans l'outrager,
refuser de l'accompagner, & de venir pren-

dre auprès de lui la place de Roxane , qu'il
lui avoit deſtinée ; que pour lui , il ne pouvoit ſe diſpenſer de retourner promptement
à Conſtantinople , pour en apaiſer les troubles par ſa préſence ; & qu'enfin il étoit réſolu de partir avec elle , & qu'elle devoit
s'y préparer. Rakima , qui ne s'attendoit
pas à trouver cette réſiſtance dans Amurat ,
en fut ſi pénétrée , qu'accablée de douleur
& de crainte , elle tomba évanouie dans les
bras du Sultan ; à cet objet, ce Prince animé
de fureur contre l'Almaſaïris , le fit promptement apeller , & lorſqu'il fut entré : Regarde , lui dit l'Empereur d'un air terrible ,
l'état où tu as mis cette Princeſſe par tes
fauſſes prédictions ; malheureux impoſteur ,
redoute mon courroux , ou fais enforte
d'effacer de ſon cœur la crainte dont tu l'as
ſaiſie ; guéris ſon eſprit que tes menſonges
ont empoiſonné ; ou je vais te faire empaler
à la porte du palais , pour aprendre à tes
pareils le châtiment qu'ils doivent attendre
de ma juſtice. L'Almaſaïris l'écouta ſans s'é-
tonner , & lui répondit d'un ſang froid qui
auroit intimidé tout autre qu'Amurat :
Empereur des Turcs , lui dit-il , tes menaces ne m'effraient point , ni ne peuvent
m'obliger à me rétracter des vérités que j'ai
révélées à ta Sultane ; tout eſt écrit dans le
livre du ciel avec le doigt du grand Ali
mon prédéceſſeur ; & au même inſtant il ſe
retira.

Le Sultan le regarda comme un fou , &
fit auſſi peu de compte de ſes prédictions
que de ſon Prophete ; mais voyant Rakima

qu'on avoit fait revenir à elle avec affez de peine, dans une crainte qui pouvoit être funefte à fes jours, & voulant accorder le foin de l'Etat & celui de fon amour, il confentit à la laiffer à Damas, & réfolut de partir fans elle. Ce n'étoit lui ôter que la moitié de fes apréhenfions, elle avoit encore à trembler pour lui, auffi n'oublia-t-elle rien de ce qui pouvoit l'engager à achever l'année auprès d'elle : mais foit qu'Amurat ne fît nulle attention à ce dont on le menaçoit, foit qu'il commençât à s'ennuyer du féjour de Damas, ou que véritablement il voulût mettre fin aux troubles que caufoit fon abfence, il fut impoffible de le faire changer de réfolution : mais avant que de partir il la combla de richeffes, & ordonna au Bacha de Damas d'en avoir un foin extrême, & de lui payer annuellement une fomme confidérable. Non content de cela, il lui affigna encore les tributs que la terreur de fes armes avoit obligé le Roi des Arabes à lui payer ; enfuite de quoi, ayant donné fes ordres pour fon départ, il prit congé de Rakima, dont la vive douleur le fit repentir plus d'une fois de la quitter, mais il avoit mandé fon retour à Conftantinople, & il n'y avoit plus moyen de s'en dédire ; ainfi après des adieux auffi tendres que touchans, il prit le chemin de la capitale de fon Empire, où il étoit defiré des Grands, du peuple & de la milice, avec d'autant plus d'impatience, qu'ils efpéroient que fa préfence les mettroit à l'abri des cruautés de Roxane, & qu'il

C 6

puniroit les forfaits & les meurtres qu'elle
avoit commis.

Mais ils furent trompés dans leur attente ;
cette adroite Princesse n'eut pas plutôt apris
le retour d'Amurat, & qu'il avoit laissé
Rakima à Damas, qu'elle se promit tout du
du pouvoir de ses charmes : en effet, après
y avoir ajouté tout ce qui pouvoit en relever
l'éclat, elle parut devant lui avec des graces
si fort attrayantes, que ce Prince sentit ral-
lumer ses premiers feux avec toute la force
de la nouveauté. Roxane, qui reconnut le
prompt effet de ses dangereux attraits, en
voulut profiter ; & affectant un air doux &
modeste, sans se plaindre de son infidélité,
elle lui peignit la douleur que lui avoit
causée son absence avec des expressions si
tendres & si vives, qu'elle acheva de reprendre son empire sur le cœur du crédule
Amurat, & d'en chasser la malheureuse
Rakima.

Il lui prouva là sincérité du retour de sa
flamme par des transports si véhémens, que
ne doutant plus qu'elle ne pût tout hazarder, elle lui fit valoir le service important,
qu'elle lui avoit rendu, en prévenant le
malheur qui menaçoit sa personne & son
Empire, en donnant la mort à ses freres ;
elle exagéra avec tant d'art le crime dont
elle les accusoit, & sa vigilance pour les
soins de l'Etat, que le foible Amurat s'imagina qu'elle étoit digne de régir l'univers,
& la rendit si puissante sur ses volontés,
que tout ce que la Sultane Validé lui put
dire de ses violences, & de la cruauté

qu'elle avoit eue, de faire étrangler fes deux fils en fa préfence, ne fit aucune impreſſion fur fon efprit; au contraire, il affura froidement la Sultane fa mere, qu'il avoit été fuffifamment inftruit du crime de fes freres, qu'il n'auroit pu leur laiſſer la vie fans rifquer la fienne & fon Empire, & que Roxane n'avoit rien fait qu'il n'eût aprouvé.

Dans cette même journée, une des Princeſſes fes ſœurs s'étant venu jetter à fes pieds, pour fe plaindre des mauvais traitemens qu'elle avoit reçus de cette Sultane favorite, & lui repréfenter l'horrible injuſtice qu'elle avoit commife par la mort des deux Princes fes freres, s'emporta contre cette innocente Princeſſe avec une fureur fi démefurée, qu'il lui fendit la tête d'un marteau d'armes, qu'il tenoit à fa main. Cette tragique mort étonna les plus hardis; & l'on vit avec douleur, qu'il n'y avoit pas moyen de faire connoître la vérité au cruel Amurat. Quelques jours après, il reçut un courrier de Rakima, qui lui aprit qu'elle étoit heureuſement accouchée d'un Prince, qu'elle avoit nommé Soliman-Amurat. Mais le Sultan, plus engagé que jamais dans les fers de Roxane, reçut cette nouvelle avec indifférence, & fit une réponſe fi froide à la Princeſſe, qu'elle y vit fa perte écrite. Elle prit toutes les précautions néceſſaires pour fe garantir des fureurs de fa rivale, & furtout, elle obferva foigneuſement de fe conduire par les avis de fon Almafaïris juſqu'aux moindres circonſtances; elle étoit inftruite par la Sultane Validé, & par le

Grand-Vifir Achomat, du renouvellement
de l'autorité de Roxane ; & elle n'ignoroit
rien des cruels deffeins qu'elle formoit contr'elle & contre fon fils ; ce qui lui donnoit
lieu de pouvoir éviter les effets de fa rage.

Ce n'étoit pas fans de juftes raifons qu'elle
la redoutoit ; car dans le même tems qu'elle
n'épargnoit rien pour affurer fa vie & celle
de fon fils, la barbare Roxane mettoit tout
en ufage pour la leur ôter ; elle ne pouvoit
penfer fans frémir, qu'il y eût une beauté
capable de lui ravir encore le cœur du Sultan ; non qu'elle fût jaloufe de cette concurrence par amour pour lui, il y avoit déja
long-tems que la feule ambition la faifoit
agir ; & depuis qu'elle avoit un fils, elle
ne refpirot que le defir de le voir régner ; &
fi elle redoutoit Rakima, ce n'étoit que dans
la crainte qu'Amurat ne préférât fon fils au
fien. Pour fe délivrer de cette inquiétude,
elle réfolut de ne plus différer à fe défaire
de l'un & de l'autre ; cette entreprife lui parut facile par le peu d'attention qu'Amurat
fembloit avoir pour eux, & qu'il n'étoit
plus à Damas pour veiller lui-même à la
confervation de leurs jours. Comme elle ne
manquoit point de miniftres de fes cruautés,
elle en fit partir plufieurs pour Damas,
chargés d'un ordre fupofé du Grand-Seigneur, & leur fit prendre des routes différentes, pour ne pas manquer fon coup.

Mais Achomat & la Sultane Validé, qui
veilloient fur toutes fes actions, furent
avertis de cette trame, & par un courrier
exprès, en donnèrent avis à la Princeffe

Rakima, avec un ordre au Bacha de Damas, d'obferver fi bien l'arrivée de ces affaffins, qu'il n'en échapât aucun, lui commandant, fous peine de la vie, de tirer la vérité de leur bouche, & de les faire mourir publiquement.

Le Bacha prit de fi juftes mefures, que ces perfides furent tous arrêtés, & avouerent le complot de Roxane, après quoi ils furent exécutés ignominieufement, & leur procès envoyé à la Porte. Auffi-tôt Achomat en inftruifit le Sultan qui, trouvant de l'énormité dans le fait, voulut entendre Roxane; cette méchante femme fe juftifia avec tant d'artifice, mêlant adroitement les larmes, les reproches & la tendreffe, qu'Amurat fe vit obligé de la confoler plutôt que de la condamner. Lorfqu'elle fe fut affurée du Sultan, elle traita le Grand-Vifir d'impofteur, l'accufant d'avoir ourdi cette trame avec la Sultane Validé, pour la perdre, ajoutant que ce n'étoit pas là leur premier attentat, puifque c'étoit eux qui avoient aidé & fomenté la confpiration des Princes; & elle fut fi bien noircir l'innocence du Grand-Vifir, qu'elle obtint un ordre figné d'Amurat, pour le faire mourir, qu'elle fit exécuter fur le champ, dans la crainte qu'il ne vînt à s'en repentir. Cette mort mit toute la ville de Conftantinople en mouvement; & quoique perfonne n'ofât fe hazarder à faire connoître l'innocence de cette derniere victime, on ne laiffoit pas de blâmer Amurat avec affèz de liberté, d'avoir fait mourir fi légérement un fi grand

Miniftre, fi utile à l'Etat, qui lui avoit gagné tant de batailles, & qui venoit d'ajouter à fon Empire la fameufe ville de Babylone, & tant de belles provinces en Orient
& en Occident.

Le peuple & la milice l'apelloient leur
pere, & les Grands le regrettoient ; cependant tout cela n'empêchoit pas Roxane de
triompher. Pour mieux établir fon autorité,
elle engagea le Sultan à donner la charge de
Grand-Vifir au Caïmacan, qui lui étoit dévoué, & pour lors, elle crut n'avoir plus
rien à craindre ; mais enfin le ciel, laffé de
tant de crimes, lui fit trouver fa perte au
milieu de fa gloire ; le coup qui abattit la
tête d'Achomat, réveilla tous les Grands de
l'Empire, qui craignoient également cette
impérieufe & barbare femme, & les fit
réfoudre à fe plaindre hautement des injuftices qu'elle faifoit commettre au Grand-
Seigneur.

Ils mirent par écrit tous les meurtres
qu'elle avoit faits, & les criminels motifs
qui l'y avoient portée, & obligerent le
Moufti à le préfenter au Sultan, au nom de
tous fes fujets. Ce grand-Prêtre de la loi des
Mahométans étoit à peine entré pour s'acquitter de fa périlleufe commiffion, qu'A-
murat vit paroître la Sultane fa mere, qui
lui préfenta un Eunuque, qui, s'étant prof-
terné à fes pieds, lui déclara le deffein que
Roxane avoit formé de le faire mourir, afin
de couronner fon fils ; le Sultan, qui favoit
la haine de la Sultane Validé pour fa favorite, traita l'Eunuque d'impofteur, & le

menaça de la mort ; mais cet esclave , sans s'intimider, lui répartit hardiment , qu'il ne se soucioit point de mourir , puisqu'il avoit eu le tems de lui révéler des choses importantes , & des trahisons qui lui faisoient horreur, ajoutant qu'après qu'on auroit ôté le jour à sa Hautesse , on devoit faire périr la Sultane Validé , le Bacha de Damas, la Princesse Rakima & le Prince son fils , & lui dit tous les noms de ceux qui étoient de cette conspiration avec Roxane. Amurat trouva le discours de l'Eunuque si bien circonstancié , qu'il commença de rentrer en lui-même ; & après avoir rêvé quelques momens, il se tourna vers le Moufti , & lui ordonna d'exposer sa mission ; le Pontife , pour toute réponse , lui présenta l'écrit qui contenoit l'histoire des crimes de Roxane.

Amurat en fit la lecture , & quoiqu'il fût lui-même d'un naturel sanguinaire, il ne put voir tant de forfaits sans frémir ; l'amour fit place à l'indignation , & cette derniere à la haine. Il ordonna sur le champ qu'on fît venir cette Sultane; lorsqu'elle fut devant lui , il lui rendit lui-même toutes les accusations qu'il venoit de lire & d'entendre contr'elle , & lui commanda d'y répondre ; mais loin de se justifier, se confiant dans l'amour de ce Prince , elle s'emporta en imprécations contre le Moufti & la Sultane Validé , & eut l'audace de la menacer de la faire mourir.

Le Sultan, irrité de son peu de respect, lui dit qu'il n'étoit pas question de s'exhaler en injures , mais de se laver des attentats dont elle étoit accusée ; ce ton d'autorité, auquel elle n'étoit pas accoutumée, la mit en fureur, & elle répondit à ce Prince avec un orgueil si outrageant & si peu de retenue, qu'il en perdit la patience dont il s'étoit armé jusques-là ; & la voyant convaincue par le trouble dont elle étoit agitée & le peu de suite qu'elle mettoit dans ses paroles, il lui fit des reproches sanglans de toutes ses noirceurs. Cette femme impérieuse, au lieu de chercher à le fléchir, & de marquer quelque repentir, éclata contre lui, brava sa puissance, & porta sa colere à une telle extrémité, que ne se connoissant plus, il tira son poignard, le lui plongea dans le sein, & la fit tomber sans vie à ses pieds. Ainsi finit cette Princesse, la plus belle & la plus cruelle de toutes les femmes ; elle n'avoit alors que vingt-trois ans, & étoit dans sa plus grande beauté. Philippe de Harlay, Comte de Cecy, Ambassadeur de France à Constantinople, raporte qu'il en avoit vu le portrait, ainsi que son prédécesseur, & son cousin Achille de Harlay-Sancy, Baron de Mole.

Amurat l'avoit fait tirer dans le fort de sa passion, par le fameux peintre Vinelly Vénitien, & il le garda jusqu'à sa mort dans son cabinet. L'action de ce Prince n'auroit point d'excuses, dans un autre que lui, ni dans d'autres nations ; mais si l'on considere que les Turcs portent tout à l'excès, & surtout la cruauté ; si on réfléchit sur les absurdités de leur religion qui ne leur donne aucun préjugé d'horreur pour les choses qui

nous en font ; & fi l'on veut s'arrêter à examiner la violence de l'amour de ce Monarque pour Roxane, l'étendue de l'autorité
qu'il lui avoit donnée, le pouvoir abfolu
qu'elle avoit fur lui, l'erreur où il étoit d'en
être aimé fincérement, on trouvera moins
étrange, qu'étant défabufé par des preuves
authentiques, & fe voyant éclairci de fes
injuftices, de fes vexations, & de fes trahi-
fons, de fon ambition, de fon peu d'amour,
de fon ingratitude & du peu de foin qu'elle
prit de l'adoucir & d'implorer fa clémence,
la rage fe foit emparée de fon cœur, & lui
ait fait commettre un meurtre de cette nature, lui qui étoit galant, tendre & paf-
fionné pour les femmes, qui même les ref-
pectoit, & ne fe portoit aux extrêmités contre ce fexe, que lorfqu'on mettoit fa patience à bout, qu'on l'irritoit, & qu'on l'a-
nimoit à fuivre fon tempérament fougueux,
comme il l'avoit bien fait voir quelque
tems auparavant, en donnant la mort à la
Princeffe fa fœur, qui, en lui demandant
juftice, s'attacha moins à le convaincre par
de bonnes raifons, qu'à l'irriter.

Enfin, il étoit écrit, non pas avec le doigt
d'Aly ni de Mahomet, mais par le Roi des
Rois dans les décrets de fa divine providence, que cette méchante femme perdroit la
vie des mains de l'homme du monde qui
l'avoit le plus aimée. La nouvelle de fa punition fut à peine répandue dans la ville,
que le calme parut y renaître ; les murmu-
res ceffèrent, les plaintes furent étouffées,
& les voix ne fe faifoient entendre que pour

louer l'Empereur d'avoir vengé ; par ce
coup, tant d'illuftres familles, dont cette
mort feule pouvoit tarir les larmes.

Pendant les premiers jours Amurat parut tranquille ; la joie du peuple, la fatisfaction des Grands, & les reftes d'une jufte
indignation occuperent fon cœur de façon
à lui faire croire qu'il étoit content lui-
même. Mais lorfque fes tranfports furent
paffés, que fa colere fe fut diffipée, & qu'il
réfléchit fur ce qu'il avoit fait, une profonde
mélancolie s'empara de fon ame, une
fombre trifteffe fe répandit fur fon vifage ;
tout lui déplut, tout l'ennuya ; l'image de
Roxane le fuivoit par-tout, & il fembloit
n'avoir pas de plus heureux momens, que
ceux qu'il paffoit feul dans fon cabinet, à
regarder le fatal portrait de cette favorite,
qui réveilloit & nourriffoit l'amour qu'il
avoit eu pour elle.

La Sultane Validé, & Uglan, Aga ou
chef des Eunuques noirs, qui avoit un grand
crédit fur l'efprit de ce Prince, tacherent en
vain de le tirer de cet état ; ils affemblerent
toutes les beautés du ferrail pour l'engager
dans de nouvelles amours ; mais ni leurs
attraits, ni l'exercice de la chaffe qu'il avoit
fort aimés, ne furent capables d'arracher
Roxane de fon fouvenir.

Thélamont étoit à cet endroit de fon récit, lorfqu'on vint avertir qu'on avoit fervi ;
cette aimable compagnie ne parut pas contente de cette interruption, & quoique le
repas, qui l'attendoit, ne dût lui rien laiffer
à defirer, elle lui auroit volontiers préféré la

continuation de l'hiftoire de Rakima. Uranie, qui s'en aperçut : Je vois bien, dit-elle,
que nous allons fouper à regret : mais pour
réparer le tort que cela nous fait, Mélente
& Hortence coucheront ici, & Thélamont
aura fans doute la complaifance d'achever
fon hiftoire après foupé. En vérité, dit alors
Camille avec un grand foupir, me voilà
bien foulagée : car je vous affure que je n'aurois pas dormi tranquillement, fi j'avois dû
me coücher fans aprendre ce qu'eft devenue
Rakima, & comment fe termina la trifteffe
d'Amurat.

Votre curiofité fera fatisfaite, répondit
Thélamont : & fi la compagnie confent à ce
qu'a dit Uranie, je vous promets de vous
faire coucher très-tard : Hortence & Mélente ayant témoigné qu'ils acceptoient la
partie avec plaifir, on fut fe mettre à table, où
pendant le repas chacun étala fes réflexions
fur les événemens qu'on venoit d'entendre,
& tous généralement convinrent, que Thélamont les avoit raportés d'une maniere à
les rendre encore plus intéreffans qu'ils ne
l'étoient eux-mêmes.

Et lorfqu'on eut fatisfait à ce qu'exigeoit
la délicateffe d'un foupé digne des convives,
& qu'on y eut affez fait briller la joie, l'efprit & l'amour, cette belle fociété, d'un
commun accord, paffa dans l'apartement
d'Uranie, où après s'être placée felon fon
inclination, on pria Thélamont très-férieu-
fement de reprendre le fil de fon difcours :
ce qu'il fit de cette forte.

Suite de l'histoire de Rakima.

LA Sultane Validé, qui aimoit tendrement l'Empereur son fils, voyant que
tous ses soins & ceux d'Uglan étoient inutiles, & craignant avec raison pour les jours
de ce Prince, se souvenant de l'ardente paffion qu'il avoit eue pour Rakima, s'imaginant que sa présence rallumeroit ses premiers feux, forma le deffein de la faire venir dans le serrail ; pour cet effet, elle lui
dépêcha un courrier, par lequel elle lui
aprit la cataftrophe de sa rivale, & l'exhorta
à demander à Amurat la permiffion de le
venir joindre dans la capitale de son Empire,
pour y jouir de la gloire qu'il lui avoit fait
efpérer.

L'Emir Gumer son frere, qui étoit devenu un des favoris du Sultan depuis sa trahison, lui écrivit auffi pour la déterminer à
fuivre les conseils de la Validé. Cette nouvelle fit l'effet qu'on en devoit attendre sur
le cœur de Rakima ; elle aimoit toujours
Amurat ; elle avoit redouté Roxane, sa
mort la raffura ; & la douce idée de revoir
ce qu'elle aimoit, lui donna des mouvemens de joie & d'efpérance, qui effacerent
pour quelques momens les fâcheuses idées
des prédictions de son Almafaïris. Elle voulut cependant le confulter encore : mais soit
que cet homme eût véritablement quelque
fcience, ou qu'il ne voulût pas s'opofer davantage aux defirs de cette Princeffe, il lui
dit qu'elle ne rifquoit rien de faire ce qu'on

lui mandoit, mais qu'il prévoyoit que ce
voyage n'auroit point d'effet.

Comme cette prédiction étoit vague, &
ne lui parloit point des malheurs dont on
avoit menacé ses jours & ceux de son fils,
elle suivit sans balancer les mouvemens
de son amour, & écrivit en ces termes à
Amurat.

LA PRINCESSE RAKIMA, A L'INVINCIBLE
AMURAT.

*Ta Hautesse a-t-elle donc oublié la fidelle
& tendre Rakima, & veux-tu la priver pour
jamais du bonheur d'être éclairée de la lumiere
de tes yeux? Ah! Seigneur, rapelle à ton
souvenir, ton amour, tes promesses; peins-toi
ton esclave mourant de la douleur d'être éloignée de toi, & tu te presseras sans doute de lui
faire le favorable commandement de t'aller
joindre, & d'exprimer à tes pieds l'ardeur de
la flamme qui embrase pour toi le cœur de la
constante Rakima.*

Quelque absorbé que fût Amurat du noir
chagrin qui le dévoroit, il ne put être insensible à cette lecture; toutes les beautés
de Rakima se présenterent à ses yeux; & si
elles ne rallumerent pas d'abord son amour,
elles lui donnerent un vif desir de la revoir.
Il communiqua cette lettre à la Sultane sa
mere & à l'Emir Gumer, paroissant enchanté de l'esprit de Rakima; il manda à
cette Princesse de partir avec son fils, & envoya ordre à Sinam, Bacha de Damas, de
lui fournir abondamment tout ce qui lui

feroit néceffaire pour un fi long voyage.
Mais il étoit de la deftinée de Rakima,
d'être oubliée d'Amurat ; l'hiver vint mal-
heureufement pour elle, avec les ordres du
Sultan ; cette rigoureufe faifon l'empêchant
de fe mettre en chemin, il fallut attendre le
retour du printems. Dans cet intervalle, le
Capitaine Bacha, ou Général de la mer, fit
entrer dans le ferrail une jeune Circaffienne,
dont l'efprit, la beauté, & mille autres
rares qualités, firent croire à la Sultane
Validé, que c'étoit-là le feul objet capable
de tirer Amurat de fa mélancolie. Pour y
mieux parvenir, elle fit amitié avec Zaïme,
c'eft le nom de cette beauté, & l'inftruifit
de tout ce qu'elle devoit faire, pour s'attirer les regards de l'Empereur ; elle y réuffit
au-delà de ce qu'elle en avoit efpéré ; elle
n'eut pas plutôt été préfentée à ce Prince,
dont toutes les paffions étoient véhémentes,
qu'il oublia Roxane, Rakima, & tout ce
qu'il avoit vu de beau dans fa vie, pour s'a-
bandonner à ce nouvel amour. Je paffe légérement fur cet article, ne voulant rien
dérober à Uranie, qui travaille actuelle-
ment à faire une hiftoire particuliere de la
vie de Zaïme, dont les faits & les événemens font fi beaux & fi intéreffans, qu'elle
s'eft réfolue d'en faire part au public ; c'eft
ce qui m'empêche de vous faire le portrait
de cette derniere favorite d'Amurat, ne voulant vous en parler qu'autant que j'y ferai
forcé, pour continuer ce qui regarde Rakima. Amurat déclara Zaïme grande Sultane,
& manda au Bacha de Damas, de reculer

toujours sous divers prétextes, le voyage de
la Princesse. La possession de Zaïme donna
tant de joie à ce Monarque, qu'elle bannit
entièrement ce qui lui restoit de morne dans
l'humeur ; ce n'étoit que fêtes, jeux & festins dans le serrail & dans la ville. Amurat
s'étoit accoutumé dès long-tems à boire
beaucoup de liqueurs & de vin, ayant ordinairement pour compagnon de ses débauches le traître Gumer & deux autres Persans aussi perfides que lui, nommés Mar-
chut & Jarsais. Les abstinences du rama-
san, qui est pour les Musulmans ce qu'est
le carême aux Chrétiens, ne purent arrêter
les excès du Sultan : & la fête du béiran,
qui est la Pâque parmi eux, étant venue,
ses débauches redoublerent au point, que
dans un des grands festins qu'il donna à ses
courtisans, il but tant de vin de malvoisie,
de rossoly & d'autres liqueurs fortes, qu'il
se mit le feu dans le sang, & en prit une
fievre si ardente, que tout l'art de ses Médecins ne put parvenir à l'éteindre.

Les maladies lui avoient enlevé tous ses
enfans, & sa cruauté avoit fait périr ses
freres, excepté Ibrahim, qui étoit confiné
dans une prison, à l'extrêmité de Constantinople, sous la garde de l'eunuque Samboul, qui, lui ayant conseillé de contrefaire
l'insensé, lui avoit sauvé la vie par cet artifice, qui seul l'avoit garanti des fureurs de
Roxane, & de la politique d'Amurat. Cependant, comme il se sentoit aprocher de
sa fin, & que son amour pour Zaïme le
sui voit au tombeau, quelque marque de

groffeffe , qui n'étoit pourtant pas certaine, lui faifant craindre qu'après fa mort on ne couronnât Ibrahim , au préjudice de l'enfant de la Sultane , fi elle étoit groffe , & qu'elle mît au jour un Prince , il demanda plufieurs fois à voir fon frere ; mais Validé , qui pénétra le deffein qu'il avoit de le faire étrangler , éluda cette entrevue fous différens prétextes, & par fon adreffe, garantit le dernier des fils qu'elle avoit eus du Sultan Achmet. Amurat , qui s'affoibliffoit de moment en moment , voyant qu'on ne s'empreffoit pas à le fatisfaire de ce côté , y voulut mettre ordre d'une autre forte.

Dans le fort de fon mal , il fit apeller Rahim Chiras , Kam des petits Tartares, le nomma pour fon fucceffeur , conformément aux loix fondamentales de l'Empire Ottoman , & fit avec lui un traité fecret , par lequel le Tartare s'obligeoit de remettre l'Empire au fils de Zaïme , en cas qu'elle en eût un : mais ces fortes de traités précaires ont rarement leur effet. Deux jours après Amurat mourut , qui fut le 22 du mois de février 1640 , âgé de 34 ans, étant parvenu au trône à l'âge de 7 ans , & en ayant régné 27. On trouva fous fon chevet , dans une boëte d'or , la convention qu'il avoit faite avec le Tartare, que le Divan déclara nulle. La Sultane Validé ne lui eut pas plutôt fermé les yeux , qu'elle alla tirer Ibrahim de fa prifon : ce Prince , qui étoit toujours dans la crainte , fit d'abord difficulté de fortir & d'accepter l'Empire ; & il fallut que la Sultane mandât le Moufti , les Vifirs du Di-

van, & les Bachas, pour lui marquer la
mort de l'Empereur son frere & de ses enfans, & que l'eunuque Samboul son Gouverneur, en qui il avoit une entiere confiance, lui jurât par un serment solemnel,
que ce que sa mere & les Visirs lui disoient,
étoit vrai, pour qu'il se laissât conduire;
encore fallut-il pour le rassurer tout-à-fait;
qu'il vît lui-même le corps de son frere,
sur la bouche duquel il porta plusieurs fois
la main, pour voir s'il ne respiroit plus.

Le lendemain 23 février 1640, il fut proclamé Empereur; & les commencemens de
son regne firent assez connoître que les marques d'imbécillité qu'il avoit données dans
sa prison, n'étoient qu'un stratagême innocent, dont il s'étoit servi pour garantir ses
jours. Cependant la Princesse Rakima, qui
avoit été informée par les lettres de Gumer
son frere, de la derniere infidélité d'Amurat, ensuite de sa mort & de l'avénement
d'Ibrahim à l'Empire, sentit renaître toutes
ses craintes pour la vie de son fils; tout l'a-
mour qu'elle avoit eu pour Amurat n'avoit
pu tenir contre ses instances tant de fois réitérées; elle avoit vaincu la tendresse qui
l'attachoit à lui, pour en rendre son fils
l'unique objet. Les malheurs, les incidens,
& les longueurs de l'absence, n'ont aucun
pouvoir sur un amour toujours constant, &
dont la fidélité est inviolablement gardée
des deux côtés; loin de l'éteindre, ces maux
soufferts réciproquement le nourrissent,
l'augmentent & le perfectionnent.

Mais lorsque l'un des deux vient à chan-

ger , & que , par des infidélités qu'on n'a
point méritées , on se voit abandonné , oublié & méprisé , l'amour se ralentir , les réflexions viennent , & on songe à soi ; l'absence n'est plus à charge , & l'indifférence
prend enfin la place de la tendresse. Telle
étoit la situation du cœur de Rakima , lorsqu'elle aprit la mort du Sultan ; comme elle
étoit d'un naturel doux & tendre , cette
nouvelle lui arracha des larmes , mais elle
ne les donna qu'à la perte du pere de son
fils , & non pas à celle de son amant. Elle
forma d'abord le dessein de se retirer en
Perse , pour chercher un apui contre les
violences de la Porte ; & elle s'y détermina
d'autant plus , que Sinam Bacha de Damas
lui refusa dès-lors de lui payer davantage
les sommes que l'Empereur Amurat lui
avoit assignées , & qu'il lui dit qu'il ne
pourroit se dispenser de l'envoyer au vieux
serrail de Constantinople , & son fils au
Sultan Ibrahim. Cette menace la fit trembler; & pour en éviter les effets , elle feignit
d'avoir fait un vœu à la Mecque , & demanda à Sinam la permission de l'effectuer.
Le Bacha , qui ne desiroit que son éloigne-
ment , fut charmé de cette occasion de s'en
défaire , lui facilita les moyens de faire ce
prétendu voyage : elle passa par l'Arabie ,
& arriva à la Cour de Réba , Roi des Arabes,
celui-là même que le Sultan Amurat avoit
assujetti à lui payer tribut , & soumis à
perpétuité lui & ses successeurs à faire hommage & prendre l'investiture de sa couronne à la Porte.

Ce Monarque étoit le plus proche parent de l'Emir Sicardin, Prince de Drüs, qui se disoit descendu de ce héros Godefroy de Bouillon, qui fit la conquête de Jérusalem ; il en portoit les armes, & étoit le protecteur déclaré de tous les Chrétiens du Levant. Sicardin ayant été vaincu en bataille rangée par le Bacha Giaphar, fut envoyé à Constantinople, où, contre la parole qui lui avoit été donnée, l'avarice du Sultan &. de ses Ministres lui avoient fait perdre la vie par la main des bourreaux, pour s'emparer de sa Principauté, & des grands trésors qu'il avoit amassés, qui apartenoient de droit à Réba, Roi des Arabes, comme son plus proche parent. Il en avoit demandé raison au Sultan Amurat, qui, bien loin de lui rendre justice, l'avoit soumis lui-même à la condamnation. Ce fut donc à la Cour de ce Roi que la belle & craintive Rakima voulut prendre quelques jours de repos, avant que de se rendre en Perse. Réba n'avoit rien du barbarisme de ceux de sa nation, le ciel lui avoit donné toutes les qualités qui peuvent rendre un Prince aimable ; il étoit grand, bien fait, galant, plein d'esprit ; il avoit l'ame belle, tendre & bienfaisante.

Ses sentimens le porterent à recevoir Rakima avec toutes sortes d'honneurs, mais sa beauté acheva ce que sa générosité naturelle avoit commencé ; il ne put la voir sans l'aimer ; & le récit qu'elle lui fit de la triste situation où elle se trouvoit & des accidens de sa vie, le toucha si vivement, qu'il crut

qu'il feroit le Prince le plus heureux, s'il
pouvoit lui faire oublier fes infortunes, &
la mettre à l'abri de fes craintes, en lui faifant partager fa couronne. Rakima n'avoit
alors que vingt-deux ans : elle étoit plus
belle que jamais, & l'état où elle fe voyoit,
avoit répandu dans toute fa perfonne un air
de douceur & de tendreffe dont il étoit difficile que le cœur pût fe défendre. Réba ne
voulut pas lui déclarer d'abord les fentimens qu'elle lui avoit infpirés, il les cacha
fous les aparences d'un véritable defir de la
fervir, en lui offrant fes Etats pour retraite,
lui promettant de regarder le jeune Prince
Soliman Amurat comme fon propre fils, de
donner tous fes foins à fon éducation, & la
conjurant de refter à fa Cour, où elle feroit
auffi puiffante que lui-même, l'affurant que
lorfque le tems feroit favorable à fes deffeins, il emploieroit fes forces, celles de
fes voifins, & généralement tout ce qu'il
avoit en fon pouvoir, pour le faire monter
au trône de fes peres. Rakima avoit trop
d'efprit pour ne pas pénétrer le motif des
offres de Réba ; mais voulant avoir le tems
de fe réfoudre, elle ne répondit à ce Prince
que dans les termes que la reconnoiffance
exigeoit d'elle en cette occafion.

Et fans rien accepter ni réfufer, elle lui fit
entendre que, fi dans le féjour qu'elle pré-
tendoit faire à fa Cour, elle le voyoit per-
fifter dans fes fentimens, elle pourroit bien
ne pas aller plus loin chercher un afyle &
des protections. Ce rayon d'efpérance mit
Réba dans une fituation d'efprit fi agréa-

ble , que tout ce qu'il avoit d'aimable dans
fa perfonne en prit de nouvelles graces ; il
fit fervir Rakima en Reine , & voulant par
ces honneurs prématurés lui infpirer le
defir de les poffédertoujours , il ne décidoit
de rien fans la confulter , & la rendit maîtreffe abfolue dans l'étendue de fes Etats ;
mais pour la mieux convaincre d'une paffion qu'il ne vouloit lui déclarer que par fes
foins & fes attentions , il s'attacha d'une
fi tendre amitié au jeune Soliman-Amurat ,
qu'on eût dit qu'il en étoit véritablement
le pere.

Ce fut-là le trait par où l'amour voulut
forcer Rakima à fe ranger une feconde fois
fous fa puiffance ; fon cœur ne put être infenfible à ce que le Roi des Arabes faifoit
pour fon fils ; cet aimable enfant , en qui
on remarquoit déja des difpofitions dignes
de fa naiffance , témoignoit un fi parfait
retour aux bontés de ce Monarque , que les
fentimens du fils paffèrent bientôt dans l'ame
de la mere : quelques mois s'écoulèrent de
cette forte , fans que Réba fe ralentît un
inftant de fes foins , de fes refpects & de fes
complaifances ; mais Rakima ne lui faifant
voir qu'une vive reconnoiffance , il réfolut
de fe déclarer plus ouvertement. Dans cette
penfée , il fe rendit un jour dans l'apartement de cette Princeffe , il la trouva qu'elle
s'amufoit à voir faire à fon fils des couron-
nes de fleurs , que fes femmes étoient occupées à lui préfenter. Cet enfant en tenoit
une à fa main dans l'inftant que le Roi entra ; il ne le vit pas plutôt , que , felon fa

coutume, il courut à lui, & se jettant dans
ses bras, il lui posa la couronne de fleurs
sur la tête, & la reprenant d'un air riant,
il fut la mettre sur celle de sa mere, où il
la laissa. Cette action fit rougir Rakima ;
Réba s'en aperçut, & profitant de cette
aventure enfantine : Que je serois heureux,
Madame, dit-il en la regardant avec des
yeux où l'amour & la crainte se faisoient
voir également, si vous aviez pénétré dans
mon cœur aussi-bien que ce jeune Prince,
& si vous vouliez accepter la couronne
d'Arabie, dont celle qui vient de nous partager est la figure ! je viens la mettre à vos
pieds, adorable Princesse, continua-t-il en
s'y jettant lui-même, & vous offrir avec
elle l'amour le plus ardent que vos divins
attraits aient jamais inspiré ; pardonnez à
la violence de ma passion, si je romps un
silence que jusqu'ici mon respect m'avoit
imposé ; & soyez assurée que c'est la seule
fois de ma vie que je sortirai des bornes qu'il
me prescrit.

Pendant ce discours, la Princesse avoit
fait de vains efforts pour l'obliger à se relever ; mais voyant qu'il attendoit sa réponse,
& qu'il s'obstinoit à rester dans cette posture:
Seigneur, lui dit-elle en lui tendant la main,
il faudroit que Rakima fût la plus ingrate
personne de la terre, après toutes les obligations qu'elle vous a, si elle dédaignoit ces
dernieres marques de votre estime ; elle
m'honore trop, Seigneur, continua-t-elle
avec un air charmant ; & si cette main que
je vous présente peut faire véritablement

vôtre bonheur , je mettrai tout le mien à
vous en rendre le maître.

Cet aveu auquel, malgré la douceur de
Rakima , le Roi des Arabes n'ofoit s'attendre , le tranfporta de telle forte , qu'il fut
aifé de juger par l'excès de fa joie , de la fincérité de fon amour ; il ne put de long-tems
s'exprimer que par des paroles mal rangées ,
& mille ardens baifers fur cette main qu'on
lui avoit donnée avec tant de graces ; mais
enfin il fut fi bien fe faire entendre par ce
trouble éloquent , que Rakima fut contrainte d'y répondre avec une tendreffe peu
différente de la fienne. Réba ne voulut pas
différer plus long-tems la conclufion de fon
bonheur ; & fur le champ ayant ordonné
les cérémonies qu'il vouloit obferver au
couronnement de Rakima , elle fut procla-
mée Reine des Arabes peu de jours après ,
avec un aplaudiffement univerfel.

Depuis ce moment la nouvelle Reine
n'en paffa aucun , qui ne lui donnât lieu de
bénir le ciel , d'avoir trouvé dans le Roi
Réba , un époux , un amant , un protecteur
zélé , & un pere à fon fils. Il prit un foin
particulier de l'éducation de ce jeune Prince ,
& fit venir des pays les plus éloignés les plus
habiles maîtres , pour en former un fujet
capable de régner , & de fe venger un jour
du tort qu'on lui avoit fait ; & comme il
avoit en lui-même toutes les qualités néceffaires à un grand Prince , il furpaffa bientôt
l'attente du Roi & de la Reine fa mere ,
& devint l'amour & l'admiration de leurs
fujets.

D f

Réba, qui fuportoit avec impatience le
joug ottoman, & qui trouvoit une occafion de s'en tirer, en protégeant le jeune
Soliman-Amurat, fit des pratiques fecrettes avec les plus confidérables de fes voifins
en faveur de ce Prince, en attendant une
occafion favorable de lui mettre les armes
à la main, & de fe pouvoir déclarer ouvertement.

Tandis qu'il n'épargnoit ni peines, ni foins
pour réuffir dans cette grande entreprife,
la Sultane Validé mettoit tous les fiens à
faire envifager à Ibrahim, ce qu'il avoit à
craindre de la protection que Réba avoit
donnée à Rakima; elle n'ignoroit pas la
naiffance de Soliman-Amurat, ni les droits
qu'il avoit à l'Empire, & elle en entretenoit fans ceffe l'Empereur fon fils; mais ce
Prince, qui, depuis qu'il étoit monté au
trône, ne s'étoit occupé que de fes plaifirs,
& à fatisfaire fon humeur cruelle, négligea
les avis de fa mere. Cependant les déportemens de ce Prince, fes cruautés, fes injuftices, & le mépris qu'il faifoit publiquement
de la Sultane Validé, lui attirerent bientôt
la haine des Grands & du peuple. On vit
avec indignation fon ingratitude envers
cette Princeffe, qui, après l'avoir élevé à
l'Empire, ménagé fi fagement les plus grandes affaires, diffipé par fon adreffe & fa
fermeté les émotions qui troubloient l'Etat,
& maintenu la paix avec fes voifins, fe vit
ôter toute fon autorité par les lâches confeils de deux fcélérats, dont l'un étoit
Sélim Achmet, Grand-Vifir, & l'autre

nommé Huſſein , qu'Ibrahim avoit élevé ,
de ſimple berger qu'il étoit , aux plus grandes dignités. Le pouvoir de ces deux hommes ſur l'eſprit de cet Empereur monta à
un tel excès , qu'ils lui firent commettre
tout ce que la cruauté & l'injuſtice ont de
plus affreux ; ce qui , joint à ſon incapacité
pour le gouvernement , obligea les Grands
de la Porte , ayant la Sultane Validé à leur
tête , de faire éclater la conſpiration qu'ils
avoient déja tramée contre lui. Ils avoient
engagé dans leurs complots l'Aga des Janiſ-
ſaires , avec les principaux Officiers de cette
redoutable milice , le Général de la mer ,
le Souverain Pontife de la loi , les Kadileskers qui en ſont les Juges , les Viſirs &
les Bachas du Divan , qui ſont les Conſeil-
lers d'Etat ; & ce qu'il y eut de ſurprenant ,
c'eſt que tant de gens différens dans une entrepriſe ſi dangereuſe , & de ſi grande importance , garderent un ſecret inviolable.
La Sultane Validé , qui ſavoit le danger
qu'il y avoit d'être découvert avant d'avoir
éclaté , preſſa le Moufti de citer Ibrahim au
nom de tout l'Etat , pour rendre compte de
ſa conduite en plein Divan , & lui demander la punition des crimes de Selim Achmet ,
Grand-Viſir , & des brigandages du traître
Huſſein. Pour cet effet , le Pontife lui envoya pluſieurs Kadileskers , qui furent aſſez
hardis pour ſe charger de cette périlleuſe
commiſſion.

Ils furent introduits aux pieds du Sultan ,
qu'ils inſtruiſirent de ce qui les amenoit devant lui. Ibrahim , irrité de cette inſolente

D 6

audace, commanda à fa garde de les mettre en pieces; mais voyant que perfonne ne s'ébranloit, & qu'on refufoit de lui obéir, comme il étoit timide, la crainte le faifit, & il courut fur le champ dans l'apartement de la Sultane fa mere ; cette Princeffe profitant de fon trouble, lui confeilla de livrer aux révoltés le Grand-Vifir & Huffein. L'Empereur eut beaucoup de peine à y confentir ; mais-n'ayant qu'un moment pour fe déterminer, il s'y réfolut.

Ainfi ces deux fcélérats furent livrés au peuple qui les mirent en pieces, pillerent leurs maifons, & exterminerent toutes leurs races. La Validé lui infpira encore de nommer pour Grand-Vifir, Méhémet, homme très-populaire & d'une grande expérience, à qui le Sultan fut contraint de remettre le fceau de l'Empire. La Sultane Validé, qui s'étoit vengée de fes deux plus grands ennemis, voulut alors apaifer la fédition, & empêcher les conjurés d'aller plus loin ; mais il n'étoit plus tems, on étoit trop animé, & elle avoit mis elle-même les chofes dans un état où il n'y avoit plus de remede.

En effet, le Moufti cita de nouveau Ibrahim, & lui envoya les mêmes Kadileskers, qui s'étoient déja chargés d'une pareille ambaffade, le Sultan les méprifa, & en leur préfence déchira le fetfa ou point de la loi, qui eft un ajournement pour comparoître en juftice.

Ce qui ayant été raporté au Divan, tous ceux qui le compofoient marcherent à l'a-

partement de la Sultane Validé, où Ibrahim
s'étoit retiré, & l'arracherent des bras de
cette Princesse, d'où il fut conduit dans la
prison où il avoit passé la meilleure partie
de sa vie.

Après lui avoir donné une sûre garde, le
Divan proclama Empereur Mahomet IV
son fils, âgé de six ans & sept mois, qu'il
avoit eu de Zaïme, à qui il avoit donné
auprès de lui le même rang qu'elle possédoit
sur la fin du regne d'Amurat, & le Divan
la déclara Régente pendant la minorité de
son fils. Cependant les rebelles ayant fait
réflexion sur l'énormité de leur crime, &
craignant que, si par quelque révolution
imprévue, Ibrahim remontoit au trône,
il ne leur fît le traitement qu'ils avoient fait
à Achmet & à Hussein, prirent la résolution de lui ôter la vie ; ensorte que dix jours
après sa détention les principaux du Divan, accompagnés des plus séditieux d'entre le peuple & les Janissaires, furent à sa
prison, & le firent étrangler le 18 du mois
d'août 1648. Cet événement fut suivi de
plusieurs autres, que produisit la régence
de la Grande Sultane Zaïme, & l'avénement du fameux Coprogly à la dignité du
Grand-Visir, qui sont amplement détaillés
dans l'histoire de cette Princesse, dont
Uranie par ses regards me défend de vous
entretenir. La Sultane Kiosem, que nous
n'apellerons plus Validé, ce titre n'étant
attribué qu'à la mére de l'Empereur régnant,
& qui signifie, en langue turque, Impératrice, s'étant flattée que Zaïme, qui étoit

son éleve, lui abandonneroit toute l'autorité, voyant qu'elle savoit se passer de ses conseils, & qu'elle n'étoit plus rien, en conçut une haine & une jalousie si grande, que dans son ressentiment elle forma le dessein de chercher toutes sortes de voies pour faire périr la Régente, l'Empereur son fils, & le Grand-Visir Coprogly. Elle jetta d'abord les yeux sur Soliman-Amurat, qu'elle savoit que le Roi & la Reine des Arabes élevoient avec un soin extrême.

Elle écrivit à Réba le projet qu'elle avoit fait de mettre ce jeune Prince sur le trône de ses ancêtres, comme lui apartenant de droit, étant fils unique d'Amurat IV. Le Roi d'Arabie, qui n'ignoroit pas les raisons de la Sultane Kiosem, voyant l'Empire sans troubles & sans guerres avec ses voisins, lui représenta que le tems ne lui paroissoit pas favorable pour une si grande entreprise; qu'il s'attireroit toutes les forces ottomanes; qu'il n'étoit pas assez puissant pour leur résister; & qu'ainsi il la prioit de conserver la bonne volonté qu'elle témoignoit pour son petit-fils, afin de la faire éclater lorsque l'occasion seroit plus propice.

La sage politique de Réba ne plut pas à la Sultane; elle étoit véhémente dans ses passions, & jugeant bien qu'il n'y avoit rien à faire de ce côté, elle tourna ses pensées vers le jeune Prince Soliman, fils d'Ibrahim & d'une Sultane nommée Maïama; elle lui communiqua son dessein, & l'assura de le faire réussir, à condition qu'elle lui laisseroit toute l'autorité de la régence.

Maïama, charmée de ce projet, lui promit tout ce qu'elle voulut, & lui en donna toutes les affurances que cette ambitieufe Princeffe pouvoit defirer ; mais ce qui fe paffa à cette conjuration, & la façon dont elle échoua, n'étant pas néceffaire à ma narration, vous trouverez bon que je vous renvoie encore à l'hiftoire de Zaïme, pour vous en inftruire, & que je vienne promptement au deffein que le Grand-Vifir Coprogly avoit formé d'achever la conquête de Candie, qui me ramene à mon fujet principal.

Les Vénitiens alarmés des préparatifs de la Porte, envoyerent un Baile à Conftantinople ; mais le Grand-Seigneur le reçut fi mal, & voulut impofer des conditions fi dures à la République, qu'elle préféra les hazards de la guerre à une paix honteufe. Elle fit alors partir des Ambaffadeurs pour la Perfe, la Mofcovie, & pour le Kam des Tartares qu'elle favoit plein de reffentiment contre la Porte, de la mort ignominieufe qu'on avoit fait fouffrir au pere de ce Prince. Les Vénitiens n'oublierent pas le Roi de Réba, à qui ils offrirent de grandes fommes, s'il vouloit faire valoir les droits de Soliman-Amurat au trône de fes peres.

Le Roi d'Arabie voyant l'orage prodigieux qui alloit fondre fur l'Empire Ottoman, crut le tems favorable, ainfi il toucha l'argent, & fit un traité fecret avec la République de Venife : le jeune Roi de Perfe, qui venoit de fuccéder à fon pere, le Czar de Mofcovie, & le Kam des Tartares, entrerent dans la ligue.

Ce fut alors que Réba & Rakima prati-
querent des intelligences avec plusieurs Bachas, à qui ils envoyerent le portrait de Soliman-Amurat, pour leur faire connoître
la ressemblance infinie qu'il y avoit entre le
pere & le fils ; & ils firent si bien, qu'un
grand nombre de personnes de considération
s'engagea dans le parti du fils d'Amurat.

Parmi ceux-là, Orcan-Ogly, Bacha
d'Alep, n'étoit pas le moins considérable ;
il étoit puissant, grand Capitaine, & mortel ennemi de Coprogly. Aussi-tôt qu'il fut
entré dans les intérêts du jeune Amurat, la
Reine Rakima se rendit à la Cour de Perse,
& fit voir au Sophi les traités du Roi son
époux, avec plusieurs Grands de la Porte,
pour mettre son fils sur le trône ; il ne lui
fut pas difficile de le déterminer d'entrer
en campagne au printems, s'étant déja engagé avec la République de Vénise d'attaquer l'Empire Ottoman, & de commencer
ses opérations par le siege de Babylone.

Rakima en tira de grandes sommes pour
faire des levées de tous côtés, & rejoindre
son époux, très-satisfaite de son voyage.
Cette Princesse, qui ne vouloit rien négliger
pour assurer son entreprise, parcourut elle-
même toute l'Arabie, l'Ethiopie, & porta
ses pas jusqu'aux Indes, pour engager tous
les Potentats dans les intérêts de son fils. Son
esprit insinuant, sa douceur, son éloquence, & les charmes de sa personne, lui gagnerent les cœurs de telle sorte, qu'il n'y eut
pas un de ces Souverains qui ne la secourût
selon ses forces & son pouvoir.

Elle conduifit elle-même en Arabie les troupes qu'elle ramaffa, à la tête defquelles fe mirent tous les jeunes Princes qui avoient pris le parti de Soliman-Amurat. Le Bacha d'Alep, informé des progrès de cette Reine, envoya des perfonnes de confiance pour reconnoître ce Prince, Empereur des Turcs, comme étant fils unique d'Amurat IV. Quoique toutes ces chofes ne fuffent pas fecrettes, le Grand-Vifir Coprogly les ignoroit, n'ayant d'attention qu'à fe mettre en état de réfifter à la Perfe, aux Vénitiens, aux Mofcovites & aux Tartares, qui avoient commencé par ravager les frontieres de l'Empire.

Ce Miniftre avoit ordonné au Bacha d'Alep de lever dans fon gouvernement une armée de trente mille hommes, tant d'infanterie que de cavalerie : mais au lieu de ce nombre, il en forma une de foixante mille, qu'il affembla fous les murailles d'Alep ; & ayant fait voir aux principaux Officiers le portrait de Soliman-Amurat, il leur perfuada fi bien les droits de ce Prince à l'Empire, qu'ils lui promirent tous de le foutenir jufqu'à la derniere goutte de leur fang, & le prierent de le faire venir à l'armée, afin qu'il fût reconnu par tout le camp.

Orcan-Ogly, ayant eu l'adreffe de faire infinuer le même defir parmi les troupes, & voyant que tout concouroit à remplir fes fouhaits, en envoya les principaux au Roi d'Arabie, pour folliciter ce Monarque & la Reine fa femme, d'engager le jeune Prince à venir fe mettre à la tête d'une armée puiffante, qui l'attendoit pour le conduire à Conftantinople, & le placer fur le trône de fes ancêtres. Ils en furent reçus magnifiquement ; mais ce qui le toucha le plus vivement, fut la préfence du jeune Soliman, dont la taille haute, majeftueufe, les manieres royales, l'air affable, & la parfaite reffemblance avec Amurat fon pere, les ravit d'amour, de joie & d'admiration.

Réba donna fes ordres pour faire raffembler les troupes qu'il avoit tenues dans des quartiers éloignés & féparés, pour ne donner à la Porte aucun fujet de foupçon. On les fit camper fur les frontieres de la Syrie, où toute la Cour du Roi d'Arabie les joignit. La Reine Rakima, qui ne vouloit point perdre de vue fon époux & fon fils, en faifoit un des principaux ornemens ; après s'être rafraîchie quelques jours, & que Soliman eut fait la revue de fon armée, qui fe trouva de trente mille hommes, tant de ceux de Drüs, que d'Arabes, d'Arméniens, Ethiopiens & d'autres nations, elle fe mit en marche, & joignit fans obftacle celle du Bacha d'Alep. Alors Orcan-Ogly le reconnut, & le fit connoître publiquement par toute fon armée, qui le proclama Empereur.

Cette nouvelle fut bientôt répandue dans les provinces de l'Afie, & trouva tant de croyance dans les efprits, que plufieurs Bachas, qui avoient réfifté aux preffantes follicitations d'Orcan-Ogly, vinrent rendre leurs hommages au nouvel Empereur ; il étoit fi digne de ce rang augufte, & chaque

jour faisoit découvrir en lui de si belles qua‑
lités, qu'il gagna tous les cœurs. La Reine
sa mere étoit dans une joie inexprimable de
le voir si bien répondre à ses espérances, &
Réba jouissoit d'une satisfaction parfaite en
contemplant ce Prince, qui étoit à la fois
l'ouvrage de ses soins, & une preuve au‑
thentique de l'amour qu'il avoit pour
Rakima.

Soliman-Amurat montoit tous les jours à
cheval, & exerçoit ses troupes d'une façon
à donner lieu de croire que, s'il pouvoit
jouir de sa fortune, il seroit un des grands
Capitaines de son tems : il fit une revue gé‑
nérale de toute l'armée qui étoit de cent
mille hommes, tant cavalerie qu'infanterie,
dont la plupart avoient servi sous les ordres
du fameux Delly Hussein, oncle d'Orcan-
Ogly, que le Grand-Visir Coprogly avoit
fait étrangler, dont la mémoire étoit en vé‑
nération aux troupes, & qu'elles avoient
juré de venger. Le trésor de l'armée étoit
bien rempli, & les ordres secrets du Bacha
d'Alep l'avoient fait munir d'une artillerie
considérable, & de magasins où rien ne
manquoit ; elle devoit être jointe sur la
route de Constantinople par celle du Roi
de Perse.

Ainsi après avoir fait les prieres accoutu‑
mées au faux Prophete Mahomet, elle prit
le chemin de la capitale de l'Empire, où les
nouvelles de la révolte d'Orcan-Ogly étoient
déja arrivées. Le Grand-Visir crut d'abord
qu'elle n'étoit fondée que sur la vengeance
qu'il vouloit prendre de la mort de son on‑

cle ; mais lorfqu'il fut qu'il avoit fait proclamer Empereur le fils d'Amurat IV , que
la plupart des Bachas & des provinces de
l'Afie s'étoient foumis à fa domination ,
qu'ils devoient être joints au Roi de Perfe ,
& marcher droit à Conftantinople , il eut
befoin de tout fon courage pour foutenir ce
coup imprévu ; il n'en fut pourtant pas abattu ; plus ce péril lui parut grand , & plus il
trouva de force & de réfolution dans le génie fupérieur , qui l'avoit rendu tant de fois
le foutien de l'Etat , & le confervateur de
fon maître ; & il regarda les révoltés comme
des gens qui n'étoient affemblés que pour
attacher de nouveaux triomphes à fa gloire.
Cet événement ayant été déclaré au Divan ,
en préfence de l'Empereur Mahomet IV &
de la Régente fa mere , on fut d'avis de faire
valoir la loi par laquelle tous les fujets du
Grand-Seigneur , qui font au-deffus de l'âge
de fept ans , font obligés de prendre les armes pour la défenfe de l'Etat.

Mais le Grand-Vifir rejetta cette propofition , comme étant honteufe à la puiffance
de l'Empereur ; & quoiqu'on lui remontrât
qu'il n'avoit pas affez de force fur pied pour
s'opofer à tant d'ennemis à la fois , & qui
alloient l'attaquer de toutes parts , il affura
fa Hauteffe qu'il avoit des moyens de la faire
triompher , & d'aporter au pied de fon trône
la tête des traîtres qui avoient ofé fe rebel-
ler & féduire fes peuples , fans recourir à
des extrémités qui feroient tort à fa gloire.
Ce difcours prononcé par un homme en
qui on avoit une entiere confiance , remit

le calme dans les esprits & les ramena à son sentiment. Ce Ministre voyant qu'on le laissoit le maître absolu d'agir selon qu'il le jugeroit nécessaire , donna ses ordres si fort à propos pour faire des levées , augmenter & recruter ses troupes , & fut obéi avec tant de diligence , qu'il se vit en état non-seulement d'attaquer les ennemis, mais de les surprendre de tous côtés.

Pendant qu'il faisoit ces préparatifs , il fut informé que plusieurs Grands de la Porte avoient des intelligences secrettes avec Orcan-Ogly ; il ne balança point à les faire arrêter , & les ayant interrogés lui-même en plein Divan , & convaincus de leurs crimes, il leur fit trancher la tête : ces exemples , qui furent fréquens , mirent un frein à la rebellion qui s'étoit glissée de la capitale dans toutes les provinces de l'Empire. Lorsqu'il eut grossi les armées de l'Empereur , assuré les frontieres & les travaux qu'il avoit ordonnés devant Candie , il fit passer le Bosphore de Thrace à soixante mille hommes d'élite des troupes de l'Europe , qu'il fit joindre par celles qui étoient restées fidelles en Asie ; dont il composa une armée de quatre-vingt mille hommes ; & ayant lui-même passé le Bosphore, il en fit la revue ; caressa , récompensa & distribua quantité d'argent , en exhortant & promettant que tous ceux qui se distingueroient dans cette importante occasion , pouvoient attendre de la générosité de l'Empereur des récompenses au-delà de leurs espérances , & leur donna pour Général son fils Achmet-Coprogly , jeune ,

mais plein de courage, d'efprit & de prudence, avec ordre de marcher fous la conduite du fameux Muftapha Bacha, grand
Capitaine, homme de probité, d'une longue expérience, & qui avoit toute la confiance du Vifir.

Ce Miniftre ayant fait partir l'armée pour
aller au-devant des rebelles, ordonnant de
leur préfenter la bataille à la premiere occafion, revint à Conftantinople, où il crut fa
préfence néceffaire pour avoir l'œil à tout,
ce qui l'avoit empêché de commander cette
armée en perfonne. En effet, il trouva plufieurs boute-feux qui commençoient à féduire le peuple, & même les gardes du Sultan; ils furent découverts, & fur le champ
envoyés au fuplice; & comme fa prudence
le faifoit tenir prêt à tous les caprices de la
fortune, il pourvut la ville capitale de
l'Empire d'une forte garnifon, fit réparer
les fortifications, garnir les remparts d'une
nombreufe artillerie, & fit remplir les-ma-
gafins. Cependant les rebelles, qui, dans le
feu qui les animoit, n'avoient pas voulu
attendre la jonction de l'armée du Roi de
Perfe, qui s'avançoit du côté de Babylone,
forte de 30000 chevaux, & de 50000 hommes d'infanterie, ayant eu avis de la marche de leurs ennemis, reconnurent alors la
faute qu'ils avoient faite, & pour la réparer, fe réfolurent à changer de route.
Achmet-Goprogly en étant informé, & pé-
nétrant leur deffein, força fa marche, en
difant à fes foldats que les ennemis fuyoient
déja devant eux; l'efpoir de la victoire &

des récompenfes qu'on y avoit attachées,
leur fit faire une fi grande diligence, qu'il
joignit les rebelles, & que les armées furent
en préfence. Achmet ne voulant pas laiffer
refroidir l'ardeur qu'il remarquoit dans fes
foldats, fans leur donner de repos, fit attaquer les ennemis avec tant de bonheur,
qu'après un combat de trois heures, le Roi
des Arabes qui commandoit la droite ayant
été bleffé à mort & emporté hors de la mêlée, les rebelles perdirent courage: Achmet
qui s'en aperçut fit avancer un corps de cavalerie qui n'avoit point encore combattu ;
ces troupes fraîches profitant du défordre
où l'accident de Réba avoit mis les rebelles,
les enfoncerent & les défirent de ce côté,
fans donner de quartier à perfonne.

Achmet fit plier fes troupes victorieufes
fur le centre où combattoit Soliman-Amurat avec une valeur digne d'un meilleur fort;
dans le même moment Muftapha Bacha,
ayant gagné beaucoup de terrein fur Orcan-
Ogly, le fit reculer & l'enfonça ; le défordre & la fuite des rebelles mettant Orcan-
Ogly au défefpoir, il monta un cheval frais,
& gagnant la tête des fuyards, il fit fi bien
par fes prieres, fes menaces & fes promeffes,
qu'il les ramena au combat ; & les ayant
rangés, il fut au fecours de Soliman qui
étoit attaqué de tous côtés, & qui fe défendoit comme un lion : le lieu où il combattoit lui étoit favorable par fon affiette, ce
qui obligea Muftapha, qui étoit fage &
prudent, d'arrêter le courage d'Achmet,
qui vouloit donner tête baiffée, pour ache-

ver de remporter la victoire ; il lui faisoit
entendre que la nuit alloit les surprendre,
& seroit peut-être avantageuse à l'ennemi,
si on poursuivoit le combat : il le fit résoudre d'ordonner aux Généraux de garder
leurs avantages, & d'observer les rebelles
jusqu'à nouvel ordre.

Chacun se couvrit du mieux qu'il put en
observant réciproquement ; & la nuit étant
venue, Mustapha, qui avoit été ami d'Orcan-Ogly, lui envoya un trompette, lui
offrit la vie & celle de Soliman-Amurat,
s'il vouloit se rendre, & qu'il obligeroit
Achmet à leur donner sa parole & toutes
les sûretés qu'ils pourroient raisonnable-
ment espérer.

Cette proposition fut d'abord rejettée
très-vivement par le Prince Soliman : mais
voyant qu'elle faisoit impression sur Orcan-
Ogly, & jugeant bien à tous ses discours
qu'il étoit trahi & alloit être abandonné, la
nécessité le contraignit à suivre le sentiment
du traître Bacha qui renvoya le trompette
avec une réponse favorable. Tandis que ces
choses se passoient du côté de Soliman-Amurat, le Roi Réba rendoit les derniers soupirs entre les bras de sa chere Rakima, à
qui l'état présent de son époux avoit presque ôté la crainte de celui où son fils alloit
se trouver. Réba, qui la voyoit toute en
larmes, n'ayant autour de lui que très-peu
de personnes qui lui étoient dévouées, entre
lesquelles étoit un eunuque nommé Zinim,
en qui l'un & l'autre avoient une parfaite
confiance : Madame, lui dit ce Prince mourant,

rant, fi je meurs fans avoir eu la fatisfaction
de vous rendre entiérement contente, du
moins j'ai la confolation de n'avoir rien
épargné pour y parvenir, & vous prouver
combien vous m'étiez chere : mais enfin,
continua-t-il en lui prenant les mains, il n'y
a plus de remede , & je ne vois que trop
que le Bacha d'Alep nous a trahis ; il ne
jouira pas long-tems de fa perfidie ; la politique de Coprogly m'eft mieux connuë qu'à
lu : fongez à vous, ma chere Rakima , &
confervez-vous pour les précieux gages que
je vous laiffe de notre amour réciproque :
ne les abandonnez pas , & leur partagez
toute la tendreffe que vous avez pour moi ;
& vous Zinim, dit-il en fe tournant du côté
de l'eunuque , je vous recommande la
Reine ; faites énforte d'avoir un paffeport
d'Achmet, ou fuyez fans perdre de tems ;
ne vous fiez point à la parole des Turcs ;
enfin , fauvez cette Princeffe à quelque
prix que ce foit, & la ramenez dans mes
Etats.

Après ces mots, fe fentant affoiblir de
moment en moment, il embraffa la Reine,
qui étoit prefque auffi mourante que lui, &
il expira dans les derniers tranfports de fon
amour. Cette Reine défolée n'avoit pas eu
la force de dire une feule parole ; elle avoit
toujours tenu fon vifage collé fur les mains
de fon époux ; lorfqu'il la pria de l'embraffer, elle le fit avec un redoublement de douleur, qui fit craindre qu'elle ne le fuivît au
tombeau. L'eunuque Zinim , ayant laiffé
auprès d'elle des perfonnes dont il étoit fûr,

fut s'informer de ce qui se passoit ; le jour
commençoit à paroître ; & ayant apris que
Soliman-Amurat & Orcan-Ogly s'étoient
rendus à Achmet, que les rebelles met-
toient les armes bas, & que l'on publioit
un pardon général, & la liberté aux soldats
de prendre parti dans l'armée victorieuse,
ou de se retirer, il jugea qu'il ne falloit songer qu'à fuir, d'autant plus qu'il aprit quelques momens après, qu'on avoit mis le
Prince & Orcan-Ogly sous une forte garde,
& qu'on les alloit envoyer dès ce même jour
à Constantinople. C'en fut assez à ce fidele
serviteur de Réba, pour prévenir le malheur qui les menaçoit ; & retournant promptement auprès de la Reine, il lui répéta tant
de fois, que si elle avoit aimé le Roi son
époux, elle devoit le faire voir en suivant
ses dernieres volontés ; que cette Princesse,
accablée du poids de sa douleur, consentit
à tout ce qu'il voulut ; ainsi profitant du
trouble qui régnoit par tout le camp, il la
fit travestir & monter à cheval avec quelques esclaves fideles, & eut le tems, l'adresse
& le bonheur de l'en faire sortir sans péril,
& de la conduire dans son Royaume, après
une longue & pénible marche.

Achmet-Coprogly ayant donné ses ordres
pour faire conduire sûrement Soliman-Amurat & le Bacha d'Alep à Constantinople, &
avoir pardonné aux soldats rebelles, les in-
corpora dans son armée, & après leur avoir
fait jurer qu'ils serviroient le Grand-Seigneur
avec fidélité, il marcha au secours de Babylone que le Sophy avoit assiégé.

L'incertitude du fuccès de la bataille avoit jetté une terreur fi grande dans Conftanti-nople, que malgré les foins du Vifir il y ré-gnoít une confufion & une confternation générale : mais lorfque l'on eut apris la victoire d'Achmet-Coprogly, tout y prit une face nouvelle, la fatisfaction du Grand-Vifir fon pere alloit au fuprême degré, la joie de la Régente & de l'Empereur Mahomet, dé fe voir délivrés d'un concurrent, qui avoit fait trembler jufqu'aux fondemens de l'Empire, fe faifoit remarquer dans tous leurs difcours & dans toutes leurs actions, & ils paroiffoient n'en pouvoir jamais témoigner affez de reconnoiffance au Vifir qui avoit conduit fi heureufement cette grande affaire ; mais la joie fut bien redou-blée, lorfque l'on vit arriver les deux victimes de la politique & du reffentiment. On mit Soliman dans la prifon deftinée aux fils ou freres des Empereurs, & Orcan-Ogly chargé de chaînes fut traîné au cachot.

L'un & l'autre alléguerent en vain la parole du Général Achmet ; la politique du Grand-Vifir ne s'accordoit pas avec la religion de cette promeffe ; & malgré tout ce qu'ils purent dirent, ils furent condamnés à perdre la tête. Pour cet effet, on les condui-fit tous deux dans la place de l'Ippodrome, où Soliman-Amurat voyant qu'il n'y avoit plus d'efpérance, fit éclater fon indignation contre Orcan-Ogly, qui par fa lâcheté l'a-voit contraint de fe rendre, lorfqu'il pou-voit encore mourir glorieufement les armes à la main, & prévenir la honte d'expirer fous le fer des bourreaux.

La beauté de ce jeune Prince, fes graces, fon port majeftueux, fon courage & fa réfolution lui avoient attiré tous les cœurs ; on s'attendrit, on le plaignit, on détefta la trahifon du Bacha, & le coup qui fit tomber la tête de Soliman, fit vomir mille imprécations contre Orcan-Ogly, & répandre un torrent de larmes à un peuple innombrable, qui étoit préfent à ce trifte fpectacle ; fon corps fut porté dans une mofquée impériale.

Mais la violence du peuple ne permit pas aux bourreaux de trancher la tête d'Orcan-Ogly, il l'arracha d'entre leurs mains, le mit en pieces, & en traîna les morceaux par toutes les rues de Conftantinople, autant pour venger Soliman-Amurat, que pour le punir de fa rebellion contre Mahomet IV.

Ces triftes nouvelles furent bientôt aprifes à la Reine Rakima ; & quoiqu'elle ne fe fût pas flattée que fon fils eût un autre deftin, elle en fentit un renouvellement de douleur auquel elle ne put réfifter : la mort de Réba avoit commencé d'altérer fa fanté, celle de Soliman acheva de la mettre au tombeau. En arrivant dans fes États, elle avoit fait couronner l'aîné des fils qu'elle avoit eus de Réba, & elle employoit fa languiffante vie à lui donner des inftructions dont il avoit befoin dans le cours de la fienne, lorfque la certitude de ce dernier malheur lui fut annoncée avec toutes les précautions qui pouvoient en diminuer l'horreur : mais

il sembla qu'elle n'attendoit que ce coup
pour perdre la lumiere ; & les maux dont
son corps étoit tourmenté depuis la perte de
son époux, s'étant fait sentir avec plus de
violence que jamais, elle expira en prononçant les noms de Réba & de Soliman, comme
pour témoigner qu'elle alloit les rejoindre
avec plaisir.

Thélamont ayant cessé de parler, toute
cette belle compagnie, à qui la fin de cette
histoire avoit fait répandre des larmes, fut
assez long-tems à garder le silence, ne pouvant se remettre si promptement de l'espece
d'altération que cela avoit causé dans leurs
cœurs ; mais Erasme prenant la parole : il
semble, dit-il, que nous soyions à Constantinople ou en Arabie, & que les événemens
que nous venons d'entendre se soient passés
en notre présence, tant nous en sommes pé-
nétrés. Je vous assure, répondit Camille en
achevant d'essuyer ses larmes, que si j'avois
cru que Thélamont eût fait mourir Réba,
Soliman & Rakima, je n'aurois jamais
eu la curiosité d'aprendre leurs aventures.

Comme elle ne put achever ces mots sans
sourire, ses amis la raillerent galamment
sur sa sensibilité pour des choses passées depuis si long-tems, & dans des pays où on devoit s'attendre à de pareilles catastrophes.
Il ne faut point blâmer Camille, interrompit Florinde, quoiqu'elle soit d'un tempérament enjoué, ce qui est véritablement touchant lui remue le cœur ; & Thélamont a
raconté cette histoire d'une façon si intéres-

E 3

fante, qu'il m'a paru plufieurs fois être témoin de ce qu'il nous raportoit.

Pour moi, dit Orophane, j'en été charmé ; mais je fuis très-mécontent qu'il nous ait renvoyés en bien des endroïts à l'hiftoire de Zaïme, parce que je prévois qu'Uranie ne nous en fera part, que lorfqu'elle la donnera au public.

Vous jugez très-jufte, répondit Uranie ; mais votre attente ne fera pas longue, & j'efpere fatisfaire votre curiofité au premier voyage que nous ferons ici. Mais c'eft nous remettre à l'année qui vient, dit Camille, & il nous faudra bien des hiftoires auffi intéreffantes que celle de Rakima, pour nous faire patienter jufques-là.

Comme nous ne nous fommes point encore ennuyés, dit Hortence, il y a lieu de croire que ce tems s'écoulera auffi agréablement que celui que nous avons déja paffé : mais pour revenir à ce que nous venons d'entendre, eft-il rien de plus inhumain que cette politique des Turcs, de faire mourir ceux qui pourroient parvenir à l'Empire ? Cette cruauté, répondit Erafme, ne vient que du fond de leur religion ; comme la fecte de Mahomet porte naturellement à la fuperftition, l'ignorance des peuples qui la fuivent leur fait tout prendre pour des preftiges, & tout tenter pour prévenir les malheurs dont ils croient être menacés, ou pour parvenir au bonheur qu'ils efperent.

Il eft certain, ajouta Orophane, que la fuperftition eft générale parmi ceux de cette

fecte ; l'Empire Ottoman , celui de Perfe
& du Mogol , les Indes , la grande & petite
Tartarie , font remplis d'impofteurs qui
vont par les pays en contrefaifant les Pro-
phetes , annoncent les malheurs ou les for-
tunes , & qui , pour de l'argent , diftribuent
des baumes pour préferver, & des talifmans
pour obtenir.

Ce que je trouve de plus furprenant , dit
alors Félicie , c'eft que les Grands , qui font
élevés avec foin , & qui doivent penfer autrement que le vulgaire , donnent auffi facilement dans ces fortes de panneaux que le
commun du peuple , & que , lorfque le hazard les fait parvenir à ce qu'ils fouhaitent,
ils l'attribuent plutôt à l'infaillibilité de
leurs talifmans , qu'à leur courage , leur
prudence ou leur fageffe.

Ces fuperftitions , répondit Thélamont ,
ont produit de tout tems des effets fingu-
liers. Rutilianus , Sénateur Romain , qui
vivoit fous le regne de Marc-Aurele , étoit
grand Général d'armée , habile au cabinet ,
éloquent au Sénat , & univerfellement efti-
mé ; cependant avec de fi grandes qualités ,
il portoit la fuperftition à un tel degré que ,
lorfqu'il voyageoit , il defcendoit de fon
char , & fe mettoit à genoux devant les
termes ou les pierres fur lefquelles le peuple avoit fait quelques libations , ou mis
des guirlandes de fleurs. Lorfqu'il alloit à
l'armée , il traînoit après lui un effain de
Prêtres payens , qui l'entretenoient dans fes
erreurs , ne faifant ni grandes , ni petites
actions qu'après les avoir confultés , & en-

voyant tous les jours des courriers à Male, à Claros & à Didime, pour confulter les oracles trompeurs qu'on y rendoit. Je ne puis, interrompit Camille, entendre parler de Rutilianus, fans rire de la foibleffe qu'il eut à ce fujet pour le faux Prophete. Alexandre, fils de Podalire, cet impofteur, né d'une famille pauvre & abjecte, s'établit dans la Paphlagonie, auprès du mur d'Abonus dont il étoit, pays où les habitans ignorans & groffiers couroient avec des tambours, des flûtes & des cymbales, après les premiers charlatans qui paffoient, les regardant comme des dieux defcendus du ciel pour les foulager, multiplier leurs troupeaux, & rendre leurs terres plus fécondes. Cet homme profitant de leurs crédulités, les avoit obligés de bâtir un temple à l'honneur de Glycom, où le fecond Efculape, qu'il difoit avoir bien voulu naître chez eux; ce peuple fuperftitieux quittoit fon travail journalier, pour s'employer nuit & jour à la conftruction de cet édifice, qui fut embellie de toutes les richeffes du pays; & c'étoit-là que le fourbe les abufoit par fes oracles.

Il fe difoit defcendu de Perfée, & que la lune amoureufe de lui, y venoit paffer toutes les nuits; que de cet amour étoit venue une fille, qu'il faifoit élever, & dont il affuroit que les enfans qui en naîtroient, auroient le don de prophétie; la réputation de cet impofteur s'établit de telle forte, que Rutilianus s'en entêta, & le crut fi véritablement envoyé du ciel pour le bonheur

dés hommes, qu'il tint à grand honneur
d'époufer fa fille, & de la mener à Rome,
où elle fut regardée comme une divinité.
Peut-on pouffer plus loin la fuperftition,
& peut-on condamner les foibleffes des
peuples, lorfqu'on les trouve dans un tel
degré parmi ceux qui en devroient être
exempts ?

Ce même impofteur, dit Alphonfe, eut
la hardieffe d'envoyer une de fes prophéties
à l'Empereur Marc-Aurele, par laquelle il
affuroit une grande victoire dans la guerre
que cet Empereur avoit contre les peuples
de Germanie ; mais l'armée romaine fut
battue, plus de vingt mille Romains refte-
rent fur la place, & la victoire fut complette pour les belliqueux Germains ; &
lorfque l'on en fit des reproches à l'impofteur, il eut l'infolence de fe fervir du même
artifice d'Apollon au crédule Créfus.

Il avoit prédit, ajouta Mélente, qu'il vi-
vroit cent cinquante ans, & qu'il mourroit
comme Efculape d'un coup de foudre ; mais
on le vit languir long-tems dans les dou-
leurs d'un fâcheufe maladie, & mourir enfuite âgé de foixante & dix ans. La fauffeté
de fes prédictions ne put guérir les peuples ;
& fes fectateurs dépêcherent une grande
députation à Rutilianus, pour le folliciter
de venir prendre fa place. Ce Sénateur s'en
défendit, & déféra cet honneur à un Méde-
cin nommé Pettus, auffi fourbe que fon
prédéceffeur, fe réfervant feulement le don
de prédire après fa mort. La foibleffe de
l'humanité n'eft-elle pas bien à plaindre ? &

E 5

peut-on fans pitié voir prendre à des hommes des opinions fi contraires au bon fens?
Je trouve, reprit Thélamont, qu'il eft
moins furprenant de voir tomber dans l'erreur & dans les fuperftitions des payens &
des mahométans, dont les religions mêmes
en font remplies, que d'en voir dans la nôtre, de qui la fageffe & la fimplicité s'accor-
dent fi bien avec la raifon. Eutychius, Evêque de Conftantinople, qui étoit l'homme
de fon tems le plus profond dans toutes fortes de fciences, & le plus éloquent qui fut
alors dans l'Orient, tomba dans l'opinion
erronnée de douter de l'article de la foi, touchant la réfurrection des corps; cette héréfie trouva tant d'accès chez les Grands &
parmi le peuple, qu'il avoit prefque rangé
dans fon fentiment l'Orient & une bonne
partie de l'Occident.

Son éloquence féduifoit les foibles, &
fa fcience entraînoit les ignorans, qui
croyoient qu'un homme d'un génie auffi
fupérieur ne pouvoit fe tromper; il avoit
fait de fi grands progrès fous les regnes de
Juftin le jeune, & de Tibere II, qu'en l'année 584, la religion chrétienne en étoit
toute défigurée, & que les vrais fideles de
l'Occident pleuroient amérement de voir
cet aveuglement. Les troubles que les Lombards avoient aportés en Italie, empêcherent les Papes de s'opofer au progrès de
cette nouvelle héréfie: mais Autharis, Roi
des Lombards, ayant mis le fiege devant
Rome, la ferra de fi près, que rien n'y
pouvant entrer, tout y périffoit de faim &

de mifere , ce qui obligea le Pape d'implorer le fecours de l'Empereur Tibere II , qui ,
touché de fes malheurs, ordonna un convoi
de vaiffeaux chargés de bled , qui fut conduit avec tant de diligence & de fecret ,
qu'il entra dans Rome par le Tibre fans
opofition.

Ce difcours ayant ranimé le courage des
Romains, ils prirent de fi juftes mefures
pour la défenfe de la ville , que le Roi des
Lombards , voyant fon armée diminuée de
la moitié , & qu'il n'avoit fait que de foibles progrès devant cette place , leva le
fiege , pendant lequel le Pape mourut , &
l'on élut à fa place Pélage II. Auffi-tôt que
la ville fut libre , le nouveau Pape nomma
Légat Grégoire le Grand , qui n'étoit alors
que Cardinal Diacre , pour aller remercier
l'Empereur Tibere , du prompt fecours qu'il
avoit donné au peuple de Rome , & pour
qu'il prît en bonne part la confécration de
Pélage , qu'on avoit été obligé de faire dans
les troubles du fiege.

Le Légat arriva à Conftantinople , où il
fut reçu de l'Empereur & de toute fa Cour
avec des honneurs infinis ; fon mérite l'a-
voit déja fait connoître dans toute la république chrétienne ; il obtint tout ce qu'il
fouhaitoit ; mais ce qu'il y eut de plus glorieux pour lui , fut la converfion du favant
Eutychius , avec lequel il eut des conférences fréquentes en préfence de l'Empereur,
des Grands & des favans de l'Empire , &
par fa douceur , fon favoir & fon éloquence , il perfuada fi bien Eutychius , qu'enfin

Dieu le toucha , & que l'on eut à Conſtantinople la conſolation de le voir. déteſter ,
condamner ſon héréſie , & en faire une
abjuration publique, dans laquelle il per-
ſévéra juſqu'à ſa mort , qui arriva peu de
tems après. Ainſi la foibleſſe de l'eſprit humain peut faire tomber les plus grands
hommes dans les ſuperſtitions & les erreurs
les plus abſurdes : heureux lorſque Dieu
permet qu'il ſe trouve de ces génies ſubli-
mes , qui , regardant les mêmes objets par
d'autres faces , en reconnoiſſent la vérité ,
& de qui les lumieres ſont aſſez fortes pour
débarraſſer leurs eſprits des nuages dont là
paſſion & la prévention les offuſquoient.

Cette réflexion eſt digne de Thélamont ,
dit Camille, voyant qu'il avoit ceſſé de
parler ; & nous ne pouvions mieux finir
cette journée que par une morale ſi juſte &
ſi bien apliquée. Et vous ne pouviez dire
plus galamment, répondit Uranie, qu'il eſt
tems de ſe retirer. Jè vous proteſte , ajouta
Hortence , que je ne me ſuis point aperçue
que la nuit fût avancée ; & il y a tant de
plaiſir à paſſer les heures de cette ſorte ,
qu'elles coulent inſenſiblement ſans qu'on y
faſſe attention. Pour moi , dit Florinde , qui
ſuis dans l'opinion qu'on ne vit point aſſez
pour aprendre tout ce qu'il faut ſavoir , je
ſérois d'humeur à y emploïer également les
jours & les nuits , ſi le corps pouvoit ſupor-
ter cette eſpece de travail ſans en ſouffrir de
l'altération.

Comme le repos lui eſt abſolúment néceſſaire , reprit Uranie en ſe levant , quel-

que louable que foit votre inclination, ce
ne fera point ici que vous pourrez la fatif-
faire, votre fanté nous étant trop chere
pour y confentir.

A ces mots, cette belle compagnie, ayant
banni les cérémonies qu'on pratique ordinairement en fe féparant, fe difperfa pour
fe rendre chacun dans fon apartement, où
l'aifance, la tranquillité, & les douces
occupations du jour, leur fit paffer la nuit
fans trouble & fans inquiétude.

QUATORZIEME JOURNE'E.

COmme cette fpirituelle compagnie ne
s'étoit retirée que fort tard, le jour
étoit affez avancé lorfqu'elle fut en état de
fe raffembler. Uranie fut là premiere qui
paffa dans l'apartement de fes aimables
amies, à qui elle fit un peu la guerre fur le
tems qu'elles donnoient au repos, ajoutant
galamment que c'en étoit un de perdu pour
elle, puifque cela la privoit du plaifir de
jouir de leur entretien.

Cet obligeant reproche lui attira une réponfe où tout ce que l'amitié a de tendre &
de délicat fut déployé : leurs époux les étant
venues joindre, & les trouvant encore dans
le fort de cette converfation, ne firent qu'un
falut filentieux, ne voulant point les interrompre, & prenant eux-mêmes une fatif-
faction extrême de les entendre fe donner
lès unes aux autres toutes les louanges

qu'elles méritoient, fans fadeur, fans flatterie, & avec un air de fincérité, qui faifoit affez connoître qu'elles parloient du fond de leur cœur ; mais ayant remarqué l'attention qu'ils prêtoient à leurs difcours, elles en changerent pour rendre la converfation générale.

Alors Orophane prenant la parole : On ne peut trop admirer, dit-il, ce que nous venons d'entendre, & ce que nous voyons tous les jours ici. Cinq femmes, belles, jeunes, & pleines d'efprit, qui s'aiment véritablement, qui fe plaifent également, qui favent fe rendre juftice, & qui, fans envie, fans jaloufie, s'eftiment réciproquement, fans qu'il y en ait une qui veuille primer fur l'autre, la chofe eft affez rare, continua-t-il en fouriant, pour y faire un moment de réflexion.

La vôtre, répondit Florinde, eft fi flatteufe pour nous, qu'elle mériteroit un remerciement proportionné : mais je crois que le plus agréable qu'on vous puiffe faire eft de vous avouer que c'eft le defir de mériter l'eftime de cinq hommes qui raffemblent entr'eux des qualités encore plus rares que celles que vous nous trouvez, qui nous fait éviter avec foin de tomber dans les défauts dont on accufe notre fexe : en finiffant ces mots, elle tourna les yeux fur Erafme, qui la regarda fi tendrement, qu'elle en rougit.

Vous ne devez point rougir, lui dit Uranie, charmante Florinde, d'avoir fi bien dévelopé les fecrets mouvemens de notre

ame ; aucune de nous ne vous défavouera ,
& je trouve que c'eſt une gloire pour nous ,
de convenir que la ſource des perfections
que nous pouvons avoir , eſt toute dans les
objets que nous aimons.

Je ſuis perſuadé, interrompit Thélamont,
qu'Orophane ne croyoit pas , lorſqu'il a
parlé , nous attirer un compliment ſi plein
de charmes ; pour moi , j'en reſſens toute la
délicateſſe : mais c'eſt l'amour ſeul qui peut
y répondre , & je lis dans les yeux de la compagnie qu'on lui en laiſſe le ſoin.

Quoiqu'un peu d'amour-propre , ajouta
Félicie en riant , m'empêche d'avouer qu'O-
rophane ſoit abſolument la cauſe de mes
bonnes qualités , je ne combattrai point le
ſentiment de Florinde & d'Uranie , étant
ſûre qu'en les imitant je ne puis que bien
faire. Orophane ſe préparoit à répondre à
la plaiſanterie de ſon aimable femme , lorſque Camille l'en empêcha : Que ce ſoit ,
dit-elle , l'effet de notre attention ſur nous-
mêmes , ou le déſir de nous rendre recom-
mandables aux autres , qui nous ôtent cer-
tains défauts , il eſt aſſuré que rien n'eſt plus
bas que l'envie que les femmes ſe portent
entr'elles ; il me ſemble que notre vanité
devroit détruire un pareil ſentiment , puiſque porter envie à la beauté ou aux perfections d'un autre , c'eſt faire connoître que
nous ne les poſſédons pas.

Il eſt vrai , répondit Hortence , que cela
choque l'amour-propre , qui nous fait naturellement pencher à nous croire auſſi parfaits que les autres , & ſur ce fondement ,

nous ne devrions rien envier. C'eſt juſte-
ment le contraire, dit Alphonſe : lorſque
l'amour-propre domine en nous, il nous
rend aveugles ſur les autres & ſur nous-
mêmes ; nous ne voyons point leurs bonnes
qualités, & nous n'apercevons pas nos défauts : mais, interrompit Florinde, pourquoi voit-on ſouvent qu'une belle femme
critique les charmes d'une autre ? Pourquoi
ont-elles un ſecret dépit des louanges qu'on
leur donne ? D'où cela vient-il ? eſt-ce l'envie ou l'amour-propre, ou tous les deux
enſemble ?

C'eſt demander très-finement une exacte
définition des défauts du genre humain,
répondit Eraſme ; mais comme cela nous
meneroit trop loin, puiſque nous ſommes
tombés ſur l'amour-propre, il faut que je
faſſe part à la compagnie d'une converſation ſur ce ſujet, dont j'ai été témoin quelques jours avant notre départ, ſans que les
actrices de cette ſcene s'en ſoient aperçues ;
je la trouvai ſi ſinguliere, que je l'écrivis
mot à mot à meſure qu'elles parloient ; &
ſi je puis avoir fait quelque changement
dans les paroles, j'oſe aſſurer qu'il n'y en a
point dans le fond de la choſe ; je me ſervis
dans le moment de mes tablettes, & je la
mis au net à mon retour chez moi.

Ce diſcours ayant excité la curioſité de
cette belle ſociété, on preſſa Eraſme de la
ſatisfaire ; & dans le moment ayant tiré un
papier : Voici, continua-t-il, de quoi il s'a-
git, & qui vous fera connoître de quelle
façon quelques-uns penſent ſur l'amour-

propre. Mais avant que de voûs donner cè
dialogue à lire, il eſt néceſſaire que je vous
inſtruiſe comment j'ai pu le recueillir. Je
traverſois un matin les Tuileries, ſans avoir
deſſein de m'y arrêter ; deux Dames mar-
choient devant moi ; & comme elles parloient aſſez haut, les premiers mots qu'elles
ſe dirent me donnerent un deſir ardent d'en
écouter la ſuite, & voyant qu'elles prenoient le chemin d'un des boſquets qu'on a
détruits depuis, j'y tournai auſſi mes pas ;
elles s'aſſirent, je me cachai, & tirant mes
tablettes, j'écrivis toute leur converſation;
& c'eſt ce que vous allez lire, dit-il, en
préſentant le papier à Uranie, qui dans
l'inſtant le lut à la compagnie.

L'AMOUR-PROPRE,

DIALOGUE.

SILVIANE, ARELISE.

ARELISE.

PAr quel hazard, ma chere Silviane, vous a-t-il pris envie de venir aux Tuileries fi matin? Je ne vous ai jamais trouvée d'humeur à vous y promener, que lorfque le grand monde s'y rend en foule.

SILVIANE.

Il eft des momens pour toutes chofes, belle Arélife; il y en a où l'on aime le monde, & d'autres où la folitude a des apas; c'eft dans un de ces derniers inftans que je me fuis trouvée ce matin, & ce qui m'a fait vous prier de m'accompagner ici.

ARÉLISE.

Ce moment d'inclination pour la folitude partiroit-il de quelque mouvement extraordinaire? Et votre cœur n'a-t-il point quelque part à cette promenade?

SILVIANE.

Je ne fuis pas venue en ce lieu pour vous

rien déguiser ; & je vous avoue que c'est
un mouvement de chagrin qui me force à
m'y rendre : le croiriez-vous, belle Arélise ?
Je suis jalouse.

ARÉLISE.

Quoique la jalousie soit un mal qui rende
souvent à plaindre ceux qui en sont attaqués,
je ne puis m'empêcher de me réjouir que
vous le connoissiez , puisqu'en m'aprenant
que vous êtes jalouse , vous m'aprenez en
même tems que vous aimez : je n'ai rien desiré avec plus d'ardeur que de vous voir
prendre un attachement raisonnable.

SILVIANE.

Hélas ! ma chere Arélise , vos desirs n'en
seront pas plus satisfaits: il est bien vrai que
je suis jalouse ; mais je n'aime pas pour cela:
& je ne me sens nulles dispositions pour
aimer.

ARÉLISE.

Comment ! vous ressentez de la jalousie ,
& vous n'avez point d'amour.

SILVIANE.

Non vraiment , je suis jalouse des soins
que Lisimond rend à Mélise ; je ne puis souffrir qu'il cesse de venir chez moi pour se
donner entièrement à elle ; mais malgré le
chagrin que cela me cause , je n'aime point
Lisimond , & je ne l'aimerai jamais.

ARÉLISE.

Je ne puis revenir de mon étonnement ; jufqu'ici j'avois toujours penſé qu'être jalouſe d'un homme aimable , étoit en être épriſe , & qu'on ne pouvoit reſſentir du dépit de le voir s'attacher à une autre , ſans avoir de la tendreſſe pour lui.

SILVIANE.

Vous êtes dans une erreur des plus étranges , belle Aréliſe : & pour vous en faire ſortir , apprenez que l'amour-propre ſuffit pour exciter en nous des mouvemens jaloux , ſans que la tendreſſe s'en mêle.

ARÉLISE.

Mais ſi vous n'avez que de l'amour-propre , vous n'êtes donc jalouſe que de Méliſe , & non pas de Liſimond , puiſque ne l'aimant point , toutes ſes actions vous doivent être indifférentes ?

SILVIANE.

Moi, jalouſe de Méliſe ! Je ſuis incapable d'une pareille fôibleſſe ; elle eſt belle , elle a de l'eſprit , je le ſais , j'en conviens , je lui rends juſtice ; mais le même amour-propre , qui me force à me piquer de ce que Liſimond me la préfère , me porte à croire auſſi que je ne ſuis ni moins belle ni moins ſpiri-

tuelle qu'elle, ; je ne la regarde pas comme
une rivale , mais feulement comme une
concurrente, & le dépit où je fuis de ce
que Lifimond quitte ma compagnie pour
la fienne, ne vient que de mon amour-propre , qui me fait préfumer que l'on ne doit
me préférer perfonne , & que je mérite au
moins l'égalité.

A R É L I S E.

J'avoue que je n'ai jamais donné une femblable étendue à l'amour-propre ; je croyois
que c'étoit un mouvement intérieur qui
nous portoit fouvent à nous trop prifer
nous-mêmes , & à n'avoir pas affez bonne
opinion des autres; & de cette façon , je l'ai
regardé comme un vice que l'on devoit
combattre de toutes les forces ; mais je n'ai
jamais imaginé que , prenant la place des
paffions , il pût nous donner de l'inquiétude
& de la jaloufie pour des objets indifférens.

S I L V I A N E.

Ah ! charmante Arélife , que vous donnez un petit efpace à un fentiment dont l'é-
tendue n'a point de bornes ! Je conviens
que l'amour-propre eft un mouvement de
bienveillance pour nous-mêmes , qui nous
porte à être les premiers à nous aimer ; mais
il faut auffi convenir que c'eft à lui que
nous devons le defir de nous faire aimer des
autres , & que nous ne faifons rien que par
raport à lui. C'eft l'amour-propre qui régit

toutes nos actions ; c'eſt par lui que nous
aimons, que nous haïſſons, que nous don-
nons, que nous refuſons , que nous ven-
geons, ou que nous pardonnons ; enfin ,
c'eſt un mouvement qui nous porte à ne
regarder jamais que nous-mêmes dans tout
ce que nous faiſons. . . . . .

A R É L I S E.

Quoi ! lorſque je m'attache à vous par
les nœuds de la plus tendre amitié ; ce n'eſt
point par raport à vous , ce n'eſt que par
raport à moi.

S I L V I A N E.

Sans doute , ſi vous ne trouviez pas quelque agrément dans ma ſociété , ſi ma converſation ne vous faiſoit pas plaiſir , ou que
mes mœurs fuſſent contraires aux vôtres ,
vous ne m'aimeriez pas & ne me cherche-
riez point. Il en eſt de même de moi à votre
égard : ſi vous m'étiez incommode, inutile ,
ou ennuyeuſe, je ne ſerois point votre amie.
Penſez-vous que , lorſque quelqu'un s'attache à nous, ce ſoit pour nous-mêmes ? Non,
Aréliſe , ce n'eſt que pour lui ſeul , & par
le plaiſir qu'il trouve à nous aimer , les
hommes ont encore plus d'amour-propre
que nous, puiſqu'ils prétendent que nous
leur ſoyions fideles, & que nous les aimions
uniquement , dans le tems qu'ils volent de
belles en belles , & qu'ils cherchent à plaire
à toutes les femmes en général par la force

de leur amour-propre , qui les porte à vouloir paroître aimables en tout tems , en tous
lieux & à tout âge.

A R É L I S E.

Mais par-là vous détruisez les belles passions , les amitiés sinceres , vous anéantissez
la sympathie & les ressorts secrets , qui sa-
vent si bien unir les cœurs ; vous avilissez
les plus belles actions ; & si rien ne se fait
que par amour-propre , la reconnoissance
devient inutile , l'obligation est une chi-
mere , & vous donnez à toutes les vertus
un principe d'intérêt , qui en ternit la noblesse & l'éclat.

S I L V I A N E.

Je ne fais rien de tout cela , puisque je
prétends au contraire , que l'amour-propre
fait naître les belles passions , cimente les
amitiés , & porte aux grandes actions deux
personnes qui par la conformité de leurs
sentimens , de leur goût & de leurs mœurs ,
sentent du penchant l'une pour l'autre: ani-
mées par leur amour-propre , elles cherchent mutuellement à se mériter , en faisant
éclater toutes les qualités qu'elles ont reçues de l'art & de la nature pour nous faire
estimer ; notre amour-propre ne nous fait
rien entreprendre que d'estimable ; pour
acquérir de la gloire , il ne nous porte à rien
qui ne soit glorieux. Les conquérans ont-ils
eu en vue autre chose qu'eux-mêmes dans

leur amour-propre qui leur donnoit l'émulation de s'imiter & de se surpasser ? Enfin , nous trouvons de quoi satisfaire notre amour-propre dans la gloire , la constance , la fidélité , la reconnoissance & la probité ; chacun a le sien , & le rend la source des vertus qu'il fait paroître.

A R É L I S E.

Je veux bien convenir , que pour ce qui regarde les actions éclatantes , l'amour-propre peut y avoir quelque part ; mais se peut-il que , lorsque je fais un plaisir essentiel à mon ami , & que ce plaisir est ignoré de toute la terre , je l'ai fait bien moins pour l'obliger , que pour satisfaire mon amour-propre ?

S I L V I A N E.

Mais , belle Arélise, quand ce service seroit caché à tout l'univers , vous est-il moins connu à vous qui l'avez fait ? Ne sentez-vous pas en vous-même une secrette joie , une certaine complaisance qui vous fait admirer la premiere la noblesse de votre action ? c'est un mouvement général à tous les mortels , vous n'en devez pas être exempte ; & ce mouvement est-il autre chose que l'amour-propre ? Les uns les mettent à publier leurs bienfaits , & les autres à les cacher.

ARÉLISE.

A R É L I S E.

Celui à qui j'ai rendu ce service ne m'en doit donc avoir nulle obligation , puisque j'ai eu tant de satisfaction à le lui rendre.

S I L V I A N E.

Le plaisir que vous avez ressenti en donnant , empêche-t-il celui qu'il a eu en recevant ? Cet ami n'a - t - il pas son amour-propre comme vous avez le vôtre ? Ne l'engage - t - il pas à une reconnoissance éternelle ? Ne se dit-il pas à lui-même , qu'il seroit le plus ingrat des hommes , s'il ne vous avoit pas l'obligation de ce que vous avez fait pour lui ? l'amour - propre se révolte contre l'ingratitude , & c'est lui qui nous force à la reconnoissance.

A R É L I S E.

Puisque vous avez résolu de prendre le parti de l'amour - propre , & que vous le soutenez avec tant d'esprit , souffrez toutes mes questions , & daignez y répondre : je vous pardonne à vous , belle , jeune & spirituelle comme vous êtes , d'avoir un peu de cet amour. Mais comment me prouverez - vous qu'il soit compatible avec la vieillesse ou la laideur ?

SILVIANE.

C'est en ces occasions qu'il est dans toute sa force ; l'amour-propre nous porte à réparer le tort que nous a fait la nature en nous formant, ou celui qu'elle nous cause en vieillissant, par les avantages que nous pouvons retirer de notre esprit, de nos bonnes manieres, de notre sagesse & de toutes les vertus qui ont assez d'éclat d'elles-mêmes. Sans le secours de la jeunesse & de la beauté, ne tire-t-on pas une gloire d'être sage, savant, généreux, affable, charitable. Et ce qui est gloire, est-il autre chose que l'amour - propre ? Cet amour nous oblige non - seulement à cacher nos défauts avec soin, mais encore à nous rendre aussi parfaits que nous le pouvons être; Je porte plus loin ce que je pense sur ce sujet ; car il m'est impossible de croire qu'un scélérat puisse avoir de l'amour-propre, ce sentiment de bienveillance pour nous-mêmes ne pouvant venir que des bonnes qualités que nous nous connoissons : ainsi il ne peut naître dans les ames qui n'en ont aucune.

ARÉLISE.

C'est où je vous attendois : comment pourrez-vous soutenir cet article, lorsque nous voyons tous les jours des gens en hommes & en femmes, qui n'ont nulle des qualités que vous demandez, qui sont remplis de bonne opinion d'eux-mêmes ; comment nommerez-vous cette opinion , n'est-ce pas amour-propre ?

SILVIANE.

Non assurément ; c'est fatuité dans les hommes , & bêtise chez les femmes : ne faites pas ce tort à l'amour-propre, de le confondre avec de tels défauts ; la raison est la mère de l'amour-propre , & vous me citez des gens qui n'en ont pas. C'est par les lumieres de la raison que nous reconnoissons nos défauts & nos bonnes qualités , & c'est par le secours de l'amour-propre que nous cachons les uns , & que nous faisons briller les autres. Enfin , chere Arélise , je vous le répete encore , toutes les choses dont on peut tirer de la gloire , de l'honneur , ou du plaisir , ne viennent que de l'amour-propre.

ARÉLISE.

- Ainsi donc , selon vous , belle Silviane , l'amour-propre devient la source de toutes les vertus.

SILVIANE.

Il en est du moins le soutien , & c'est lui qui les fait paroître dans toute leur étendue.

F 2

ARÉLISE.

On dit cependant que l'amour - propre nous aveugle, & qu'il n'y a que lui qui nous empêche de connoître nos défauts.

SILVIANE.

Les défauts qui naissent simplement de la foiblesse humaine, l'amour - propre les tolere, nous portant à croire, qu'en faveur des belles qualités que nous possédons, on peut bien nous passer de certaines bagatelles, mais il ne sauroit nous aveugler sur les défauts qui tournent au vice, il ne peut nous empêcher de connoître ceux qui nous dominent; au contraire, bien loin de nous les cacher, c'est lui qui nous y fait faire attention, afin de nous en corriger. Le principe de l'amour-propre étant de nous rendre aimables, nous voyons clairement que nous ne pouvons l'être avec des défauts essentiels; & c'est à l'amour - propre que nous en devons la correction.

ARÉLISE.

Mais cet amour, que vous faites si raisonnable, ne se révolte-t-il pas dans quelques personnes, lorsque l'on s'ingere de vouloir les corriger ?

SILVIANE.

Cela vient fouvent plutôt de l'orgueil que de l'amour-propre : j'avoue cependant qu'il eft délicat fur cet article ; mais c'eft , felon le tems , le lieu ou les occafions que l'on prend pour nous corriger, que l'on révolte notre amour-propre ; & c'eft auffi felon les gens qui fe mêlent de faire cette correction. Si quelqu'un , que je connoîtrois à peine , & en qui je n'aurois nulle confiance , s'avifoit de vouloir corriger mes défauts, mon amour-propre en feroit fans doute choqué ; mais fi mon ami prend fon tems pour me faire connoître , avec douceur & avec adreffe , ce qui eft défectueux en moi , mon amour-propre lui en aura de l'obligation ; & je ne fentirai point d'autre honte que celle d'être tombée dans ce défaut , & de ne m'en être pas aperçue la premiere.

Il faut que je vous cite là-deffus pour exemple une aventure qui m'eft arrivée. Vous connoiffez Célimene , elle eft belle ; elle a l'efprit orné , & le cœur excellent , mais elle étoit autrefois fi fort portée à la colere , que la moindre chofe qui choquoit fon fentiment , la mettoit en fureur , fûtce dans les converfations les mieux réglées , & dans les meilleures compagnies : alors toutes fes graces, toutes fes beautés fe changeoient en une laideur infuportable ; on ne pouvoit croire que ce fût la même femme.

Comme elle me plaifoit , j'étois touchée en fecret de lui voir un défaut fi terrible ;

mais n'étant pas encore affez libre avec elle,
pour chercher à l'en corriger, je n'ofai me
hazarder à lui faire connoître combien cela
la rendoit défagréable à ceux-mêmes qui
l'aimoient le plus ; notre connoiffance s'é-
tant fortifiée, un jour que je me trouvai
feule avec elle, la converfation étant
tombée fur une matiere fufceptible de dif-
pute, & mon fentiment étant fort opofé
au fien, toutes fes raifons ne pouvant m'en
faire changer, elle fe mit dans une colere fi
violente, que je ne l'avois jamais vue fi
affreufe qu'elle me le parut alors ; dans le
moment j'imaginai un moyen fûr de la corriger; ce fut de réveiller en elle l'amour-propre que cette paffion véhémente femble
avoir étouffé ; & tandis qu'elle jettoit feu &
flamme, je lui préfentai un miroir fans lui
répondre un feul mot : elle y arrêta fes regards, elle fe vit, & ce fut avec une furprife
extrême qu'elle remarqua l'état où fa violence la mettoit.

Elle vit ce beau vifage, fi fin, fi délicat,
enflé, violet & rempli de groffes veines ;
cet objet l'effraya, elle fe calma, & s'apercevant qu'infenfiblement fes beautés renaif-
fôient à mefure qu'elle reprenoit fa tranquillité, elle retoucha fa coëffure, fe regarda
avec complaifance; & m'ôtant le miroir que
j'avois toujours tenu en gardant un profond filence, & m'embraffant en riant, je
profiterai de cette leçon, me dit-elle, & je
vous prie de me conferver votre amitié.

Depuis ce jour, elle s'eft fi bien corrigée,
que je ne crois pas qu'il y ait une femme

plus douce & plus raifonnable : vous voyez, belle Arélife ; qu'elle né doit cette perfection qu'à l'amour-propre, qui lui a fait connoître qu'avec un défaut de cette nature, elle né pouvoit jamais prétendre à plaire.

ARÉLISE.

Vous me féduifez, ma chere Silviane ; & je fuis prefque vaincue en faveur de l'amour-propre ; mais que deviendra le vôtre, fi Lifimond vous préfere toujours Mélife ?

SILVIANE.

Le même amour-propre qui m'a rendue fenfible à cette préférence, fervira à m'en confoler, & me portera à croire qu'il ne méritoit pas l'attention que j'ai faite à fon changement.

Uranie ayant achevé de lire, chacun aplaudit ce petit ouvrage, & remercia Erafme de leur en avoir procuré le plaifir : je vous affure, dit alors Uranie, que je trouve beaucoup d'efprit & de délicateffe dans les penfées de Silviane, & quoique je fente bien qu'elle porte un peu trop loin le mérite de l'amour-propre, elle le fait avec tant d'art, que je lui pardonne en faveur de la nouveauté. Je ne fais, répondit Florinde, fi c'eft par amour-propre ou par quelqu'autre motif, que je me fens piquée du myftere qu'Erafme m'a fait de cette rencontre, mais j'avoue que j'y fuis fenfible.

F 4

En cela , lui dit-il , ma chere Florinde, je
ne fuis coupable que d'oubli ; & je vous
protefte , que , fans la converfation qui a
donné lieu à vos fentimens fur l'amour-propre , je ne me ferois pas encore fouvenu de
celle que vous venez d'entendre ; & une
preuve certaine que je n'ai pris nul intérêt
aux perfonnes qui parloient , c'eft que je ne
les fuivis point lorfqu'elles fe leverent pour
s'en aller , & je ne me fuis pas feulement
informé depuis qui elles étoient , quoiqu'elles fe nommaffent fouvent dans le
cours de leur entretien , ce qui m'a facilité
de mettre leurs noms dans le dialogue que
j'en ai fait.

Erafme , ajouta Alphonfe , eft d'un caractere fingulier fur l'exacte fidélité ; &
vous n'aurez aucune peine à croire ce qu'il
vient de vous dire : fi vous l'aviez vu comme moi dans les voyages que nous avons
faits enfemble , non-feulement il étoit infenfible à toutes les beautés qu'on lui van-
toit , mais il évitoit avec foin les occafions
où il pouvoit les voir , s'imaginant , m'a-
t-il avoué depuis , qu'il auroit offenfé celle
qu'il aimoit , en donnant le moindre moment d'attention à un autre.

Convenez à préfent , belle Florinde, lui
dit Félicie , que votre amour - propre eft
agréablement flatté par ce témoignage : je
dirai même plus , lui répartit cette aimable
femme en fouriant , je commence à fentir
la force du raifonnement de Silviane ; car il
me paroît que mon amour-propre a chaffé
les nuages dont un peu de jaloufie alloit

offufquer ma raifon ; mais , continua-t-elle,
malgré cette petite marque de foibleffe dont
je n'ai pas été la maîtreffe, je ferois fort aife
de connoître une perfonne qui penfe fi déli-
catement , & qui fait fi bien tourner les défauts en bonnes qualités. Il ne fera pas difficile de vous fatisfaire , répondit Hortence ,
cette Silviane eft fort amie de Célimene , &
je fuis perfuadée qu'elle fe fera un plaifir
véritable de devenir la vôtre. Vous ne dites
rien d'Arélife , interrompit Camille , je la
trouve fenfée ; & fon caractere me plaît
par fes difcours.

C'eft une preuve de votre difcernement ,
dit alors Mélente ; Arélife eft une fille de
mérite , d'un efprit fage , folide , & d'une
fociété agréable ; Silviane & elle font amies
dès l'enfance , & quoiqu'elles penfent &
s'expriment fouvent différemment, elles fou-
tiennent leurs fentimens avec tant d'efprit &
de graces, qu'elles emportent également les
fuffrages de ceux qui les entendent. Voilà
d'aimables portraits , reprit Uranie , & je
prierai Célimene d'en augmenter notre fociété.

A peine Uranie avoit-elle ceffé de parler,
qu'on vint avertir qu'on avoit fervi ; on fut
fe mettre à table ; & le mouvement de la
jaloufie , dont Florinde avoit été attaquée ,
ayant donné une ample matiere à fes amies
de la railler , elle fut l'objet pendant le repas de plufieurs traits auffi vifs que fpirituels ; elle les foutint & y répondit avec
tant d'agrément , & une douceur fi charmante accompagnoit fes réparties , qu'elle

F 5

'en attira de nouvelles louanges par toute
cette belle compagnie ; & le tendre & fidele
Erasme s'aplaudit plus d'une fois en secret,
d'avoir eu cette preuve de l'amour de son
aimable femme.

Cette conversation se termina avec le dîné ; & chacun s'étant levé, on se rendit
dans le cabinet des livres, où, suivant la
coutume établie en ce lieu instructif &
amusant, on ne s'occupa d'abord qu'à feuil-
leter ce qui pouvoit convenir à la situation
de l'esprit ou de l'humeur où l'on se trouvoit alors. Après avoir quelque tems gardé
le silence, Florinde prenant la parole : il
faut, dit-elle, que je parle aujourd'hui la
premiere, & qu'imitant la vivacité de Camille, j'interrompe votre lecture pour vous
faire part de la mienne ; je suis tombée sur
un abrégé de la vie de l'Empereur Adrien,
& je ne puis renfermer dans mon cœur l'admiration que m'inspire ce grand Prince.

Il est vrai, répondit Thélamont, qu'il
seroit à souhaiter que tous les hommes lui
ressemblassent ; mais dans ce que vous li-
sez, vous n'en voyez qu'un portrait imparfait. Ælius Adrianus, continua-t-il, voyant
que tout le monde l'écoutoit, étoit le plus
bel homme & le mieux fait de son tems ; la
douceur, la tempérance & la modération
étoient ses vertus favorites ; il aimoit & pro-
tégoit les sciences & les arts. Plusieurs
grandes victoires qu'il avoit remportées
sous les yeux de l'Empereur Trajan, avoient
prouvé avec éclat sa valeur & sa prudence,
& lui avoient acquis l'estime de ce Prince,

& l'amour de tout l'Empire ; il étoit Efpa-
gnol comme Trajan , & même fon parent.

Mais fi tant de belles qualités le rendirent
recommandable à cet Empereur & à fes fujets, elles firent encore plus d'impreffion
fur l'efprit de l'Impératrice Plotine , femme de Trajan ; c'étoit une Princeffe qui
poffédoit elle - même toutes les vertus qui
font les héros , d'un génie fupérieur &
profond ; elle connut tout le prix d'un
homme tel qu'Adrien : & voyant l'Empereur fans enfans, elle crut ne pouvoir faire
un plus beau préfent à l'Empire , que de le
lui donner pour Empereur.

Dans ce deffein , & connoiffant la haute
eftime que Trajan avoit conçue pour
Adrien , elle fut l'augmenter de telle forte ,
en lui faifant remarquer tout ce qu'il avoit
fait de grand , que cet Empereur l'adopta.
Adrien s'étoit fervi avec tant d'art des vertus dont le ciel l'avoit orné , qu'il avoit entiérement gagné le cœur des troupes & du
peuple ; ce qui fit que tous les ordres de
l'Empire aprouverent unanimement le
choix de l'Empereur Trajan.

Ainfi, après la mort de ce Prince, Adrien
fut proclamé avec mille bénédictions : fon
premier foin fut de donner des marques de
fa vive reconnoiffance à fa bienfaitrice ,
ayant la modeftie de croire que , fans les
foins qu'elle avoit pris pour fon élévation ,
toutes fes grandes qualités ne l'auroient
point fait parvenir à l'Empire. Jamais
Prince ne porta la reconnoiffance à un
plus haut degré ; cette illuftre Impératrice

F 6

n'avoit rien à defirer, tout ce qu'elle demandoit lui étoit accordé, fouvent même elle étoit prévenue ; mais tandis qu'Adrien fe faifoit un plaifir délicat de donner à Plotine toute l'autorité qu'elle pouvoit fouhaiter, elle mettoit le fien à fe prefcrire des bornes ; plus jaloufe de la gloire de l'Empereur que de fa puiffance, elle avoit l'attention de ne lui jamais rien demander qui ne fût jufte & raifonnable ; ainfi les graces defirées & accordées tournoient toujours à la gloire de l'un & de l'autre, & au bien général de l'Etat.

Adrien donnoit tous les jours deux heures de fon tems à des hommes de lettres choifis, qui tenoient dans fon palais des conférences fur toutes fortes de fciences ; on les mettoit en écrit, & on avoit foin de les lui envoyer lorfqu'il étoit en voyage, ce qui lui arrivoit fouvent, parce qu'il parcouroit toutes les provinces de l'Empire, pour le bien & le foulagement des peuples, dont il écoutoit les plaintes avec bonté. Il femble que lorfque le ciel a mis fur le trône un Prince amateur des belles-lettres, il prenne plaifir à faire naître des hommes illuftres fous fon regne. Adrien, fous le fien, eut la fatisfaction d'en voir quatre fameux pour l'hiftoire ; Suétone, qui étoit fon fecrétaire ; Plutarque, qui étoit fon ami privé ; Paufanias, & Trogue-Pompée, qui ont laiffé à la poftérité dans leurs écrits des marques éclatantes de la fageffe de ce grand Empereur. Mais comme il n'y a point de bonheur parfait, celui

d'Adrien fut vivement altéré par la perte de
l'Impératrice Plotine. Cette Princeffe, qui
le fuivoit ordinairement dans fes voyages,
mourut dans la ville de Nifmes, qui étoit
alors apellée la feconde Rome : c'étoit la
plus belle, la plus grande & la plus magnifique de l'Empire.

Les Empereurs l'avoient embellie de
temples fuperbes, d'un amphithéatre,
d'arcs de triomphe, & d'un aqueduc qui
conduifoit les eaux facrées depuis Uzès
jufqu'à Nifmes, malgré l'obftacle que la
nature y avoit mis par la riviere du Gardon,
qui eft un torrent rapide qui paffe entre
deux hautes montagnes. Sur cette riviere,
les Romains bâtirent le fameux pont du
Gard, qui, par fes trois ponts les uns fur
les autres, met les deux montagnes à ni-
veau ; fur lefquels ont paffé les eaux facrées, jufqu'à la décadence de l'Empire Romain, que les Goths, ennemis de la grandeur romaine, le détruifirent en partie. Ce
fut donc dans cette belle ville, que la mort
enleva Plotine à l'Empereur Adrien ; fon
deuil & fes regrets pour cette perte furent
fi grands, qu'ils firent craindre pour fa
vie ; & l'on peut dire que fa douleur égala
fa reconnoiffance.

Il lui fit des obfeques fuperbes ; & felon
la coutume de ce tems-là, fon corps fut
brûlé, & des flammes de fon bûcher fortit
un paon, qui fe perdit dans les nues, pour
marque de fon apothéofe, les Impératrices
y ayant part auffi-bien que les Empereurs,
n'y ayant de différence que dans les animaux.

qui fortoient des flammes. Pour les Empereurs, c'étoit un aigle, oifeau de Jupiter, & pour les Impératrices un paon, oifeau confacré à Junon. Les cendres de cette Princeffe furent mifes dans une bafylique magnifique, qu'Adrien lui fit élever, dans laquelle on lui rendoit les honneurs divins.

Ce temple, qui fait encore aujourd'hui l'admiration de tout le monde, eft foutenu de trente-fix colonnes de marbre, de l'ordre corinthien; la bafe, les chapiteaux & les corniches font d'un travail merveilleux, & la frife, qui regne autour du temple, femble un ouvrage d'orfévrerie; ces fuperbes colonnes ont fervi de modele à la façade du Louvre, qui eft regardée des plus grands maîtres comme un chef-d'œuvre.

Ce monument a été réparé de nos jours par les foins de Monfieur de Lamoignon de Baville, Intendant de Languedoc, auffi-bien que le pont du Gard: & Louis le Grand a donné la bafylique aux Révérends Peres Minimes qui en ont fait leur Eglife.

L'Empereur Adrien étoit d'un abord facile, affable avec les Grands, & rempli de bonté pour les peuples; il marchoit à pied à la tête de fon armée, afin d'encourager fon infanterie à le fuivre & fouffrir la fatigue fans murmurer.

Un jour une villageoife l'ayant rencontré auprès de Nifmes, faifant défiler l'armée romaine, le fuplia de vouloir l'écouter: cet Empereur lui dit qu'elle prenoit mal fon tems, & qu'il n'avoit pas le loifir. Alors

cette femme, vive comme le font toutes
celles de cette province, lui cria à haute
voix : Ne soyez donc plus Roi. Adrien sans
se fâcher de la hardiesse de la villageoise,
l'admira, & sur le champ l'écouta & lui accorda ce qu'elle lui demanda. On ne peut
guere citer un plus grand exemple de modération. Il maintint la paix autant qu'il
lui fut possible ; & lorsque les peuples voisins de l'Empire voulurent lui faire la
guerre, comme ses armées étoient toujours
prêtes, il les surprenoit souvent par sa diligence, & les châtioit sévérement ; mais il
leur accordoit la paix.

Il n'y eut que la nation juive, à laquelle
il fit une cruelle guerre à cause de ses révol-
tes continuelles : cependant, après les
avoir châtiés rigoureusement, il leur donna
la paix, à condition qu'aucun d'entr'eux
n'habiteroit plus dans Jérusalem, leur dé-
fendant d'en aprocher jamais d'assez près
pour la voir ; après quoi il fit rebâtir cette
ville, qu'il entoura de superbes murailles
bien fortifiées, & mit dans son enclos le
mont du Calvaire, & la fit apeller de son
nom, Ælia.

Enfin ce grand Prince, après avoir régné
pendant vingt ans, tomba dans une longue & dangereuse maladie, dont les dou-
leurs lui firent souvent souhaiter la mort ;
mais il fit la funeste expérience de vouloir
& de ne pouvoir mourir ; sur la fin de sa
vie, & prêt à rendre les derniers soupirs,
il dit plusieurs fois ce proverbe commun

2

36

Les Journées

parmi les Grecs : Le grand nombre de Médecins a fait mourir le Roi.

Il avoit adopté Marcus - Antonius , fur-
nommé le Pieux , né à Nîfmes , & qui fut
un fecond Numa. Il fit de fomptueufes ob-
féques à Adrien ; fes cendres furent mifes
dans un tombeau près du Tibre : ce tombeau fait d'une ftructure épaiffe & folide
fut appellé & s'apelle encore aujourd'hui le
Mole d'Adrien ; ce furent les foins que
prit Antonin de lui rendre les honneurs fu-
nebres , qui lui acquirent le furnom de
Pieux.

Ce qu'il y a de fingulier & de remarquable , c'eft que de tous les monumens
que les Romains ont confacré à leur
gloire , il n'en refte aucuns de fi parfaits
que ceux qui portent le nom d'Adrien ; il
femble que par l'effet d'une protection invi-
fible , ils aient été confervés malgré le
tems & la fureur des Barbares.

Cela eft certain , dit alors Erafme ,
voyant que Thélamont avoit ceffé de parler , & c'eft une réflexion que nous avons
faite plufieurs fois Alphonfe & moi , dans
le cours de nos voyages.

En vérité , répondit Camille , je ne fuis
point furpris de l'admiration qu'Adrien a
infpirée à Florinde , & tout ce que Thélamont vient de nous en raporter, me le
fait regarder comme un des plus grands
Princes de fon tems. L'Impératrice Plotine,
ajouta Félicie , mérite auffi beaucoup de
part à l'eftime de la poftérité ; & fon amitié pour l'Empereur Adrien a quelque chofe

de si respectable & de si noble, qu'elle est
digne des plus grands éloges. Suétone, répondit Uranie, en a pris le soin, aussi-
bien que celui d'Adrien, & ce sont des
morceaux qui éternisent leur mémoire à jamais.

Je trouve, dit Hortence, que le surnom
de Pieux, que l'on donna à l'Empereur
Antoine, étoit judicieusement apliqué,
rien, selon moi, ne témoignant plus de
piété, que les devoirs que l'on rend aux
morts; il me semble que l'on ne sauroit
trop honorer leurs cendres, & que, de
quelque religion qu'on soit, on doit
avoir une extrême vénération pour les endroits qui en sont les dépositaires.

Aussi, ajouta Orphane, les tombeaux
ont-ils été respectables dans tous les tems,
parmi même les nations les plus barbares.
Arianus écrit dans son livre second, qu'A-
lexandre le Grand, ayant trouvé le tombeau de Cyrus ouvert, qu'on avoit fouillé
& pillé, en fut si indigné & se mit dans
une si forte colere contre les auteurs de ce
crime, qu'il ordonna que l'on en fît
d'exactes perquisitions; & Diodore assure
qu'ayant été avéré que Policamus étoit le
coupable, il le fit punir d'une mort igno-
minieuse; & après plusieurs sacrifices pour
apaiser les mânes de Cyrus, il lui fit cons-
truire un nouveau tombeau, où il fit travailler les plus habiles artistes de la Grece,
dans lequel il fit mettre ce qu'il avoit pu
recueillir des restes précieux de ce grand
Prince; il fit aussi traduire son épitaphe de

la langue perfique en grec, qui fut gravée
fur fon tombeau.

Il eft furprenant, reprit Mélente, qu'un
auffi grand conquérant que Cyrus ait eu
une épitaphe fi fimple, quoique prophéti-
que ; mais je trouve que la modeftie qu'elle
renferme eft une belle leçon pour tous les
hommes en général. Voici comme plufieurs
auteurs la raportent : *Qui que tu fois, ô
homme ! & d'où tu viennes ; car je fuis affuré
que tu viendras : Je fuis celui qui conquis
l'Empire des Perfes, & te prie de ne porter
envie à ce peu de terre qui couvre mon pauvre
corps.*

Il eft vrai, dit Alphonfe, qu'on ne peut
faire une épitaphe plus fuccinte, mais en
même tems plus utile, pour abaiffer l'orgueil des mortels ; on n'en devroit point
faire qui ne fût dans ce ftyle, pour engager
les hommes à ne faire nul cas des avantages
qu'ils peuvent acquérir pendant leurs vies,
puifqu'il en refte fi peu de chofe. Pour en
revenir au grand Alexandre, continua-
t-il, j'ai lu que ce Prince avoit un foin extrême de la fépulture de fes foldats ; qu'il
commandoit la même exactitude à fes capitaines, & ne pardonnoit aucune négli-
gence là-deffus.

Après que Clovis, premier Roi de France, reprit Uranie, eut remporté la fameufe victoire à la bataille mémorable qu'il
donna près de Poitiers contre Alaric, Roi
des Vifigots, il fit enterrer avec foin tous
les morts dans un cimetiere, que l'on voit
encore aujourd'hui, apellé le cimetiere de

Cynant, sur la rivière de Vienne, à cinq lieues de Poitiers, que la vénération des habitans du pays a toujours conservé; il contient environ quatre arpens de terre.

Cela me fait souvenir, dit alors Oro̱phane, d'une aventure assez plaisante arrivée quelque tems après la ligue d'Ausbourg, où le commerce étant interdit entre la France & l'Angleterre, avoit rendu le plomb extrêmement cher.

A Aumale, petite ville de Normandie au diocèse de Rouen, de l'élection de Neuf-Châtel, sur la frontière de Picardie, est une abbaye de Cluny, de l'ordre de Saint Benoît, non réformée, dans l'église de laquelle les tombeaux des Princes de la maison de Lorraine ont été construits, du tems que ce duché leur apartenoit; les Princes & Princesses décédés en France y ont été portés, & mis dans des cercueils de plomb, dans une cave voûtée, au-dessous des tombeaux.

Un homme, dont je tairai le caractere, sachant que ces cercueils se pouvoient tirer aisément du caveau, prit si bien son tems, qu'il les tira, les fondit, les mit en saumons, & les envoya vendre à Amiens, à Rouen, & à Paris. Quelque tems après, il fut nécessaire de faire des réparations à la voûte de l'église; pour cet effet on l'apuya, mais un des apuis portant justement sur celle du caveau, on fut obligé de l'étayer aussi: on l'ouvrit; jugez de la surpise de ceux qui y descendirent, en voyant les ossemens des Princes & des Princesses confondus enfemble & entaffés les uns fur les autres , & leurs cercueils enlevés. Le Vicomte d'Aumale fut apellé, qui y fit defcente avec les autres Officiers de la jurifdiction ordinaire , & en donna avis au Procureur Général du Parlement de Normandie , & au Procureur de l'officialité de Rouen ; le crime fut trouvé fi grave , que le Parlement nomma d'abord des commiffaires de fon corps , pour fe tranfporter fur les lieux ; ils partirent de Rouen accompagnés des Officiers de l'officialité. Etant arrivés à deux lieues d'Aumale , le coupable , croyant fon crime bien caché , fut au-devant de ces Meffieurs , & leur fit une harangue pathétique, pour les exhorter à venger les mânes de tant d'illuftres Princes, dont on avoit violé la fépulture , les en priant en leurs noms & au nom du public , ajoutant que ces tombeaux avoient été refpectés pendant les guerres cruelles qui avoient agité la France ; que ces lieux faints avoient fervi d'afyle ; que les nations les plus barbares les avoient eues en vénération , & qu'il étoit inoui de voir que les Chrétiens avoient eu la témérité d'en troubler la paix , & de porter des mains profanes fur des corps qui repofoient au pied des autels. Ce difcours prononcé avec ferveur , toucha vivement ceux à qui il étoit adreffé , ils admirerent le zele de cet homme , le confolerent & promirent juftice. Enfin, étant arrivés à Aumale , ces Meffieurs firent des perquifitions fi exactes, qu'ils découvrirent la vérité : mais quel fut

leur étonnement, lorsqu'ils trouverent que
le harangueur étoit seul coupable; toutes
les preuves & les indices ne tombant que
sur lui, il fut décrété, arrêté & conduit
dans les prisons de Rouen, pour son procès lui être fait & parfait.

Cependant, il eut des amis qui s'em-
ployerent si fortement pour lui, qu'il y eut
un arrêt qui ordonna un plus ample informé, le prévenu gardant toujours prison close; mais au bout d'un an, faute de
nouvelles preuves, il fut élargi, & les os
des Princes resterent sans cercueil. La façon dont Orphane raconta cette aventure,
divertit fort la compagnie. Pour moi, dit
Félicie, j'avois déja pardonné au coupable, sur sa harangue; elle m'avoit prévenue en sa faveur, par la rareté du fait;
on peut bien dire, ajouta Florinde, que
celui-là ne péchoit pas par ignorance, puisqu'il détailla si pathétiquement le respect
que l'on devoit avoir pour les tombeaux.

Mais, continua-t-elle, si nous avons
trouvé l'Empereur Adrien digne d'une glorieuse mémoire, & si Marc-Antonin passa
pour un autre Numa, ne pouvons-nous
pas mettre, par un contraste sensible,
l'Empereur Tibere au rang des plus mé-
chans Princes qui aient été; & ne devons-
nous pas convenir que s'il fût mort au commencement de son regne, il eût abusé la
postérité par ses fausses vertus? Il n'y a
point de doute à ce que vous dites, belle
Florinde, répondit Uranie; jamais Prince
ne fut si dissimulé que cet Empereur; il ne

se servoit des vertus que pour masquer ses vices ; il étoit caché, fourbe, & impénétrable dans ses desseins : mais, comme il avoit l'art de se contraindre, il trompa le Sénat, le peuple, toute sa famille, & même l'Impératrice Livie sa mere.

Tant que le vaillant Germanicus vécut ; la crainte qu'il lui inspiroit, lui fit contrefaire le vertueux ; il fut doux, affable & modeste ; lorsqu'il rencontroit un Sénateur, il se rangeoit avec considération, pour lui laisser le chemin libre, au Sénat il ne suivoit que leurs avis ; & dans les assemblées du peuple romain, il faisoit des actions si humaines, si généreuses & si charitables, qu'il n'en sortoit jamais qu'au bruit des acclamations de cette multitude.

Lorsque quelque personne consulaire ou quelque grand mouroit, ce Prince se faisoit un devoir d'assister à la cérémonie de leurs obsèques, & d'en accompagner la pompe jusqu'à ce qu'il les vît mettre dans leurs tombeaux, mêlant ses larmes à celles de leurs familles.

Ses courtisans, & les Gouverneurs des provinces de l'Empire, voulant lui persuader qu'il pouvoit augmenter les tributs & les impôts, il leur fit cette sage réponse ; qu'un bon pasteur devoit tondre la laine de ses troupeaux, mais non pas les écorcher. Le Sénat, pénétré de tant de vertus apparentes, voulut lui donner des titres suprêmes, lui faire bâtir des temples, & lui décerner les honneurs divins ; mais il refusa tout, & ne permit seulement pas que dans

Rome, ni dans les provinces, on lui élevât des statues, dans la crainte, disoit-il
modestement, que de telles grandeurs ne
le fissent se méconnoître.

Ce fut lui qui régla si sagement les lieux
qui devoient servir d'asyle aux malheureux,
pour leur donner le tems d'accommoder leurs
affaires. Un affreux tremblement de terre
ayant entiérement ruiné douze villes de
l'Asie, Tibere y envoya des Commissaires
& des Tréforiers, qui distribuerent de sa
part à ces pauvres peuples l'argent néceffaire pour rétablir leurs maisons : la ville
d'Ephese ayant été la plus maltraitée, fut
presque rebâtie à ses dépens, & il remit
aux habitans une partie des tributs & impôts pendant cinq ans.

Le feu du ciel ayant consumé plusieurs
maisons sur les monts Aventin & Cœlien,
il fournit aussi à la ville de Rome les fommes qu'il falloit pour les rebâtir; de cette
sorte, toutes les calamités tournoient à sa
gloire ; il apaisa les troubles de l'Allemagne, & vengea la mort de Quintilius
Varus, & la perte de son armée, par la
valeur de Germanicus. Ayant su que le Roi
de Capadoce faisoit des menées secrettes
pour troubler le repos de l'Empire, il eut
l'adresse de l'engager à venir à Rome, lui
promettant de lui faire justice sur ses griefs:
mais aussi-tôt qu'il l'eut en son pouvoir, il
le fit mettre dans une étroite prison, ré-
duisit son Royaume en province, où il envoya un Préteur pour la gouverner.

Hérode, surnommé Agrippa, petit-fils

d'Hérode Afcalou , étant venu à Rome
pour fe rendre partie & accufateur contre
Hérode Antipas , Tibere le fit arrêter & enfermer , pour avoir fait des vœux & des
prieres publiques , afin qu'il pût voir un
jour fur le trône impérial Caïus fils de
Germanicus , qui par fes vices s'étoit rendu
odieux aux Romains. Enfin , on ne peut
porter plus loin qu'il le fit les actions de
piété , de juftice & de générofité ; &
comme l'a remarqué Florinde , s'il fut
mort dans ce tems , toute la terre eût été fa
dupe.

Mais fatigué de s'être contraint fi long-
tems , & la mort étant trop lente , à fon
gré , à le délivrer du grand Germanicus ,
dont la vertu folide lui nuifoit , il le fit empoifonner, L'Impératrice Livie , qu'il redoutoit auffi , ayant rendu le tribut à la
nature , il fe montra à découvert , toutes
fes grandes qualités difparurent , les vices
prirent leurs places , & parurent avec d'autant plus de violence , qu'il les avoit renfermés avec foin. Son exceffive cruauté lui
fit profcrire les plus grands de l'Empire ,
chaque jour étoit marqué de quelque trait
fanglant ; le jeune Drufus , fon fils naturel & légitime , dont le mérite & la fageffe
le rendoient l'amour & l'efpoir du peuple
romain , fut l'une de fes victimes ; fur le
fimple foupçon qu'il avoit defiré l'Empire ,
il le fit empoifonner à la fleur de fon âge ;
deux enfans de Germanicus , Néron &
Drufus, furent auffi facrifiés à fes foup-
çons & à fa rage ; il remplit de meurtre &
de

de sang le Sénat. Les familles patriciennes, & les principales d'entre les plébéiens ; tout trembloit au seul nom de Tibere, les provinces n'étant pas même exemptes de sa tyrannie ; enfin, à force de se faire craindre, il vint à craindre tout lui-même, ce qui l'obligea de se retirer dans l'isle de Caprée, ou des Chevres.

Ce fut-là qu'il s'abandonna à la plus affreuse débauche, sans pourtant que ses indignes plaisirs donnassent aucun relâche à sa barbarie. Le moindre soupçon qu'il eût contre quelque citoyen, étoit l'arrêt de sa mort, sans avoir égard à l'âge, à la naissance, au sexe, ni aux services. Séjan, chef de la garde prétorienne, & le ministre de ses cruautés, qu'il avoit élevé au-dessus de tous les Romains, ressentit aussi les effets de sa fureur ; ce Prince l'ayant soupçonné, le fit arrêter, lui fit faire son procès, & le Sénat l'ayant condamné à la mort, il fut exécuté, & toute sa race exterminée.

Les délices de l'isle de Caprée lui ayant fait oublier le soin de l'Etat, les Parthes firent des courses dans l'Arménie, les Daces dans la Mésie, les Sarmates dans la Pannonie, & les Allemands dans la Gaule. Ces peuples, lassés d'un si dur esclavage, porterent la désolation par-tout, pillant, ravageant & brûlant toutes les frontieres de l'Empire.

Alors Tibere s'éveilla ; & revenant de sa léthargie, il fit assembler ses troupes de tous côtés : & courant au plus pressé, il

mourut dans la ville de Mifene la vingt-
troifieme année de fon regne.

Ah ! je refpire, s'écria Camille ; je
croyois qu'Uranie ne feroit jamais mourir
ce terrible Prince : eft-il poffible, continua-t-elle , qu'après avoir pratiqué tant de
vertus , & fe les être rendues familieres, il
n'ait pas eu lui-même horreur de fon changement ?

Comme il ne s'étoit que déguifé, répondit Orophane , en faifant le bien , & qu'il
étoit rentré dans fon naturel en pratiquant
le mal, il ne pouvoit être d'une réflexion fi
fage ; & je trouve qu'il avoit agi très-pru-
demment en refufant les temples & les fta-
tues , puifqu'il favoit parfaitement que tout
ce qu'il avoit réfolu de faire , auroit porté
le peuple à les abattre,

Je crois , dit Erafme , que l'on s'eft
trompé fur le fens de fes paroles à cette occafion ; & que lorfqu'il dit que tant de
grandeurs pourroient le forcer à s'oublier,
il entendoit en lui-même que de tels monumens dreffés à fes vertus lui feroient
oublier fes vices , & le contraindroient à
fe méconnoître , en les banniffant pour
jamais. Voilà une plaifante fubtilité , reprit
Uranie ; mais on peut tout croire & tout
hazarder fur cet Empereur, puifqu'il n'y a
rien de mauvais dont il ne fût capable.
Quittons un peu Tibere , interrompit Félicie , tant de mauvaifes qualités laiffent des
idées funeftes ; & pour les diffiper , je fuis
d'avis que nous allions faire un tour fur la
terraffe , en cherchant dans notre mémoire

quelques Princes, dont la bonté efface lés truautés que nous venons d'entendre.

Cela ne fera pas difficile, dit Thélamont; j'en ai plufieurs à vous citer, vous n'aurez qu'à choifir; nous les acceptoms tous, répondit Hortence, pour avoir le plaifir de vous entendre parler plus long-tems. Cette galanterie ne demeura pas fans répartie; & Uranie s'étant levée, cette belle fociété fe rendit au bord de l'eau; la promenade fut d'abord fans choix, cha-cun s'entretenant en particulier, & pre-nant les routes qui fe préfentoient. Ces époux toujours amans, voulant profiter de cet inftant de liberté pour s'entretenir avec leurs aimables femmes, le firent durer autant qu'il leur fut poffible: mais Uranie, qui gardoit en tout un *decorum* exact, ayant obligé Thélamont à la conduire fur la ter-raffe, elle vit fes amis qui s'y rendoient avec un égal empreffement par les allées qui y aboutiffoient. Orophane, qui donnoit la main à Félicie, n'eut pas plutôt aperçu toute la compagnie, que prenant la pa-role: Je doute fort, dit-il en riant, qu'il y ait perfonne ici qui fe foit moins amufé de fon tête-à-tête que Félicie; il y a un tems infini qu'elle me preffe de vous rejoin-dre, s'imaginant que Thélamont avoit déja commencé à raconter quelque trait intéref-fant; votre reproche, répondit-elle en rougiffant, eft des plus injuftes, puifque vous favez parfaitement que je ne puis m'ennuyer avec vous, & que la feule bien-féance m'a obligée à vous faire cette priere.

La même bienséance, dit Erasme, a fait agir toutes ces Dames, & quoique l'amour dût se plaindre de ces sortes de considérations, la complaisance, que nous devons à leurs volontés, nous y fait soumettre sans murmurer. Celui qui se plaint le moins, interrompit Camille avec son air enjoué, est justement celui qui en a le plus de dépit ; & je lis dans les yeux de Thélamont, qu'il avoit encore mille tendres choses à dire à Uranie, lorsqu'elle l'a forcé de nous rejoindre.

Je ne m'en défends point, répondit-il ; mais c'est mon fort de ne pouvoir me plaindre des loix qu'elle m'impose, par la maniere délicate dont elle fait me les imposer.

Je crois, reprit Orophane, trouver tout le monde aussi mécontent que moi ; mais je vois au contraire que je suis le seul qui se plaint à tort.

A peine Orophane avoit cessé de parler, que toute la compagnie aperçut au bout de la terrasse un homme & une femme qui venoient à eux : ils furent bientôt reconnus pour la charmante Julie & Orsame son époux : cette augmentation fit un plaisir extrême à cette belle société. Uranie & Thélamont s'étant levés, furent au-devant d'eux avec leurs amis ; comme Uranie aimoit tendrement Julie, & que Thélamont avoit lié une amitié parfaite avec Orsame, ils en furent reçus d'une façon à leur faire connoître combien leur présence leur donnoit de satisfaction. Lorsqu'ils se furent acquittés des civilités qui se pratiquent entre

des perfonnages qui s'eftiment réciproquement, Julie prenant la parole : Nous ne
pouvons vivre fans vous, dit-elle à Uranie ; & nous paffâmes hier une journée fi
trifte au milieu du plus grand monde, que
cela nous a fait juger qu'il n'y en avoit
point pour nous où vous n'étiez pas ; c'eft
ce qui nous a fait prendre la réfolution de
vous rejoindre aujourd'hui.

Cela eft fi obligeant, répartit Uranie,
que je voudrois avoir les plaifirs les plus dé-
licats à vous faire goûter pour y répondre ;
il n'en eft point de plus fenfible pour nous,
ajouta Orfame, que celui d'être admis
dans votre fociété. Après plufieurs difcours
de cette nature, chacun ayant choifi fa
place, la converfation reprit fa forme ordinaire, on rapella une partie des faits dont
on s'étoit entretenu dans la bibliotheque,
& fur-tout ceux qui regardoient l'Empereur
Tibere, comme voulant inftruire Orfame
& Julie des chofes dont on s'étoit occupé.
On ne doit pas, dit alors Orfame, tout-à-
fait blâmer Tibere fur la mort de Séjan ;
elle étoit plutôt un acte de juftice, que de
cruauté, puifqu'il eft certain qu'il avoit
confpiré, & que le Sénat le trouva digne
de mort, puifqu'il le condamna.

Mais, répondit Camille, nous ne le blâ-
mons que parce qu'il l'avoit aimé, & qu'il
faut être auffi barbare que l'étoit Tibere,
pour confentir à la perte d'un homme qui
lui avoit été fi cher.

Nous avons de pareils exemples, interrompit Julie, dans les Princes les plus ver-

G 3

tueux : Totila , Roi des Goths , continuat-elle , avoit toutes les qualités néceſſaires à un grand Monarque ; il étoit ſage , ſavant , humain , généreux , & tout couvert de gloire par mille faits éclatans. Ce Prince ayant aſſiégé la ville de Naples , après un nombre infini de belles actions qui s'y paſſerent , obligea les habitans à ſe rendre par famine. Pendant ce tems , voulant aſſiéger la fortereſſe de Stella , qui apartenoit à un Seigneur calabrois , qui portoit le même nom , il donna le commandement d'un corps conſidérable de ſes troupes à Rannuce ſon plus cher favori, pour qu'il eût la gloire de cette expédition : Rannuce étoit brave , plein d'eſprit , & l'homme le mieux fait & le plus beau de ſon tems. Totila , qui ſe connoiſſoit en mérite , lui avoit donné toute ſa confiance & ſon amitié , le combloit de biens & d'honneurs , ſans que les courtiſans lui portaſſent envie, Rannuce ayant l'art de ſe faire aimer & eſtimer de la cour & de l'armée : Totila attentif à lui faire cueillir de nouveaux lauriers, le choiſit donc pour mettre le ſiege devant Stella ; ce qu'il fit avec un ſuccès qui ne démentit point l'eſpoir que ſon maître avoit en ſa valeur & ſa prudence ; en effet , il preſſa ſi vivement la fortereſſe, & battit tant de fois les ſecours que le Seigneur Stella y voulut faire entrer , qu'il le contraignit de ſe rendre à compoſition. Totila reſſentit une joie parfaite à cette nouvelle , bien moins pour ſa propre gloire , que pour celle de ſon favori. Mais tandis qu'il exal-

toit fon mérite , & s'aplaudiffoit de fon
choix , Rannuce trouva dans la forterefle
qu'il venoit de prendre , un vainqueur qui
mit des bornes à fon bonheur ; ce fut la
fille du Seigneur Stella, dont la beauté,
l'efprit & la jeunefle lui firent porter des
chaînes , dont jufqu'alors il avoit ignoré
le poids ; cependant , comme il connoiffoit
une partie de ce qu'il valoit , & qu'il poffédoit la faveur du Roi , il crut qu'il n'avoit
qu'à fe déclarer pour être écouté. Dans
cette penfée , il fit un aveu de fon amour à
la belle Stella , rempli de confiance ; mais
fes efpérances furent bientôt évanouies,
par le mépris qu'elle lui fit paroître ; fes
feux furent dédaignés , fes offres rejettées,
& fon mérite perfonnel fi peu confidéré,
que jamais orgueil ne fut mieux abaiffé.

Cette réfiftance l'irrita : fon amour étoit
violent, il avoit la force en main , il s'en
fervit & fit enlever la jeune Stella d'entre
les bras de fa mere. Lorfqu'il l'eut en fa
puiffance, il commença à la vouloir fléchir
par les difcours les plus tendres , & les
proteftations les plus vives ; mais l'action
qu'il venoit de faire , ayant encore augmenté la haine que Stella avoit pour lui ,
rien ne la put toucher. Alors Rannuce oubliant les loix de l'honneur & du refpect
qu'il devoit à ce qu'il aimoit , & qu'il fe
devoit à lui-même , emporta par la violence ce qu'il n'avoit pu s'acquérir par la
douceur. Ce crime ne fe put cacher ; l'é-
clat qu'il fit parvint à Totila , qui vit bientôt à fes pieds la mere de Stella , pour lui de-

mander vengeance de cet attentat. Ce Monarque, qui n'avoit jamais rien fait ni pensé que de grand & de vertueux, fut indigné contre son favori ; & son zele pour la justice l'emportant sur son amitié, il fit arrêter Rannuce, & donna ordre qu'il fût amené au pied de son trône ; & là, il l'interrogea lui-même, en la présence de la mere de la fille, & ayant été convaincu, il le condamna à la mort, en disant ces paroles mémorables, qu'un Empire ne pouvoit se soutenir qu'en faisant valoir les loix dans toutes leurs forces, sur quelque sujet que ce pût être. Ses Généraux, les Courtisans, & même les Dames embrasserent ses genoux pour obtenir la grace de Rannuce, mais il fut inflexible ; & quoique dans le particulier il fît voir à ses amis combien il étoit touché de la perte de son favori, & qu'il lui donnât des larmes, il ne se rétracta point, & lui fit couper la tête.

Cela prouve, dit Alphonse, lorsque Julie eut fini, que de quelque faveur & de quelque amitié qu'un Prince ait honoré un sujet, il ne doit point être exempt de punition lorsqu'il l'a méritée. Sans doute, ajouta Thélamont, la justice étant préférable à toute chose, & ces sortes de traits ne pouvant jamais être préjudiciables à la gloire d'un Monarque, parce que sa principale vertu est d'être juste, & c'est dans les occasions où son cœur est intéressé, qu'elle paroît avec le plus d'éclat ; la victoire, qu'il remporte sur sa tendresse & sa pitié, lui étant aussi glorieuse que lui seroit la clémence, dans un autre tems. Il eſt ſi rare, dit Orophane, de voir un favori qui n'abuſe point de ſa faveur, qu'on ne peut trop admirer ceux qui en uſent bien ; & c'eſt auſſi aux Princes à la placer digne- ment. Il eſt ſi facile de ſe tromper, reprit Thélamont, qu'on ne doit pas faire re- tomber ſur leurs diſcernemens les défauts qui ſe peuvent découvrir dans ceux qu'ils chériſſent. Totila ne croyoit pas qu'un homme, qui poſſédoit d'auſſi belles qua- lités que Rannuce, l'obligeroit jamais à le faire mourir. Ancus-Martius ; quatrieme Roi des Romains, eſt encore un exemple qui prouve qu'il eſt des vertus qui éblouiſ- ſent & ferment les yeux ſur ce qui peut ar- river. Celles de Tarquinius-Priſcus le ſédui- firent ; les grandes actions qu'il lui avoit vu faire, les ſages conſeils qu'il lui donnoit, & les ſoins qu'il prenoit pour ſa gloire, le lui rendirent ſi cher, qu'il ne faiſoit rien ſans le conſulter : Tarquinius aida ce Prince dans toutes ſes expéditions & dans toutes ſes entrepriſes. Ce fut Ancus qui créa les hérauts d'armes, apellés Féciales, qui étoient des perſonnes ſacrées, Juges & arbitres de ce qui regardoit les armes : il fit cette création à l'occaſion de la guerre des Latins, qu'il leur dénonça par ces mê- mes hérauts ; il fut heureux dans cette guerre, & leur prit pluſieurs villes ; mais ſa douceur & ſa juſtice lui ſervirent encore plus que ſes armées : les Latins ſe ſoumirent, & il en obligea une grande partie de venir s'établir à Rome, & leur donna le droit de

bourgeoifie ; le nombre en fut fi confidérable, qu'il leur affigna le Mont-Aventin ,
où ils bâtirent des maifons pour leurs de-
meures. Dans le même tems., il fit fortifier
le Janiculum , qu'il joignit à la ville par le
pont Sablicien ; il avança les bornes de
l'Empire jufqu'à la mer , & fit bâtir auffi la
ville d'Oftie à l'embouchure du Tibre : &
enfin cet homme fi fage & fi prudent ,
croyant devoir à la valeur & au mérite de
Tarquinius-Prifcus , la gloire qu'il s'étoit
acquife, crut faire un digne choix , en lui
confiant la tutelle de fes enfans ; & cependant il s'empara du trône au préjudice de
fes pupilles ; ainfi il. eft à préfumer que fi
le Roi Ancus avoit prévu l'ambition de
Tarquinius , il n'auroit pas mis ce dépôt
entre fes mains , & que les belles qualités
qu'il lui avoit remarquées , déroberent à
fa pénétration les deffeins qu'il fit éclater
après fa mort. Il n'eft pas. furprenant , dit
alors Félicie , que le Roi Ancus prît cette
confiance en Tarquinius - Prifcus ; ce
Prince avoit mille vertus éclatantes : il ne
lui manquoit qu'un titre légitime pour être
un grand Roi ; & le peuple romain lui eut
de fortes obligations , parce qu'il n'imaginoit rien que de grand & de glorieux. Son
premier foin fut de s'affurer du Sénat ; &
fachant que plufieurs d'entr'eux n'étoient
pas portés pour lui , en créa nombre de
nouveaux , que les anciens nommerent par
dérifion , *Minorum gentium* , comme qui
diroit , gens de moindre aparence que les
premiers , créés par Romulus. Ce fut lui ;

qui pour gagner le cœur du peuple romain, invita & inftitua les jeux circences,
du mot de cirque, qu'il fit conftruire entre
les monts Palatin & Aventin. Ce Prince eut
l'art de divifer les Tofcans, & de les affoiblir les uns par les autres, enfuite il les attaqua & les battit en plufieurs rencontres ;
mais comme il favoit à propos leur envoyer
les prifonniers qu'il combloit de préfens &
de careffes, & dont il confervoit les biens
de campagne, il s'en fit fi fort aimer, que
par une délibération unanime ils fe foumirent volontairement à fa puiffance ; &
ce fut de leurs mains qu'il reçut la couronne
d'or, la robe de pourpre, le fceptre, &
tous les ornemens royaux que les Rois de
Rome ont portés depuis. Il fit plus, ceux
des Latins, qui étoient refté dans leurs
pays, s'étant foulevés, & ayant pris les
armes contre les Romains, Tarquinius
marcha à eux, les combattit & les exter-
mina d'une maniere fi terrible, qu'il en fit
perdre jufqu'au nom, & envoya dans leurs
villes de pauvres bourgeois de Rome, qui
devinrent leurs maîtres.

Enfuite il fit la guerre aux Sabins, &
prit la ville de Collatia, qu'il peupla de
nouveaux habitans ; mais ce qu'il fit de
vraiment royal, furent les voûtes fourter-
raines, qui prenoient depuis le haut de la
ville, & qui conduifoient les eaux jufques
fur les bords du Tibre. Toutes les entre-
prifes de ce Prince furent grandes, glorieufes & utiles au peuple romain. Il y a
des hiftoriens qui, pour éternifer fa gloire,

G 6

disent que la Sybille de Cumes lui aporta le
livre des oracles, qu'il fit mettre à la
garde de quinze personnes, commises exprès pour veiller sur ce précieux dépôt. Ce
Monarque avoit commencé d'enfermer la
ville d'une enceinte forte & solide ; il avoit
aussi jetté les fondemens du temple de Jupiter Capitolin ; mais lorsqu'il travailloit à
ce superbe ouvrage, il fut assassiné par les
enfans du Roi Ancus, dans la trente-
septieme année de son regne.

Ainsi, dit Florinde, vous voyez que le
crime est toujours puni, quelques vertus,
que l'on puisse avoir d'ailleurs. Tarquinius-
Priscus possédoit d'éminentes qualités ; mais
il étoit usurpateur, & avoit abusé de la
confiance de son Roi, & de la jeunesse de
ses enfans ; une mort funeste fut enfin le
prix de sa trahison.

La réflexion de Florinde est des plus
justes, ajouta Jule ; & l'histoire est remplie d'exemples fameux sur les rétributions
attachées au crime. Il y en a un bien remarquable, interrompit Orsame, & qui devroit faire impression sur tous les hommes.
En l'année 491 de l'égire chrétienne,
continua-t-il, le trône de l'Empire d'Orient
fut occupé par Anastase, surnommé Di-
core, à cause de la différence de ses yeux,
ayant une prunelle noire & l'autre bleue ;
ce Prince, dit Paul Diacre, étoit venu au
monde d'une façon extraordinaire ; & sa
vie fut un mêlange de bien & de mal, de
vices & de vertus ; ses yeux lui donnoient
une physionomie qui faisoit peine à voir. A

son avénement à l'Empire, il ôta au peuple les impôts exceffifs dont il étoit chargé,
ainfi que la vénalité des charges, qu'il donnoit gratis avec choix & diftinction ; il parut généreux, doux, affable, aimant les
gens de lettres, & eftimant le mérite par-
tout où il fe trouvoit. Il honora Proclus de
fa confiance & de fon amitié ; ce Proclus
qui fut l'imitateur d'Archimée, & qui
s'acquit la réputation du plus grand
Mathématicien de fon tems ; ce fut lui qui,
par fon art & fes machines, brûla les navires de l'armée navale de Vitalian, qui tenoit Conftantinople affiégée, & l'obliga
de lever le fiege. Enfin l'Empereur Anaftafe
rendoit juftice au génie, aux belles actions,
& fur-tout à la vertu ; mais étant tombé
dans les erreurs d'Eutyche, & s'étant rendu
le protecteur de cette héréfie qu'il vouloit
faire recevoir dans tout fon Empire, les
obftacles que les Catholiques lui fufciterent
le rendirent injufte, cruel, farouche &
défiant ; il les perfécuta à outrance ; on
voyoit tous les jours de ces innocentes victimes traînées au fuplice ; il fut plus barbare
contr'eux, que les plus cruels Empereurs
Païens contre les Chrétiens ; il bannit le
Patriarche de Conftantinople.

Le Pape Hormifdas fachant fes excès, &
youlant le ramener par la douceur, lui envoya Evodias, Evêque de Pavie, perfonnage éminent en favoir & en faincteté,
avec deux autres Eccléfiaftiques très favans.
Ces députés étant arrivés à Conftantinople,
& ayant fait demander audience à l'Empe-

reur, bien loin de vouloir les écouter, il
leur fit ordonner de sortir de la ville dans le
moment, & les obligea de s'embarquer sur
un vieux vaisseau plein de crevasses &
à demi-pourri, afin de les faire submer-
ger ; & pour qu'ils ne pussent relâcher en
aucun endroit, ils envoya des ordres
sur toutes les côtes & dans les isles, par
lesquels il défendoit expressément de les recevoir, & de leur donner aucun secours
ni assistance. Mais malgré ces barbares précautions, le ciel sauva ces illustres malheureux ; & quelque tems après, ce cruel
Empereur fut tué d'un coup de foudre.

Exemple mémorable pour tous ceux qui
se laissent surprendre à de nouvelles opinions, & qui abandonnent la véritable
voie. Anastase naquit, vécut & mourut
extraordinairement.

Voilà, dit alors Félicie, ce que je ne
puis comprendre, & ce que j'ai déja remarqué dans l'Empereur Tibere. Est-il possible que l'on puisse changer avec tant de facilité, que l'on fasse succéder le vice à la
vertu, la cruauté à la douceur ; & le crime
à la justice, lorsque l'on paroît être né
avec toutes les qualités nécessaires, pour
empêcher un si terrible changement ?

Nous avons vu, répondit Hortence,
que Tibere ne fut vertueux que par artifice,
& pour cacher ses pernicieux desseins ; ce
qui ne nous doit pas faire douter qu'il ne
fût né avec tous les vices qu'il a montrés.
Pour Anastase, vous voyez en lui une es-

pece de contradiction, qui dénotoit en
quelque forte celle qu'il a fait voir dans fa vie.

Pour oublier de fi mauvais Princes,
ajouta Camille, je veux toujours me fouvenir d'Adrien ; j'ai un regret fenfible
qu'un Empereur de ce mérite ne fût pas
Chrétien , & que ceux dont la vie eft
pleine de vices & de crimes l'aient été. La
reconnoiffance d'Adrien pour l'Impératrice
Plotine a quelque chofe de fi tendre & de
fi pieux , qu'elle ne fort point de mon efprit ; & cette vertu eft fi rare , non-feulement parmi les Princes , mais dans tous les
hommes en général , que lorfque j'en vois
qui la pratiquent , je ne puis leur refufer
mon admiration.

C'eft une preuve de la beauté de votre
ame , dit Thélamont ; la reconnoiffance
eft une vertu des plus eftimables , comme
l'ingratitude eft le plus affreux de tous les
vices. Mais , dit alors Florinde , il eft des
marques de reconnoiffance que l'on ne peut
donner , & par-là on ne fe trouve dans la
néceffité d'être ingrat malgré foi ; nous ne
parlons point des chofes impoffibles , reprit Thélamont , mais feulement de ce
qu'exigent de nous des fervices importans.
Je ne fais cependant , ajouta Julie , fi la reconnoiffance l'emporteroit fur l'amour , s'il
arrivoit qu'ils fuffent en concurrence dans
le cœur de quelqu'un : je ne doute pas que
la reconnoiffance ne puiffe faire renaître
l'amour , mais je fupofe que les objets de
l'un & de l'autre foient différens ; & en ce

cas, je doute que l'amour soit le moins
fort.

La question me paroît difficile à décider,
répondit Orophane, & j'avoue que je serois fâchée d'être dans un pareil embarras.
Sans nous exposer à faire un jugement qui
pourroit n'être pas aprouvé, dit alors Uranie, je vais vous conter une histoire qui
vous prouvera que Julie a parlé très-sensé-
ment, en croyant que la reconnoissance ne
l'emporte pas sur l'amour; quand cette passion est une fois bien établie dans un cœur
fidele, elle est remplie d'événemens singu-
liers; & quoiqu'elle ne puisse faire qu'honneur aux personnes qui en sont les objets,
je ne me hazarderois pas à vous la dire, si
je ne l'avois vue, écrite de la main même
d'une Dame de la famille dont je vais vous
parler, & qu'un Gentilhomme de leur
Province, ami de Thélamont, m'a com-
muniquée il y a quelque tems.

Comme toute la compagnie ne cherchoit
jamais que l'occasion de faire parler Uranie, elle saisit celle-ci avec joie, pour
avoir le plaisir de l'entendre; & l'ayant
pressée de lui donner cette satisfaction, elle
commença en ces termes:

HISTOIRE du Comte de Salmony, & d'Ifabelle de Meyrand.

AU midi de la Province de Languedoc, fur les bords de la mer Méditerrannée, eft un vallon d'une demi-lieue de
large & de deux lieues de long, au milieu
duquel paffe un ruiffeau qui fe forme de
l'eau des fontaines qui fortent des hauteurs
ou monticules qui l'environnent : ce vallon
eft rempli de prairies, de jardins & de
vergers, qui font arrofés par ce ruiffeau :
les hauteurs font couvertes de vignes, d'o-
liviers, de grenadiers & d'amandiers ; à
mi-côte on découvre plufieurs villages &
hameaux très-bien bâtis : & fur une efpece
d'angle que forme la côte en ce lieu charmant, à un quart de lieue de la mer, eft
le château de Meyrand, fortifié à l'anti-
que, avec fes créneaux & fes tours quar-
rées.

Quoique l'intérieur de ce château foit
ancien, les dedans font à la moderne, par
les foins des Seigneurs du lieu, qui depuis
un fiecle n'ont rien épargné pour le rendre
commode & magnifique ; les jardins en
font délicieux, la vue en eft fuperbe du
côté de la mer, & toute gracieufe de celui
du vallon, & l'art fecondant la nature, y
fait naître tout ce que l'on peut defirer,
pour le goût & le plaifir. L'illuftre famille,
à qui ce beau lieu apartient depuis plufieurs

fiecles, a produit de grands hommes dans
la robe & dans l'épée ; le dernier de tous
occupoit avec une réputation un des premiers poftes dans une Cour Souveraine de
la Province.

Le Comte de Meyrand avoit perdu fa
femme, & n'avoit qu'une fille unique,
dont il confioit l'éducation aux foins de la
Comteffe douariere de Meyrand fa mere.
Ifabelle, c'eft ainfi qu'elle fe nommoit,
quoique dans un âge très-tendre, faifoit
remarquer en elle tout ce qui pouvoit promettre une beauté parfaite & un efprit éclairé : la Comteffe de Meyrand, qui, à l'âge
de foixante ans qu'elle avoit alors, étoit
encore aimable, & dont la vertu, la prudence & la générofité lui avoient attiré
l'eftime & la confidération de tous ceux qui
la connoiffoient, vit avec un plaifir extrême les progrès que faifoit Ifabelle dans
les exercices convenables à fon fexe & à fa
qualité.

Non loin du château de Meyrand étoit
celui du Comte de Salmony ; la proximité
des lieux avoit donné occafion à plufieurs
alliances entre ces deux maifons. Les Comtes
de Meyrand & de Salmony étoient même
parens, & liés d'une très-étroite amitié ;
Salmony n'avoit qu'un fils qui n'étoit guere
plus vieux qu'Ifabelle, & une fille beaucoup plus jeune que l'un & l'autre, & tous
deux donnoient de grandes efpérances à
leurs peres, par le mérite qu'ils faifoient
éclater déja, & par une figure des plus aimables ; le jeune Salmony paffoit peu de

jours sans venir au château de Meyrand ; &
comme il avoit un esprit fort au-dessus de
son âge, les charmes que possédoit Isabelle & ceux qu'elle présageoit avoir à l'a-
venir, n'échaperent point à sa pénétration,
& firent une si forte impression sur son
cœur, que son amour naissant paroissoit
dans toutes ses actions.

Comme il étoit fait pour plaire, & qu'Isabelle le voyoit souvent, elle eut pour lui
des sentimens peu différens ; mais l'innocence de leur âge leur voilant le véritable
motif du plaisir qu'ils avoient à se voir, ils
ne prirent nulle précaution pour le cacher,
ni pour en empêcher les progrès : ainsi la
joie qu'ils témoignoient lorsqu'ils étoient
ensemble, & la tristesse qui se faisoit remarquer sur leur visage quand il falloit se
séparer, aprirent à leurs peres le secret
de leurs cœurs avant qu'ils le connussent
eux-mêmes. Cette découverte leur donna
une extrême satisfaction, & s'étant communiqué leurs pensées, ils résolurent d'affermir leur amitié par ce mariage aussi-tôt
que cela se pourroit, & la Comtesse de
Meyrand fut priée par l'un & l'autre de
maintenir Isabelle dans l'inclination qu'elle
paroissoit avoir. Les choses étoient en cet
état, lorsque le Comte de Meyrand mourut regretté de tout son corps, dont il faisoit le principal ornement, & de tous ses
amis, laissant Isabelle âgée de douze ans,
& d'une beauté qui donnoit déja de l'admiration.

Elle sentit cette perte plus vivement qu'on

n'auroit dû l'attendre d'une perfonne de fon
âge, & le jeune Salmony employa tout ce
que, dans le fien, l'amour peut infpirer
pour la confoler ; il y parvint, & la Comteffe de Meyrand étant dans l'intention
d'exécuter les volontés de fon fils, & voulant donner occafion au jeune Salmony de
voir fréquemment Ifabelle, demanda au
Comte de lui donner fa fille pour être élevée avec elle ; &, par ce moyen cimenter
l'amitié qui devoit être entre ces trois perfonnes. Le Comte de Salmony accepta la propofition, & la belle Mariane fut amenée au
château, & reçue avec une joie extrême ;
quoiqu'elle ne fût encore qu'un enfant,
l'efprit, la beauté & l'enjouement bril-
loient en elle d'une façon qu'il étoit difficile de la voir fans l'aimer.

    Ces deux jeunes perfonnes fe lierent de la
plus tendre amitié ; & quelques années
s'étant écoulées, & ayant perfectionné
leurs charmes & leurs lumieres, elles aprirent, avec une fatisfaction qu'on ne peut
décrire, qu'elles étoient deftinées à s'aimer
comme fœurs, par l'union qui fe devoit
faire de Salmony, & d'Ifabelle. Cette nouvelle, que la Comteffe de Meyrand crut
devoir lui déclarer, lui découvrit les véritables fentimens de fon cœur ; le trouble &
la joie qu'elle reffentit en ce moment, lui
firent connoître qu'elle avoit eu de l'amour
dès fa plus tendre enfance pour le jeune
Comte ; elle en rougit, mais elle ne s'en
repentit point, & fe fit un devoir de fuivre
les mouvemens d'une paffion autorifée par

les dernieres volonçés de fon pere, & par le confentement de fon ayeul. Pour Salmony., il n'avoir pas attendu fi tard à connoître que l'amour s'éçoit emparé de fon cœur ; mais de ce que la jeuneffe l'avoir empêché de pouvoir exprimer fon refpeét dans un âge plus avancé, l'avoit forcé à le cacher ; & ce ne fut que lorfque la Comteffe de Meyrand & le Comte de Salmony fon pere lui eurent permis de s'expliquer avec Ifabelle , qu'il fe fentit plus hardi.

Cependant quelque réfolution qu'il pût avoir , elle s'évanouit en aprochant de Mademoifelle de Meyrand ; la crainte & l'efpoir agitoient également fon cœur ; cette charmante perfonne étoit avec la fœur de fon amant., dans un bofquet des jardins du château ; elles s'y entretenoient fur ce qu'elles venoient d'aprendre ; & Mariane , qui jufqu'alors avoit été l'interprete des fentimens de fon frere , arrachoit de la bouche d'Ifabelle l'aveu de fa tendreffe pour lui , quand il s'offrit à leurs regards ; Ifabelle parut émue , le Comte s'en aperçut , & s'étant jetté à fes pieds : Je viens favoir, lui dit-il, fi vos fentimens font conformes à ceux de Madame de Meyrand ; elle m'a fait efpérer un bonheur, auquel ma vie eft attachée : mais c'eft de vous feule , adorable Ifabelle , que je veux le tenir ; & fi vous n'y confentez pas , c'eft à vos pieds que je veux mourir. Il accompagnoit ces paroles d'une action fi paffionnée , qu'Ifabelle en fut attendrie ; &

comme la converfation qu'elle venoit d'a-
voir l'avoit mife dans une difpofition favorable, & que le devoir étoit d'accord
avec l'amour, elle ne voulut pas fe contraindre plus long-tems ; & l'ayant obligé
de fe relever : Ce n'eft pas aujourd'hui,
mon cher Salmony, lui répondit - elle,
que nous devons déguifer ce qu'il y a plufieurs années que nous nous difons fans le
favoir ; fi vous faites votre bonheur de
pofféder mon cœur & ma foi, je mets
toute ma félicité à vous donner l'un & l'autre ; & puifque le ciel nous a fait fuivre fi
parfaitement les intentions de nos peres,
foyez affuré que je ne manquerai jamais à
l'obéiffance que je dois aux dernieres volontés du mien.

Cette déclaration, accompagnée des
graces qui étoient répandues dans tout ce
que faifoit Ifabelle ; fit fentir au Comte
une joie fi exceffive, que, malgré tout
fon efprit, il fut long-tems fans pouvoir
trouver des termes affez forts pour l'exprimer. Aucune de nous ici n'ignore la fatif-
faction que donne une flamme mutuelle,
lorfqu'elle peut éclater fans honte, &
qu'un devoir légitime nous permet de
n'y point mettre de bornes. Ainfi vous ne
blâmerez point Ifabelle, lorfque j'ajoute-
rai que le trouble de fon amant lui étant
une forte preuve de l'ardeur de fa paffion,
l'encouragea à lui faire voir toute la délicateffe de la fienne ; elle lui fervit d'interprete en ce moment, & fe difant pour lui
tout ce qu'il cherchoit à lui dire, elle dif-

sipa son embarras, & il se forma entr'eux
une conversation si tendre & si spirituelle ;
qu'il étoit aisé de voir que l'amour & la
joie la leur dictoit.

La charmante Mariane, qui étoit témoin de cet entretien, voyant qu'il prenoit
une forme à ne pas finir si-tôt, se résolut de
l'interrompre, & suivant ce que lui inspiroit son humeur vive & enjouée : Je vois
bien, leur dit-elle, que vous n'avez plus
besoin de moi ; & vous parlez tous deux
avec tant de graces, que ce seroit dom-
mage de faire passer vos paroles par une
bouche étrangere ; mais, continua-t-elle,
en embrassant Isabelle, je mérite bien
quelque mot de remerciement de la peine
que j'ai prise de vous avoir dit la premiere
tout ce que mon frere vous dit présentement : car enfin, il ne fait que répéter les
discours dont je vous ai mille fois entretenue ; vous n'y devez rien trouver de nouveau, & cependant vous faites comme si
vous ne les aviez jamais entendus. Cette aimable fille dit cela d'un ton si plaisant, que
son frere & Isabelle ne purent s'empêcher
d'en rire, & la belle Meyrand lui rendant
ses caresses : Vous saurez un jour, lui répondit-elle, la différence qu'il y a de s'entendre dire par ce qu'on aime, les choses
qui ne nous ont été aprises que par les or-
ganes d'une amie ; je souhaite vous rendre
le service que j'ai reçu de vous ; & quoique vous m'aimiez tendrement, & que je
vous aime de même, vous trouverez bien
d'autres charmes dans les discours de celui

pour qui je parlerai , que dans les miens.

Pour moi , ma chere sœur , lui dit le Comte , pour récompense des soins que vous avez pris pour moi auprès de l'adorable Isabelle , je vous souhaite un époux qui vous aime avec la même ardeur dont je brûle pour elle.

Il faudra donc , répondit-elle en riant , qu'il se hâte de me le dire ; car je vous avoue que vous venez de me donner une scene que je ne veux point imiter ; vous m'avez paru , continua-t-elle sur le même ton , comme deux muets , à qui on a trouvé le moyen de délier la langue , & qui , lassés d'avoir gardé si long-tems le silence , s'en sont dédommagés en ne cessant point de parler. Cette seconde saillie ayant jetté ces trois aimables personnes dans une conversation qui témoignoit leur satisfaction réciproque , ils prirent le chemin du château pour en faire part à la Comtesse.

Cette Dame , qui ne doutoit pas du consentement d'Isabelle , ne fût point surprise lorsqu'elle l'assura qu'elle étoit soumise aux ordres de son pere & aux siens ; ainsi , dès ce moment , il lui fut ordonné de regarder le jeune Salmony comme le seul qui devoit être son époux. Ce tendre amant eut bien desiré que l'hymen eût suivi de près l'espérance qu'on lui donnoit. Mais Madame de Meyrand sachant les desseins du Comte Salmony pour son fils , lui dit qu'il y avoit des choses importantes à régler dans les deux familles avant que d'achever ce mariage ; que le tems ne seroit pas long , & que les

paroles

paroles étant données, il n'avoit rien à craindre, & qu'ils étoient encore fi jeunes l'un & l'autre, qu'ils pouvoient attendre patiemment.

En effet, Ifabelle n'avoit encore que quatorze ans, & Salmony n'étoit pas beaucoup plus âgé; ce qui avoit fait réfoudre le Comte fon pere à le faire entrer dans la compagnie des Moufquetaires, & en même tems achever fes exercices qu'il avoit commencé en Languedoc; il laiffa paffer quelques jours à ces jeunes amans dans les affurances réciproques d'une fidélité inviolable; & lorfqu'il eut mis les chofes en l'état qu'il les defiroit, il communiqua fon deffein au Comte fon fils; fon premier mouvement fut d'en avoir de la joie, la noble ambition que donne la naiffance, les devoirs d'en foutenir l'éclat, & le defir d'acquérir de la gloire, furent d'abord les feuls objets qui fraperent Salmony; mais lorfqu'il fit réflexion que toutes ces chofes étoient autant de motifs pour l'éloigner d'Ifabelle, les rigueurs de l'abfence, la crainte qu'elle ne vînt à changer, ou que l'on ne la contraignît à une autre alliance, s'offrirent en foule à fon efprit; une trifteffe mortelle s'empara de fon cœur; il devint fombre, rêveur, & d'autant plus à plaindre, qu'il n'ofoit découvrir fon inquiétude à Mademoifelle de Meyrand, de peur de l'offenfer, ni le dire à fon pere, s'imaginant que fon âge & le caractere d'autorité qu'il avoit fur lui, l'y rendoient infenfible; mais le vieux Comte avoit pris trop

de foin de cimenter les feux de fon fils,
pour ne pas être attentif à tout ce qu'ils
pouvoient produire ; il connut bientôt la
caufe du changement de fon humeur ; &
ne voulant pas retarder fes deffeins, ni
s'en fervir pour rendre malheureux un fils
qu'il aimoit fi tendrement, & qui en étoit
fi digne, il le fut trouver un jour dans fon
apartement.

Cette vifite fit trembler Salmony ; le
Comte s'en aperçut, & prenant un air content : Raffurez-vous, mon fils, lui dit-il,
& loin de me regarder comme un pere févere, ne voyez en moi qu'un ami à qui vos
intérêts, votre gloire, vos inclinations
font auffi chers qu'à vous ; je veux vous
épargner la peine de m'avouer le fujet de
votre chagrin ; je fais trop combien vous
aimez Ifabelle, pour ne pas voir que fon
abfence vous eft fenfible ; mais, mon fils,
vous devez juger, qu'ayant aprouvé votre
amour, ayant donné ma parole à feu Monfieur de Meyrand, & la venant de réitérer à
la Comteffe fa mere, je n'ai pas deffein de
vous détacher des nœuds que j'ai formés
moi-même.

Mais fongez à quoi votre naiffance vous
engage : ne feroit-il pas honteux à un homme de votre âge & de votre condition,
d'être engagé fous les loix de l'hymen,
avant que de vous être mis en devoir de
foutenir l'honneur de votre nom, & de
vous rendre digne de celle que vous aimez,
dont les illuftres ancêtres ont fervi glorieuf
fement leur Roi en tout genre ? que ces

considérations ramenent dans votre cœur
cette noble émulation que vous m'aviez d'a-
bord fait voir!

Si vous redoutez quelques revers du côté
de l'amour, ayez assez de confiance en
moi, pour être persuadé que je veillerai
pour vous, & que, quelque chose qui
puisse arriver, ne pourra faire prendre d'autres engagemens tant que vous serez absent:
que la parole que je vous en donne vous
tranquillise, & vous mette en état de m'o-
béir sans répugnance.

Un discours si sage & si tendre, de la
part d'un père aimé & respecté, fit tout
l'effet qu'il en avoit espéré. Le jeune Salmony, dont tous les sentimens étoient nobles & relevés, touché jusqu'au fond du
cœur de la démarche du Comte, se jetta à
ses pieds, en le remerciant tendrement de
ses bontés, & en l'assurant qu'il n'avoit
point d'autre but, que d'employer tous les
momens de sa vie à les pouvoir mériter;
qu'il étoit vrai qu'il avoit envisagé mille sujets de crainte en se séparant d'Isabelle,
que ce qu'il venoit de lui dire bannissoit
ces idées fâcheuses, & qu'il étoit prêt de
lui obéir; que seulement il lui permît de
lui représenter que son amour étoit né avec
lui, & ne pouvoit finir qu'à sa mort.

Le Comte de Salmony, charmé de le
voir dans la résolution de suivre ses volontés, n'épargna rien pour le rassurer encore.
Ensuite, lui ayant dit que dans quatre
jours son équipage seroit prêt, il lui permit
d'aller à Meyrand prendre congé de la Com-

teffe & d'Ifabelle ; il obéit à l'inftant , &
fe rendit au château , l'ame remplie de reconnoiffance pour fon pere , d'amour pour
Ifabelle , de crainte & de douleur. Une pareille fituation ne pouvoit manquer d'aporter quelque altération fur fon vifage ; auffi
dès qu'il parut devant Mademoifelle de
Meyrand , elle ne douta point qu'il n'y eût
quelque changement à fon bonheur , la
Comteffe n'ayant pas voulu le lui dire ,
étant bien perfuadée que Salmony trouveroit le moyen de la confoler.

Mais quoiqu'elle eût élevé cette admirable
perfonne , elle ne connoiffoit pas encore la
beauté de fon caractere ; une ame ferme ,
une vertu folide , une conftance à toute
épreuve , une humeur égale , un cœur incapable d'être battu , un efprit éclairé ,
brillant , délicat , & des fentimens dignes de
fa naiffance , ne font que l'abrégé des perfections dont le ciel l'avoit pourvue : cette
incomparable fille , telle que je vous la dé-
peins , ne pouvoit manquer d'être adorée
d'un homme qui poffédoit lui-même tant de
rares qualités. Ifabelle fe promenoit dans
les jardins avec la charmante Mariane ,
lorfque Salmony fe rendit au château : il
fut les joindre avec empreffement ; & ,
comme je l'ai déja dit , Mademoifelle de
Meyrand connut à fon abord une partie de
ce qui fe paffoit dans fon cœur.

Elle crut un moment que quelque indifpofition caufoit le changement qu'elle remarquoit en lui ; & comme la trifteffe
qu'il avoit fait paroître les jours précédens

la fortifioit dans cette pensée, elle lui demanda avec vivacité ce qu'il avoit, & quel mal avoit attaqué sa santé.

Mon corps, lui répondit-il, n'est point encore atteint des maux dont mon esprit & mon cœur sont tourmentés ; cependant, quoiqu'ils souffrent tout ce qu'on peut souffrir de plus cruel, vous pouvez aisément les guérir ; & voyant qu'elle paroissoit surprise de ce discours, & qu'elle en attendoit la suite, il lui conta tout ce qui s'étoit passé entre son pere & lui, & la nécessité où il étoit de lui obéir & de partir ; il lui peignit sa douleur & la crainte qu'il avoit de la perdre, avec des expressions si vives & si touchantes, qu'elle ne put s'empêcher de laisser couler des larmes : accoutumés à se voir depuis l'âge le plus tendre, s'étant toujours aimés, & venant de se livrer au plaisir de pouvoir se le dire sars cesse, elle ne put imaginer un genre de vie si différent sans en être troublée. Après avoir donné quelques instans à sa douleur, elle fit tout-à-coup un effort sur elle-même, & témoigna dès-lors la fermeté qu'elle a fait voir dans la suite.

Vous ne pouvez douter, lui dit-elle, mon cher Salmony, que je ne sois aussi sensible que vous à cette séparation ; elle m'est d'autant plus cruelle, que j'avoue que je ne m'y attendois pas ; ma tendresse étant détachée de tout intérêt & de toute ambition, n'ayant jamais rien envisagé au-delà de la douceur d'une ardeur mutuelle & d'une union parfaite, une idée si satisfai-

fante avoit entiérement éloigné de mon fouvenir ce que fe doit un homme de votre
condition ; je ne vous defirois ni charges ,
ni emplois ; contente de vous en favoir
digne , cela me fuffifoit ; mais les fages réflexions d'un pere à qui vous êtes cher ne
me permettant pas de refter dans des fentimens fi contraires à votre gloire , ne balan-
cez donc point , mon cher Salmony , à
fuivre fes volontés , non pour vous rendre
plus digne de moi , puifque vous êtes dans
mon cœur au-deffus de tous les hommes ,
mais pour vous le rendre de vous-même ;
c'eft à votre nom , à votre obéiffance , &
à votre honneur , que vous devez facrifier
pour un tems la douce habitude que nous
nous fommes faite de nous voir : une-molle
oifiveté , une vie tranquille , & des jours
confacrés à l'amour ne doivent pas être le
but du Comte de Salmony ; obéiffez à
votre pere , fuivez les traces de vos ancêtres , foyez fidele , n'oubliez jamais votre
Ifabelle , comptez fur fa conftance , & re-
venez bientôt recevoir fa main pour récompenfe.

Tandis qu'Ifabelle faifoit ce difcours , le
Comte la regardoit avec autant d'étonnement que d'amour ; & quoiqu'il fût d'un
âge à ne pas faire de certaines réflexions ,
fon efprit & fon cœur avoient atteint un
degré de perfection qui le rendoit fufceptible des plus férieufes penfées ; il ne pouvoit
comprendre qu'une fille auffi jeune qu'Ifabelle mît au jour avec tant de délicateffe
des fentimens fi tendres, fi fenfés & fi no-

bles ; son admiration lui fit garder quelque
tems le silence. Enfin prenant la parole : Hé !
comment, lui répondit-il, pourrois-je jamais oublier ce que le ciel a fait naître de
plus parfait ? vous venez d'augmenter mon
amour & mon estime, mais en même
tems, vous aggravez le regret que j'ai de
vous quitter ; & ce n'est que la flatteuse espérance où je suis, que tant de charmes me
font destinés & me feront conservés, qui
peut me consoler d'être obligé de m'en séparer. Ma chere, Isabelle, continua-t-il,
soyez assurée de mon inviolable fidélité ; je
compte sur la vôtre ; une personne qui pense
comme vous, est incapable de changer, &
un homme qui aime comme je fais, préfere la mort à l'inconstance. Après cela,
ces deux tendres amans prirent de justes
mesures pour avoir souvent de leurs nouvelles ; & l'aimable Mariane, dont l'enjouement étoit un peu ralenti par le départ
prochain de son frere, s'étant mêlée à leur
entretien, les consola d'une maniere si spirituelle, qu'Isabelle sentit adoucir son chagrin, en songeant que cette charmante
fille lui restoit, & Salmony mit des bornes
au sien, en voyant qu'il laissoit un autre
lui-même auprès de ce qu'il aimoit.

Comme il n'avoit que quatre jours devant lui, il les donna tous à son amour ; &
le moment de son départ étant arrivé, ils
se dirent un adieu aussi touchant, qu'il fut
rempli de promesses de s'aimer éternelle-
ment.

Le Comte de Salmony & la Comtesse de

Meyrand, qui étoient préfens à cette féparation, ne purent s'empêcher d'en être attendris. Isabelle avoit les yeux noyés de larmes, Mariane en répandoit en abondance, & le jeune Salmony, qui retenoit les fiennes pour ne pas marquer de foiblesse, ne se lassoit point de prendre de nouvelles assurances de son pere & de Madame de Meyrand, pour lui conferver l'objet de son amour; enfin, après les avoir falués, & qu'on lui eut permis d'embrasser Isabelle, il reçut sa sœur dans ses bras, qui s'y étoit jettée pour lui dire adieu. Ce fut dans l'inftant de leurs tendres caresses, que la passion de Salmony parut dans toute son étendue; car n'ofant les réitérer à Mademoiselle de Meyrand, il fembla qu'il vouloit les faire passer jufqu'à elle par Mariane : cent fois il la quitta, & cent fois il la reprit, en la conjurant de l'aimer toujours, avec des transports qui faifoient aifément démêler les mouvemens de la nature d'avec ceux de l'amour.

Les témoins de cet adieu étoient trop éclairés pour s'y méprendre. Isabelle lui fit connoître par ses regards, qu'elle entendoit un si tendre langage, & Mariane par un sourire, dont elle ne fut pas la maîtresse, leur fit comprendre à l'un & à l'autre, qu'elle fentoit parfaitement que tant d'ardeur ne s'adressoit pas à elle; cependant il fallut se féparer : le Comte de Salmony emmena son fils, & la Comtesse en ayant fait autant d'Isabelle & de Mariane, chacun d'eux se trouva en liberté d'ufer de son pouvoir,

pour mettre des bornes à la douleur de ces
jeunes amans. Salmony prit enfin le chemin
de Paris ; & depuis Meyrand jufqu'à cette
grande ville, il ne fe pafla point de couchée
qu'il ne reçût des lettres d'Ifabelle, & qu'il
ne lui en écrivît. Comme le Comte avoit
pris dès long-tems fes mefures, fon fils ne
fut pas plutôt arrivé, qu'il entra dans les
Moufquetaires ; & s'étant fait lui-même un
plan de la conduite qu'il vouloit tenir, il
remplit fi dignement tous fes devoirs, &
devint un cavalier fi parfait, qu'en moins
d'une année fes Officiers le jugerent capable d'occuper tel pofte que ce pût être ; ils
étoient fi bien convaincus de cette vérité,
qu'ils l'écrivirent au Comte de Salmony.

Ce tendre pere reçut ces nouvelles avec
une joie inexprimable ; & comme il avoit
des amis à la Cour, il obtint bientôt pour
fon fils l'agrément d'un régiment de cavalerie ; & fur le raport du Commandant des
Moufquetaires, Monfieur le Marquis de
Louvois leva tous les obftacles que la jeuneffe de Salmony pouvoir mettre à cette ac-
quifition ; l'affaire fut conclue, & il fut
reçu Meftre-de-Camp de cavalerie à Lille
en Flandres, où fon régiment étoit. Il ne
tarda pas à fe faire aimer & eftimer de tous
les Officiers & des cavaliers, fon mérite lui
faifant des amis de tous ceux qui le connoiffoient : cependant Ifabelle & Mariane
ne laiffoient partir aucun courrier fans lui
donner de leurs nouvelles, & ne paffoient
point de jours fans parler de lui.

Comme Mademoifelle de Meyrand com-

H 5

boit quelquefois dans une mélancolie
qu'elle avoit de la peine à vaincre ; Mariane mettoit en ufage tout ce que fon humeur agréable lui pouvoit fournir pour la
diffiper. Je ne comprends pas , lui dit-elle
un jour qu'elle étoit dans ces triftes momens , ce qui peut caufer l'état où je vous
vois ; mon frere vous eft fidele , vous en
recevez à tous momens des affurances ,
perfonne ne vous trouble l'un & l'autre
dans l'efpoir que vous avez d'être unis pour
jamais ; & pour comble de félicité , je fais
chaque jour près de vous le perfonnage
qu'il feroit s'il étoit ici.

Je fuis exactement ce qu'il m'a prefcrit
en partant ; car enfin , ma chere fœur , je
vous rends très-ponctuellement toutes les
careffes qu'il m'a faites pour vous , en me
difant adieu ; quoique je duffe être un peu
fâchée qu'il eût ainfi mêlé celles qu'il me devoit , avec celles qu'il n'ofoit vous faire.

Ifabelle ne put tenir contre la maniere
dont Mariane prononça ces paroles ; elle
en rit avec elle , & l'embraffant avec toutes
les marques d'une véritable amitié : J'a-
voue , lui dit-elle , que j'ai tout lieu d'être
contente ; & quand je n'aurois que la feule
fatisfaction de m'entretenir fans ceffe avec
une perfonne auffi charmante que vous , je
devrois me trouver heureufe ; cependant ,
ma chere Mariane , je ne le fuis point ;
l'abfence de Salmony commence à me paroître trop longue , plus le tems s'écoule &
moins je m'y accoutume. Le grand monde
qui vient ici , & l'empreffement que je re-

marque en plufieurs de ceux qui doivent
attirer ma confidération , m'inquiete &
m'importune ; il me femble même que
Madame de Meyrand me parle du Comte
avec une froideur qui ne lui eft pas ordinaire. Enfin , je fouhaiterois n'être qu'avec
vous , ne voir que vous , & que rien ne
vînt interrompre ni troubler le plaifir que
nous prenons à parler de Salmony , & de
rêver à lui. Mademoifelle de Meyrand avoit
un air fi touchant en s'expliquant ainfi , que
la fpirituelle Mariane vit bien que la raillerie feroit à contre-tems , & prenant un
ton plus férieux : Je fuis perfuadée , lui répondit-elle , que votre beauté & le defir de
votre alliance attirent ici ce qu'il y a de
gens confidérables dans la Province ; mais
je ne puis m'imaginer que la Comteffe foit
changée à l'égard de mon frere : les engagemens, qui fe forment entre les perfonnes
de notre condition , ne font point fujets
aux incidens que l'on voit parmi le vulgaire:
& j'ai trop bonne opinion de Madame de
Meyrand , pour croire qu'elle ait des vues
contraires à ce qu'elle doit à fa parole.

Quand cela feroit, reprit Ifabelle , elle
n'eft pas en pouvoir de retirer la mienne ,
& fi quelque chofe m'inquiete , ce n'eft pas
la crainte de fon autorité ; j'en connois l'é-
tendue , & les bornes que la nature lui a
prefcrites ; mais c'eft le chagrin que j'aurois d'en venir à des extrémités dont je ne
pourrois me difpenfer, fi fes fentimens n'é-
toient plus conformes aux miens.

Mademoifelle de Salmony , qui n'avoit

H 6

remarqué aucun changement dans la conduite de la Comtesse, s'efforça de rassurer son amie par toutes les raisons que son esprit lui put fournir en cette occasion ; mais comme les véritables passions rendent ceux qui en sont atteints plus clairvoyans que les autres, Isabelle ne pouvoit être déçue sur les moindres choses qui avoient du raport à la sienne. En effet, elle ne se trompoit point ; la Comtesse de Meyrand commençoit à se refroidir pour le Comte de Salmony ; & tandis qu'Isabelle en cherchoit la cause, elle songeoit aux moyens dont elle pourroit se servir pour rompre ses engagemens. La beauté d'Isabelle attiroit des villes circonvoisines toute la jeunesse de condition ; chacun d'eux témoignoit un égal empressement à lui faire la cour : mais celui qui paroissoit le plus attaché, étoit un jeune Magistrat nommé d'Hauterive, grand, bien fait, plein d'esprit, d'un mérite distingué, & très-estimé dans la Cour Souveraine, où il occupoit un poste considérable ; il étoit proche parent de Madame de Meyrand, & c'étoit sur lui qu'elle avoit jetté les yeux ; les grands biens qu'il possédoit le lui faisant croire un parti plus avantageux pour Isabelle, que le Comte de Salmony. D'Hauterive étoit véritablement amoureux de Mademoiselle de Meyrand ; mais comme il étoit parfaitement honnête homme, qu'il étoit intime ami de Salmony, & qu'il n'ignoroit pas qu'elle lui étoit promise, il ne voulut point se déclarer hautement, ne faisant parler que ses soins, son

affiduité & fes attentions , efpérant qu'Ifabelle , qui lui paroifloit trop jeune pour
avoir pris un attachement folide , pourroit
le préférer à celui qu'il croyoit que fa famille feule avoit choifi.

Le filence qu'il obfervoit empêchoit la
Comteffe de porter fes idées auffi loin
qu'elle l'eût fouhaité ; elle ne voyoit que
trop qu'il aimoit Ifabelle ; mais comme il
ne s'expliquoit point , elle craignoit de faire
une fauffe démarche en parlant pour lui ; la
préfence du vieux Comte de Salmony la retenoit encore ; il étoit prefque tous les jours
à Meyrand , paroiffant faire l'amour pour
fon fils , & comme Ifabelle le regardoit
déja comme fon pere , qu'elle lui commu-
niquoit toutes fes penfées , lui rendoit
compte de toutes fes actions , & même de
ce que fon amant lui écrivoit de plus fecret,
Madame de Meyrand n'ofoit lui faire part
de ce qu'elle avoit imaginé ; mais elle fe vit
bientôt délivrée de cette efpece de gêne ,
par la mort du vieux Comte. Il y avoit deux
ans que le jeune Salmony étoit abfent , &
fon pere le fachant en place de remplir glorieufement fes efpérances , avoit réfolu avec Ifabelle de lui faire avoir
un congé pour venir terminer fon mariage ,
lorfqu'il fut attaqué d'une violente maladie
qui l'emporta en très-peu de jours. Cette
perte fut des plus fenfibles à Mademoifelle
de Meyrand , non-feulement par l'eftime
particuliere qu'elle avoit pour lui , mais
encore par la douleur qu'elle caufa à la belle

Mariane , & à celle qu'elle prévoyoit bien
qu'elle donneroit au jeune Comte.

Il reçut cette nouvelle avec toutes les précautions que l'on put prendre pour l'adoucir ; mais il aimoit ce pere avec une trop
vive tendreffe ; & fa vie lui paroiffoit trop
néceffaire au bonheur de la fienne, pour
n'en être pas frapé jufqu'au fond du cœur :
il fe crut perdu ; fes craintes fur ce qui regardoit fon amour , s'étant jointes aux
mouvemens de la nature , rendirent fon
défefpoir fi violent, que fes amis eurent
toutes les peines du monde à le confoler. Il
écrivit fur le champ à Mademoifelle de
Meyrand , & fuivant les différentes penfées
qui s'offroient en foule à fon efprit , fa
lettre ne fut remplie que de douleur , d'a-
préhenfions , & de prieres ardentes de lui
être fidelle. Ifabelle fut très-touchée à la lecture de cette lettre ; il y en avoit une pour
Mademoifelle de Salmony , où le Comte
lui demandoit en grace de prendre la place
de fon pere , dans la famille de Mademoifelle de Meyrand , & de foutenir les intérêts de fon amour avec la même fermeté ;
l'une & l'autre lui répondirent d'une façon
à le raffurer. Ifabelle lui manda , qu'excepté
lui feul , elle eût donné tout ce qu'elle avoit
de plus cher pour prolonger les jours du
Comte ; mais qu'il ne devoit pas croire que
fa vie fût néceffaire , pour lui faire tenir la
parole qu'elle lui avoit donnée de n'être jamais qu'à lui : qu'elle lui avoit prouvé par
fon obéiffance aux ordres du Comte de
Meyrand , quoiqu'elle ne les eût reçus

qu'après sa mort, la vénération qu'elle conserveroit pour les dispositions du Comte de Salmony après la sienne.

Mariane lui tenoit un langage peu différent ; & toutes deux se servirent si bien du pouvoir de l'amour & de l'amitié, qu'il devint un peu plus tranquille ; mais ce repos ne dura pas long-tems. A peine un mois s'étoit écoulé depuis la mort du Comte, que d'Hauterive résolut de se déclarer ; & s'apercevant que Madame de Meyrand étoit fortement portée pour lui, par plusieurs traits qu'elle lui avoit lancés, il s'expliqua d'abord avec elle, & lui avoua qu'il n'y auroit jamais de bonheur pour lui sans la possession d'Isabelle.

La Comtesse, qui n'attendoit que cet aveu pour prendre de justes mesures, lui fit voir la joie qu'elle ressentoit de ce qu'il songeoit à cette alliance, & lui promit non-seulement son consentement, mais encore de ne rien épargner auprès d'Isabelle pour qu'elle obéît de bonne grace ; elle ajouta qu'elle ne doutoit pas qu'elle ne fît quelques difficultés ; mais que comme rien n'étoit plus persuasif qu'un aimable homme, c'étoit à lui à faire ensorte qu'elle le préférât à Salmony, & que pour elle, elle y emploieroit toute son autorité.

Sur cette assurance, d'Hauterive s'imagina qu'il n'y avoit point de difficultés qu'il ne pût vaincre ; & très-satisfait d'avoir la Comtesse dans son parti, il ne songea plus qu'à trouver l'occasion d'entretenir sans témoins Mademoiselle de Meyrand, ne vou-

lant pas faire fa déclaration en préfence de
la fœur du Comte , la bienféance exigeant
de lui cette confidération pour elle ; il n'é-
toit pas aifé d'y parvenir , ces deux belles
perfonnes ne fe féparant prefque jamais.
Dans le tems même de la maladie du
Comte , Mariane étant obligée d'aller à
Salmony pour lui donner les foins que la
nature demandoit d'elle , Ifabelle l'y avoit
accompagnée , & revint avec elle lorfqu'il
fallut l'arracher au trifte fpectacle des derniers foupirs de fon pere.

Ainfi d'Hauterive fut quelques jours fans
pouvoir réuffir dans fon deffein ; cependant
lorfqu'il s'y attendoit le moins , Mademoifelle de Salmony fut engagée par des
Dames de fes amies à une promenade dont
Ifabelle ne fe difpenfa que par une légere
indifpofition qui la contraignit de garder la
chambre. D'Hauterive profita de cette occafion ; & ayant prié la Comteffe de paffer
dans l'apartement de Mademoifelle de
Meyrand , & de permettre qu'il l'y accompagnât, elle y confentit.

Cette belle perfonne étoit dans fon cabinet , s'occupant à relire les lettres de Salmony, lorfqu'on la vint avertir de cette
vifite ; elle rentra auffi-tôt dans fa chambre
pour la recevoir ; elle étoit en deuil , & ce
lugubre ajuftement relevoit fi parfaitement
l'éclat de fa beauté , que d'Hauterive en fut
ébloui. Après les premieres civilités , & que
la converfation eut long-tems roulé fur des
matieres indifférentes, la Comteffe, feignant
quelques affaires , leur dit qu'elle les re-

viendroit joindre dans le moment , & sortit pour donner à d'Hauterive la liberté de s'expliquer.

Il ne laissa pas de se trouver embarrassé ; Isabelle avoit un air de pudeur répandu dans toute sa personne , qui imprimoit le respect ; & quoiqu'il n'eût rien à lui dire qui la pût choquer , la crainte de lui déplaire lui fit regarder son entreprise comme une témérité ; cependant encouragé par ce qu'avoit fait la Comtesse , & jugeant bien que cette occasion ne s'offriroit pas toujours , il résolut de s'en servir , & de commencer son discours par quelque chose qui lui fût agréable. Quoique Mademoiselle de Salmony , lui dit-il , mérite votre tendresse , je ne puis m'empêcher d'envier le bonheur dont elle jouit , en possédant un cœur comme le vôtre ; elle peut à toute heure vous voir & vous entretenir , vous communiquer ses pensées , & recueillir les vôtres : est-il une plus parfaite félicité ?

Isabelle , qui ne prévoyoit point qu'un discours de cette nature eût d'autre but que la galanterie qu'il paroissoit renfermer , y répondit avec franchise : Si la vue d'une amie , lui dit-elle , que l'on aime tendrement , peut faire cette félicité dont vous parlez , elle doit être toute de mon côté , puisque rien au monde n'est si aimable que Mademoiselle de Salmony , & que je ressens un plaisir extrême d'en être aimée.

Hé ! qui ne vous adoreroit pas , s'écria l'amoureux d'Hauterive ? est-il quelque homme sur la terre , qui ait des yeux & du

sentiment, qui ne se donne à vous pour
jamais, lorsqu'il vous connoîtra ? Pour
moi, charmante Isabelle, continua-t-il,
il n'est plus tems de vous déguiser l'ardeur
de ma passion ; je ne suis venu que pour
vous la déclarer, & vous offrir mon cœur,
ma foi, & tout ce que je possede : j'ai
gardé le silence tant que j'ai cru que Madame de Meyrand ne pouvoit rompre vos
engagemens avec honneur ; la mort du
Comte de Salmony vient de lui donner
cette liberté ; elle m'a permis de vous instruire de mon amour, ma recherche lui est
agréable, elle consent à mon bonheur ;
mais je ne veux point abuser de l'autorité
qu'elle peut avoir sur vous, c'est par mes
soins, mes complaisances & mes services
que je veux gagner votre cœur ; je m'étois
flatté que vous auriez dû voir il y a long-
tems que je ne vis & ne respire plus que
pour vous : mais votre cruelle indifférence
pour mes actions les plus passionnées, m'a
forcé de chercher l'occasion de vous aprendre un secret que mon respect me faisoit
souhaiter que vous pussiez deviner.

Mademoiselle de Meyrand avoit été si
surprise d'entendre parler d'Hauterive de
cette sorte, qu'elle le laissa continuer sans
pouvoir l'interrompre ; cependant s'étant
remise assez promptement : Je croyois, lui
répondit-elle avec un air rempli de fierté,
que je devois être exempte d'entendre de
semblables discours ; la situation où je suis
par mes engagemens m'avoit fait imaginer que, si l'on pouvoit sortir du respect

que l'on doit à une fille de mon âge & de
ma condition, on feroit au moins retenu
en me regardant comme une femme qui ne
peut & ne doit plus difpofer de fa main.

Mais, puifque vous me faites connoître
que je me fuis trompée, je vous eftime affez par votre mérite perfonnel, & par la
proximité qui eft entre mon ayeul & vous,
pour vous inftruire à mon tour de mes fentimens, & de ce que je fuis. C'eft par les
ordres de mon pere, que je fuis deftinée au
jeune Comte de Salmony, & c'eft par notre tendreffe mutuelle dès notre enfance,
que ce pere, attentif à me rendre heureufe,
a voulu nous lier par des nœuds indiffolubles ; le Comte m'a donné fa foi, il a reçu
la mienne, c'eft mon époux, je ne puis ni
ne veux en avoir d'autre. Madame de
Meyrand n'a fur moi qu'un pouvoir indi-
rect, elle eft en droit de me rapeller à mon
devoir, fi je m'opofois aux volontés de
mon pere ; mais fon autorité ne peut aller
jufqu'à m'y faire manquer. Ne vous abufez
point d'une fauffe efpérance ; la mort du
Comte de Salmony ne rompt point mes engagemens avec fon fils ; fi c'étoit au pere
que j'euffe été promife, je ferois libre ;
mais le fils eft vivant, & c'eft à lui que je
fuis, le confentement de la Comteffe nous
fera plaifir : cependant nous n'en avons pas
befoin pour fuivre les volontés de nos peres : elle n'eft point la maîtreffe de leurs paroles, elle n'en eft que la dépofitaire.

L'aveu qu'elle a donné à votre recherche
ne vous fert de rien, elle ne peut difpofer

de moi qu'en faveur du Comte de Salmony, & je ne changerai jamais ; ne vous étonnez pas de m'entendre dire fi librement les fentimens de mon cœur, je fuis familiarifée dès mon bas-âge avec l'aveu de ma tendreffe pour Salmony ; mon devoir eft d'accord avec elle , & je ne rougis point de déclarer ce que mon pere a aprouvé.

Je fais que vous êtes honnête homme, & que vous me faites honneur, & ce font ces confidérations qui me portent à vous parler fans détour ; vous me ferez plaifir de vous défifter de votre pourfuite, non que je la craigne ; mais, pour m'éviter des chagrins qui ne peuvent manquer d'altérer l'eftime que je veux toujours avoir pour vous ; je viens de vous la prouver par ma confiance, c'eft à vous à ne me pas forcer de vous ôter l'un & l'autre.

A ces mots , fans vouloir attendre fa réponfe , elle entra dans fon cabinet , & le laiffa dans un étonnement fi grand, qu'il paroiffoit plutôt une ftatue qu'un homme vivant ; tant de fermeté , tant de raifon & tant de réfolution dans un âge fi tendre , le remplirent d'une admiration dont il ne pouvoit revenir ; il fortit en cet état de l'apartement d'Ifabelle , & fe rendit dans celui de la Comteffe , qui reconnut aifément à fon air , qu'il n'étoit pas content de l'entretien qu'il venoit d'avoir.

Il fut long-tems fans pouvoir prononcer une parole, quelques queftions que lui fit la Comteffe ; enfin , contraint de lui répondre : Vous voyez, Madame , lui dit-il, l'homme du monde le plus confus ; Isabelle est un prodige ; & quoique je sente parfaitement que je ne dois rien espérer, elle vient d'augmenter mon amour d'une façon, qu'il n'est plus en mon pouvoir d'y mettre des bornes.

Alors il lui redit mot à mot leur conversation, & finit en assurant Madame de Meyrand que, s'il eût cru que cette admirable fille eût été si fortement engagée avec le Comte de Salmony, il auroit vaincu sa passion dès son commencement, mais qu'il n'étoit plus tems d'y penser. La Comtesse, qui s'étoit bien attendue à cette résistance, n'en parut que foiblement émue; & regardant le discours d'Isabelle plutôt comme l'effet de l'entêtement d'une jeune personne, que comme une résolution inébranlable, elle n'oublia rien pour raniher l'espoir dans le cœur de d'Hauterive, lui représentant que la persévérance venoit à bout des choses les plus difficiles, qu'il ne devoit pas se ralentir, qu'elle étoit résolue de lui donner Mademoiselle de Meyrand ; que véritablement son pouvoir sur elle ne s'étendoit pas à la contraindre de vive force, mais qu'elle feroit naître tant d'obstacles à son mariage avec Salmony, qu'elle lasseroit leur patience ; que d'ailleurs le Comte ayant goûté depuis deux ans les agrémens d'une vie bien différente de celle de la Province, elle ne doutoit pas que les plaisirs de la Cour & de la ville, joints à ses occupations militaires, n'apottassent quelque changement à son amour; qu'il

pouvoit déformais entretenir. Ifabelle du
fien en fa préfence ; qu'elle lui parleroit,
& lui feroit connoître que fon autorité avoit
plus d'étendue qu'elle ne penfoit.

Quoique d'Hauterive fût perfuadé, par
ce qu'il avoit entendu, que Mademoifelle
de Meyrand ne fe rendroit pas, & qu'il fût
convaincu par lui-même que l'amour qu'elle
avoit fait naître ne pouvoit plus s'éteindre, il eft fi naturel de fe flatter dans ce que
l'on fouhaite avec ardeur, qu'il entra dans
les fentimens de la Comteffe, en la conjurant cependant de n'ufer d'aucune rigueur
ni de nul artifice pour le favorifer ; qu'il ne
vouloit employer que fes foins & fes refpects pour vaincre fon rival, que les ftrata-
gêmes & la violence étoient indignes d'un
homme comme lui ; & qu'enfin il ne vouloit remporter le prix fur Salmony que par
des voies honorables & légitimes.

Madame de Meyrand avoit trop de vertu
pour condamner de pareils fentimens, elle
leur donna de grandes louanges, & lui promit de s'y conformer ; cependant, comme
d'Hauterive avoit réfolu de mettre en pratique, & d'agir avec Salmony d'une maniere auffi noble qu'extraordinaire, il ne
quitta la Comteffe que pour écrire à fon rival. Tandis qu'il cherchoit des termes pour
exprimer ce qui fe paffoit dans fon cœur,
Ifabelle épanchoit le fien avec la charmante
Marianne, qui rentra dans le château prefque au moment que d'Hauterive en fortoit.

Mademoifelle de Meyrand ne fe vit pas

plutôt feule avec elle, qu'elle lui rendît
compte de ce qui lui étoit arrivé, & de la
douleur où la mettoit cette aventure, par
les chagrins qu'elle prévoyoit que l'amour
de d'Hauterive alloit lui caufer ; la jeune
Salmony fut d'une furprife extrême à cette
nouvelle. Entre tous ceux qui venoient à
Meyrand, fon cœur libre de toute paffion
avoit donné la préférence à d'Hauterive ;
& fi elle eût été maîtreffe de fe choifir un
époux, lui feul auroit eu cet avantage ;
elle n'avoit point d'amour ; mais elle eût
fouhaité qu'il l'eût aimée ; & elle ne put
s'empêcher d'être piquée que, fachant les
engagemens d'Ifabelle, il n'eût pas plutôt
jetté les yeux fur elle qui n'en avoit point.

Ce mouvement de jaloufie s'étant joint
aux intérêts de fon frere, elle approuva la
réponfe de Mademoifelle de Meyrand, &
la confirma dans la réfolution de réfifter à
toutes les attaques qu'on alloit lui livrer ;
elle lui confeilla d'inftruire le Comte de ce
qui fe paffoit, afin qu'il prît fes mefures
pour venir détruire par fa préfence les efpérances de la Comteffe & de d'Hauterive. Ifabelle ne balança point, & mettant la main
à la plume, elle écrivit à Salmony la fituation des chofes, en lui réitérant les affurances de fa tendreffe & de fa fidélité, le
conjurant de faire enforte qu'elle pût avoir
la fatisfaction de lui prouver fa conftance
en préfence de fon rival.

Le Comte de Salmony reçut cette lettre
& celle de d'Hauterive par le même courrier
mais elles produifirent des effets bien différens

dans son ame ; l'amour l'emportant sur la
curiosité , il lut d'abord ce qu'Isabelle lui
mandoit ; & lui aprenant que d'Hauterive
étoit son rival , & qu'il étoit apuyé par la
Comtesse ; il ne pouvoit comprendre qu'il
se crût permis de lui écrire après l'avoir outragé par l'endroit le plus sensible : mais s'i-
maginant que peut-être avoit-il dessein de
disputer Isabelle par la voie des armes , il
ouvrit sa lettre avec la vivacité d'un amant
qui brûle de combattre. Quel fut son étonnement lorsqu'il la trouva conçue en ces
termes !

AU COMTE DE SALMONY.

Je souhaite que cette lettre prévienne celle
que je ne doute point que Mademoiselle de
Meyrand vous écrit ; afin que je sois le pre-
mier à vous aprendre les sujets de plaintes que
vous avez contre moi, la parfaite considéra-
tion que j'ai pour vous , & ce que je me dois à
moi-même , ne me permettant pas d'agir en
cette occasion comme les autres hommes : j'a-
dore Isabelle ; cet aveu va m'attirer votre
haine ; mais la suite vous fera connoître que
je mérite votre estime. Je pourrois alléguer
pour ma justification que j'ignorois la force de
vos engagemens , que l'on en voit tous les
jours former & rompre de semblables , c'est-
à-dire ; tels que je me les étois imaginés : mais
ce sont de foibles raisons pour un homme qui
sait les effets de la beauté de Mademoiselle de
Meyrand ; elle est telle que , quand j'aurois
été votre plus cher confident , quand même elle
eût

eût été votre femme , je n'aurois pu me défendre d'être votre rival : tout ce que ces considérations auroient pu faire , c'eût été de renfermer mon amour dans les bornes d'un silence
éternel ; la liberté dont j'ai cru qu'elle jouissoit , m'a seule porté à le rompre : je lui ai
déclaré ma flamme ; mais cette déclaration n'a
servi qu'à me faire connoître ma honte & votre
triomphe. On vous aime autant que vous aimez , on vous sera fidelle jusqu'à la mort , &
si je veux acquérir seulement de l'estime , ce
n'est qu'en cessant une recherche , que l'on regarde comme le plus sensible outrage ; voilà
le fruit que j'ai recueilli de ma témérité : cependant mon amour en a pris de nouvelles
forces. Je sais que je n'obtiendrai rien : votre
mérite & la fermeté d'Isabelle m'en assurent.

Malgré cela , je suis résolu de vous la disputer , mais par des voies que vous ne pourrez
vous-même condamner ; mes soins , mes attentions , mes respects & mon amitié pour vous
seront les seules armes dont je me servirai :
chacun de nous sort d'un sang qui nous met à
l'abri des soupçons qui attaqueroient la gloire
d'un autre ; ainsi , sans m'arrêter aux bonnes
intentions que Madame de Meyrand a pour
moi, sans me prévaloir de votre absence, & sans
rien tramer contre les intérêts de votre amour,
je ferai parler le mien, j'en rendrai les preuves les plus éclatantes qu'il me sera possible ,
& par la franchise & la générosité de mon
procédé , je vous contraindrai tous deux du
moins à me plaindre , si vous ne pouvez m'aimer.

D'HAUTERIVE.

Il ne m'eft pas facile de vous décrire les mouvemens dont le cœur du Comte fut agité à cette lecture : il fut long-tems fans pouvoir goûter le genre de combat que lui propofoit d'Hauterive ; il lui fembloit avec juftice qu'il avoit des droits fur Ifabelle qu'on ne devoit jamais lui contefter , & qu'il étoit dans l'obligation de les foutenir à la pointe de l'épée ; le feu d'une ardente jeuneffe & l'état qu'il avoit embraffé le fortifioient dans ces fentimens : mais lorfque fes premiers tranfports furent paffés , & qu'il réfléchit que d'Hauterive étoit un Magiftrat à qui la prudence étoit plus glorieufe que des extrêmités fanglantes , & qu'il étoit lui-même dans l'obligation d'obferver des loix qu'il ne pouvoit enfreindre fans perdre Ifabelle pour jamais , il fentoit diffiper le courroux qui s'étoit allumé dans fon ame.

Il relut la lettre de fon rival , & comme il le connoiffoit pour un des plus honnêtes hommes du monde , il ne douta point qu'il ne fît tout ce qu'il lui marquoit ; mais plus il lui favoit de mérite & d'honneur , plus il lui parut dangereux. Cette penfée fit fuccéder la trifteffe à la violence ; il ne pouvoit s'empêcher de fe trouver malheureux d'avoir un tel concurrent , & de fe voir dans la néceffité de recommencer la recherche d'Ifabelle , qui lui étoit acquife par un amour de tant d'années , & par la volonté de leurs peres ; il étoit bien affuré qu'à moins qu'elle ne changeât , Madame de Meyrand ne pouvoit la contraindre d'en épouser un autre que lui ; mais il n'ignoroit pas que, représentant le père & la mere d'Isabelle, il étoit impossible de faire son mariage sans son aveu ; ainsi dans l'incertitude où il se trouvoit, il n'imagina point d'autres moyens pour en sortir, que d'aller chercher aux pieds de Mademoiselle de Meyrand la confirmation de son bonheur, la ruine de son rival, ou la fin d'une vie qu'il ne pouvoit conserver sans être assuré de sa possession.

Après avoir pris cette résolution, il écrivit à Isabelle qu'elle le verroit peut-être aussi-tôt que sa lettre, & répondit à d'Hauterive de cette sorte.

LETTRE.

Si la possession de Mademoiselle de Meyrand n'étoit due qu'au mérite, votre bonheur & ma perte seroient indubitables : mais comme le nombre des années d'un amour pur & constant, joint aux volontés de nos peres, me tiennent lieu de l'avantage que mille belles qualités vous donnent sur moi, je me flatte de l'emporter sur vous : quoique l'amitié que vous voulez conserver soit incompatible avec la rivalité, si je ne puis vous rendre tout-à-fait la mienne, je vous promets que toutes mes démarches en auront le caractere, & que de quelque façon que vous vouliez disputer Isabelle, vous me trouverez toujours prêt à vous satisfaire.

LE COMTE DE SALMONY.

Ces dépêches étant faites, il ne songea
plus qu'à obtenir un congé de la Cour. La
mort de son pere, qui lui laiſſoit beaucoup
d'affaires à régler, étoit un prétexte plauſi-
ble, il s'en ſervit efficacement ; & l'on ne
crut pas devoir refuſer cette grace à un
homme qui, depuis deux ans qu'il étoit
dans le ſervice, ne s'étoit pas démenti un
ſeul inſtant dans les moindres choſes, que
le poſte qu'il occupoit avoit exigées de lui ;
ainſi, on le lui accorda ſans difficulté ; &
dans le même moment ayant pris la poſte,
il ſe rendit en Languedoc, où Mariane &
Iſabelle étoient les ſeules qui l'attendoient
ſi-tôt. Il fut d'abord à Salmony, d'où il envoya un exprès à Meyrand pour inſtruire la
Comteſſe de ſon retour, & lui demander la
permiſſion de la voir ; celui qu'il chargea
de ſa commiſſion étant un homme d'eſprit,
& en qui il avoit une entiere confiance, il
lui donna ordre d'entretenir Iſabelle, & de
bien remarquer l'effet que cette nouvelle
produiroit ſur l'une & ſur l'autre.

Madame de Meyrand en fut ſurpriſe, &
ne put ſe contraindre aſſez pour n'en pas
marquer quelque chagrin ; mais ne pouvant refuſer l'entrée de ſa maiſon à Salmony, elle répondit qu'il ſavoit bien qu'il
n'avoit pas beſoin de cette cérémonie pour
venir au château ; pour Iſabelle, elle reçut cet envoyé avec des témoignages d'une
joie ſi parfaite, qu'il ne put douter de celle
qu'elle reſſentiroit à la vue de ſon maître ;
la charmante Mariane n'en fit pas voir une
moins grande, & il fut retrouver le Comte,

très-satisfait de n'avoir à se plaindre que de l'accueil de la Comtesse.

Salmony s'y étoit attendu ; mais comme il ne prenoit de véritable intérêt qu'aux actions de Mademoiselle de Meyrand , le raport de son courrier lui rendit toutes ses espérances , persuadé qu'étant toujours aimé , il parviendroit à vaincre tous les autres obstacles ; & dès le même jour il se rendit à Meyrand. Il y fut reçu de la Comtesse avec une froideur pleine de civilité qui le glaça ; mais l'air tendre & passionné de Mademoiselle de Meyrand fut le ranimer de telle sorte , qu'il ne prit nulle précaution pour cacher l'excès de son amour & de sa joie.

Il la trouva si considérablement embellie , qu'il fut quelque tems à la contempler avec admiration : Isabelle en fit de même à son égard ; & ces deux années d'absence avoient aporté un changement si avantageux dans l'un & dans l'autre , qu'ils ne purent s'empêcher de se regarder comme les deux personnes du monde les plus accomplies ; & tandis que Salmony paroissoit s'embraser de nouveaux feux à la vue de tant de charmes , Isabelle laissoit voir dans ses yeux le plaisir qu'elle ressentoit d'être aimée d'un cavalier si parfait. Ces fideles amans enchantés l'un de l'autre se le dirent avec des expressions si vives & si touchantes , qu'ils furent persuadés , plus que jamais , que la mort seule pouvoit rompre les nœuds d'une si belle chaîne.

Quoique le Comte de Salmony eût paru

donner toute son attention à l'objet de son
amour , il ne fut pas insensible au plaisir de
voir sa charmante sœur avec une augmentation d'attraits capables d'attirer toute l'attention d'un autre que d'un frere & d'un
amant prévenu d'une violente passion : il fit
cependant supléer la galanterie aux sentimens qu'il ne pouvoit avoir pour elle , &
sa beauté lui fit recevoir des louanges que
les plus indifférens ne pouvoient lui refuser :
ils se firent mille tendres caresses ; & ces
trois personnes inspirées par l'amour & l'a-
mitié , & possédant toutes les qualités qui
peuvent rendre aimable , passerent ensemble de si doux momens , qu'ils en oublierent ce qu'ils avoient à craindre de contraire
à leur bonheur ; mais Mariane qui , sans
le savoir encore , prenoit un intérêt secret à
d'Hauterive , les en fit souvenir : ce fut
alors que le Comte de Salmony communiqua
la lettre qu'il en avoit reçue à Mademoiselle
de Meyrand , & la réponse qu'il lui avoit
faite : cette incomparable fille assura son
amant , que la douceur, les soins , & même
le respect qu'elle avoit pour la Comtesse
son ayeule , ne la contraindroient jamais à
lui manquer de foi : qu'elle le conjuroit de
ne la point offenser , en doutant de sa fermeté là-dessus ; & qu'il songeât seulement
à ne marquer aucun ressentiment à son rival ,
de vivre avec lui sans aigreur & sans emportement ; qu'il devoit être satisfait de se
voir aimé & préféré , sans chercher à s'assurer d'elle par des actions violentes , &
qui, loin de les unir, les pourroient séparer :

pour jamais ; & lui ayant fait donner la
parole qu'il n'en viendroit à nulle extrêmité
avec d Hauterive , ils prirent toutes les mesures qu'ils crurent nécessaires pour triompher des difficultés que l'on chercheroit à
leur susciter.

Comme cette conversation avoit été longue , & que la nuit s'aprochoit , le Comte
fut prendre congé de Madame de Meyrand ,
sans témoigner qu'il s'aperçût d'aucun changement en elle , & reprit le chemin de son
château , où il passa la nuit bien plus tranquille qu'il ne l'avoit espéré , par les tendres
assurances qu'Isabelle lui avoit données.

Le bruit de son retour s'étant répandu ,
toute la jeune noblesse circonvoisine vint le
voir , lui offrir ses services , & prendre
part à la perte qu'il avoit faite ; à peine
étoit-il débarrassé de la foule des compli-
mens qu'il fut obligé de faire & d'entendre, qu'il vit arriver d'Hauterive à cheval
sans aucune suite. Cette visite le surprit :
mais étant préparé à tout , il en attendit l'é-
vénement sans émotion.

D'Hauterive n'eut pas plutôt mis pied à
terre , qu'il vint au Comte les bras ouverts ,
& l'embrassa avec tous les témoignages
d'une véritable amitié. Le voici ce rival ,
lui dit-il , qui veut être votre ami malgré
vous , & qui vient s'y livrer avec une franchise digne d'un sort plus heureux : cette
façon d'agir avoit quelque chose de si noble ,
que le Comte crut de son devoir d'y répondre avec la même cordialité. Vous êtes bien
assuré , lui dit-il , qu'un procédé comme

le vôtre ne peut attirer qu'une extrême considération de ma part; j'y suis aussi sensible
que vous le pouvez souhaiter, & sur tout
autre motif que la possession d'Isabelle,
vous connoîtriez qu'il n'est rien au monde
que je ne fis gloire de vous céder.

Et moi, lui repliqua d'Hauterive en re-
culant quelques pas, & l'examinant avec
attention, je vous trouve si digne d'elle,
que si quelqu'autre osoit vous la disputer,
je serois capable d'entreprendre contre lui
tout ce que l'on peut attendre du plus cruel
ennemi; plaignez-moi, continua-t-il,
d'avoir de pareils sentimens, & de ne pouvoir vaincre une passion qui, sans doute,
vous en voile tout le prix. Non, lui répondit Salmony en lui prenant la main, & le
conduisant dans son apartement, non, je
crois présentement qu'ils ne font pas impos-
sibles à des cœurs généreux, puisque vous
commencez à me les inspirer.

A ces mots, s'étant assis avec la même
tranquillité que s'ils n'avoient rien eu à démêler ensemble, d'Hauterive lui raconta le
commencement & le peu de progrès de son
amour en des termes si touchans; & lui
peignit si bien l'état de son ame, dont l'espérance étoit entiérement bannie, que Salmony en fut attendri : mais faisant réflexion
que c'étoit à lui que d'Hauterive s'adressoit
pour se plaindre de sa destinée, il trouva la
chose si extraordinaire, que le regardant
en souriant : Est-il rien de plus étonnant,
lui dit-il, qu'étant votre rival, ayant une
peine extrême à vous regarder comme mon

ami, vous me forciez cependant à devenir
votre confident ?

Il le feroit encore davantage, lui répondit-il, fi j'étois le vôtre ; je ne vous parle
que de dédain, de mépris & d'indifférence,
cette confidence porte fa confolation avec
elle; mais de quels traits me perceriez-vous,
fi vous me redifiez ce qui s'eft paffé à votre
entrevûe avec Ifabelle ? que d'amour, que
d'ardeur & que de fermens de l'aimer toujours feroient étalés à mes yeux ! Ah ! mon
cher Salmony, écoutez mes plaintes,
puifqu'elles ne peuvent vous faire du mal,
mais cachez-moi votre félicité ; ne portez
pas la vengeance jufqu'à m'en rendre dépofitaire : je m'en trace un affez fidele tableau,
fans que vous vous empreffiez d'y rien
ajouter.

D'Hauterive prononça ces paroles d'un
air fi trifte, que le Comte le pria très-fé-
rieufement d'être affuré qu'il ne lui diroit
rien qui pût augmenter fon malheur, &
dès ce moment ayant changé de difcours,
ils firent treve l'un & l'autre au plaifir qu'ils
avoient de parler d'Ifabelle, pour ne s'entretenir que de chofes indifférentes ; Salmony le retint chez lui, il y paffa deux
jours, & dans ce peu de tems, il trouva
au Comte tant d'efprit & de mérite, qu'il
fut fortement convaincu que Mademoifelle
de Meyrand ne changeroit jamais.

Uranie étoit en cet endroit de fon difcours, lorfqu'elle pria la compagnie de lui
permettre de prendre un moment de relâche, ayant encore du tems à parler. Quoi-

que cette interruption ne fût pas longue ;
elle ne laiſſa pas de donner beaucoup d'impatience à cette ſpirituelle aſſemblée , qui
s'entretint avec plaiſir dans cet intervalle de
ce qu'elle venoit d'entendre.

Fin du cinquieme Tome.

TABLE
DES JOURNÉES
ET HISTOIRES

Contenues dans ce cinquieme Tome.

Fin de la Table.

LES
JOURNÉES
AMUSANTES,
DÉDIÉES AU ROI,

Par Madame DE GOMEZ.

HUITIEME ÉDITION,
revue & corrigée.

AVEC FIGURES.

TOME SIXIEME.

A AMSTERDAM,

PAR LA COMPAGNIE.

M. DCC. LXXVII.

LES
JOURNÉES
AMUSANTES.

Suite de l'histoire du Comte de Salmony &
d'Isabelle de Meyrand.

URANIE voyant que le silence re-commençoit , qu'on lui prêtoit une nouvelle attention , reprit ainsi la parole.

Le troisieme jour les deux rivaux parti-rent pour se rendre auprès d'Isabelle ; on fut assez surpris de les voir arriver ensem-ble , mais leur réception fut bien différente ; Isabelle ne fit à d'Hauterive que les civilités dont elle ne pouvoit se dispenser , & s'a-dressant à Salmony avec un air rempli de charmes , elle se plaignit obligeamment de ce qu'il avoit donné trop de tems à ses amis; le Comte s'excusa en amant , à qui cette occupation n'avoit fait qu'augmenter le de-sir de la voir. D'Hauterive , à qui cet entre-tien donnoit mille coups de poignard , les pria d'entrer dans l'apartement de la Com-

A 2

tesse; Salmony, qui se douta de son dessein ; donna la main à Isabelle, & par ses regards lui fit entendre que son sort alloit dépendre de l'arrêt qu'elle prononceroit. Ils ne furent pas plutôt entrés, que d'Hauterive adressant la parole à la Comtesse : Vous voyez, Madame, lui dit-il, deux amans, deux rivaux, qui, sans cesser d'être amis, vous demandent la permission de servir l'adorable Isabelle ; je sais qu'elle n'est pas nécessaire au Comte de Salmony, & que ses services ont été reçus il y a long-tems, je n'espere pas même l'emporter sur lui ; mais tel est mon sort, que je veux éprouver si une constance égale à celle de mon rival, un amour aussi violent que le sien, & une soumission pareille, ne pourront point la mettre dans l'embarras du choix. Quoique *je* puisse me dispenser, répondit le Comte, d'accepter cette concurrence, Isabelle m'étant promise dès son enfance, le respect que j'ai pour elle ne me permet pas de faire valoir mes droits au préjudice de sa volonté ; ainsi je déclare qu'elle est libre de choisir entre nous, & que sans lui reprocher des promesses autorisées par un pere, & des assurances réitérées d'une fidélité à toute épreuve, je subirai son arrêt sans murmurer, mais non pas sans mourir.

Vous faites tous deux beaucoup d'honneur à Isabelle, répondit Madame de Meyrand ; si elle étoit maîtresse de sa destinée, je ne doute point que l'égalité du mérite qui est entre vous ne la fît balancer ; il est vrai que feu son pere avoit eu quelque dessein

de l'unir au Comte de Salmony ; mais , s'il
eût vécu , peut-être auroit-il changé d'avis.
Isabelle a fait sagement de se conformer à
ses premieres intentions ; mais cette même
sagesse doit la porter à la soumission pour
ceux qui représentent le Comte de Meyrand ;
c'est à sa famille à lui choisir un époux ; les
personnes de sa condition & de la vôtre ne
sont pas nées pour suivre le penchant qui
les aveugle ; ainsi c'est à ses parens à décider
qui de vous deux doit l'emporter.

. Isabelle, qui vit bien que c'étoit se déclarer en faveur de d'Hauterive, les renvoyant
à la décision de sa famille, que Madame de
Meyrand avoit mise de son parti, n'hésita
point à s'oposer à cette condition ; & s'a-
dressant à la Comtesse avec un air rempli de
respect & de modestie, mais où l'assurance
de la justice de sa cause se faisoit remarquer.

. Je ne balancerai jamais, Madame, lui
dit-elle, à me conformer aux volontés de
ma famille, lorsqu'il ne s'agira que des choses où je n'aurai qu'un intérêt commun avec
elle : mais en cette occasion, je suis la seule
que regarde l'affaire dont il s'agit ; mon bonheur & mon repos en dépendent, il y va
même de ma vie, & ces motifs sont trop
pressans pour m'en raporter au jugement
d'un autre ; je ne rougis point de dire hautement que j'aime le Comte de Salmony,
cette tendresse est presque née avec moi,
& mon pere en a autorisé l'aveu, en me
commandant de le regarder comme mon
époux. C'est de votre bouche, Madame,
que j'ai reçu cet ordre, c'est par la vôtre

que j'ai écouté les protestations d'amour que
le Comte m'a faites, & que je lui ai déclaré
le mien. Mademoiselle de Salmony fut présente au commandement que vous m'en fîtes
de la part de mon pere, que vous nous dites
vous avoir expressément enjoint de conclure
notre mariage aussi-tôt que cela se pourroit,
qu'il en avoit donné sa parole au feu Comte
de Salmony, & qu'il avoit reçu la sienne.

Vous avez vous-même cimenté cette innocente flamme, en voulant que j'eusse pour
compagnie la sœur de mon amant, afin que
sa présence & ses discours me maintinssent
dans les sentimens que j'avois pour lui ; à
son départ vous lui réitérâtes la parole de
mon pere & la vôtre, & le sien vous assura
que celle qu'il avoit donnée, seroit inviolable : enfin vous avez regardé le Comte avec
des yeux de mere, tant que vous n'avez
point pensé à Monsieur d'Hauterive. Son
assiduité en ce lieu, & la proximité qui est
entre vous, vous a fait croire que vous
pouviez en sa faveur rompre des engagemens qui doivent être sacrés.

Si les personnes de notre condition ne
sont pas nées pour suivre leur penchant,
elles le sont encore moins pour violer leurs
paroles ; l'honneur, la probité & l'exactitude
doivent être les guides de toutes les actions
de gens comme nous ; nous devons l'exemple aux autres ; & j'ose vous assurer que
quand mon cœur ne seroit pas au Comte de
Salmony, ma foi ne seroit jamais qu'à lui,
d'abord qu'elle lui a été promise si solemn-
nellement. Jugez, Madame, si la plus vive

tendreſſe jointe à la néceſſité de tenir des
promeſſes tant de fois réitérées, me peut
permettre de m'en raporter à la déciſion de
perſonnes dont l'aveu ne m'eſt pas néceſſaire; le Comte doit être mon époux, je n'en
aurai jamais d'autre; & quoi que l'on puiſſe
faire, on n'ébranlera point une conſtante
fondée ſur l'inclination & le devoir.

Une réponſe ſi préciſe piqua vivement
Madame de Meyrand; elle ſe préparoit à y
répartir avec aigreur, lorſque d'Hauterive,
qui s'en aperçut, prit la parole pour l'en
empêcher: il n'y a rien, dit-il, dans le diſcours de la divine Iſabelle, qui ne ſoit juſte,
& ſelon les loix de la plus ſévere ſageſſe: je
n'y trouve que trop de vérité pour mon malheur; & malgré le déſeſpoir qu'il me cauſe,
je ſuis forcé de convenir qu'elle ſeroit moins
eſtimable, ſi elle penſoit autrement.

Je ne demande point qu'elle ſoit contrainte dans ſon choix; je n'exige point que
ſa famille prononce en ma faveur; tout ce
que je deſire, eſt de l'aimer, & de pouvoir
le lui dire aſſez de tems pour être perſuadé
que rien n'eſt capable de la faire changer.

Vous aurez tout celui que vous jugerez
néceſſaire, lui répondit la Comteſſe; & je
déclare ici que ſi Mademoiſelle de Meyrand
ne veut point être à vous, elle n'épouſera le
Comte de Salmony que quand vous le voudrez: à ces mots elle ſe leva, & entrant dans
ſon cabinet, elle les laiſſa en liberté de ſe
plaindre ou de ſe louer d'elle.

Ce ſera une ſemblable conſolation pour
vous, dit alors Iſabelle à d'Hauterive, que

A 4

de prolonger le tems de notre bonheur,
puifque vous le verrez employer à nous répéter mille fois le jour les affurances de notre fidélité. Quoique le Comte de Salmony
eût bien voulu ne pas donner tant de fujets
de douleur à fon rival, il ne put être le maître des tranfports de fa joie ; & la Comteffe
ne fe fut pas plutôt retirée, qu'il fe jetta aux
pieds de Mademoifelle de Meyrand, & lui
prenant les mains qu'il baifoit avec ardeur,
il la remercia de s'être déclarée pour lui
d'une maniere fi paffionnée, qu'il fembloit
avoir douté de fon bonheur jufqu'à ce moment.

D'Hauterive les regardoit les bras croifés, l'œil trifte, le vifage abattu, & l'ame
dans une fituation fi douloureufe, que la
belle Mariane qui l'examinoit en fut touchée ; mais ne voulant pas qu'il s'en aperçût, & fon tempérament enjoué ne s'accordant point avec une pareille mélancolie, cherchant cependant à le tirer de l'état
où il étoit, elle fut embraffer Ifabelle, qui
répondoit à Salmony avec autant de tendreffe qu'il lui en témoignoit: il faut, lui
dit Mariane en riant, que je vous remercie
à mon tour, puifque je fuis prefque auffi
intéreffée à tout ceci que mon frere. Cette
action fit lever les yeux au Comte, & les
ayant jettés par hazard fur d'Hauterive, il
le vit comme un homme prêt à mourir :
cet objet le fit fouvenir qu'il avoit été le
fpectateur des marques d'amour qu'il venoit
de donner & de recevoir ; & s'étant promptement relevé, il courut à lui, & le preffant

dans fes bras : Mon cher & généreux rival,
lui dit-il, pardonnez à un amant à qui l'excès de fon bonheur vient de faire oublier
toute la nature.

Il faut bien que je vous pardonne, lui
répondit-il, puifque je me fuis oublié moi-
même à ce cruel fpectacle : épargnez-vous
les, lui dit Ifabelle en s'aprochant de lui,
défiftez-vous d'une pourfuite qui ne peut
vous donner que du chagrin : contentez-
vous de la plus parfaite amitié ; & puifque
vous avez affez de vertu pour aimer vôtre
rival, ayez affez de courage pour triompher
d'un amour malheureux.

Les paffions que vous faites naître, Madame, lui dit-il, ne s'éteignent pas fi facilement ; & la mienne eft d'un caractere
plus capable de me faire mourir, que de fe
ralentir un moment ; cependant je la ren-
fermerai déformais dans des bornes fi étroites, qu'elle ne troublera que foiblement la
félicité dont vous jouiffez tous deux. En
achevant ces mots, il la falua profondément, & fans vouloir permettre que Salmony
l'accompagnât, il monta à cheval au même
inftant, & fortit de Meyrand dans un état
qui toucha fenfiblement Ifabelle & le
Comte.

Mais comme la douleur d'un rival ne fait
qu'augmenter le bonheur de l'amant aimé,
de quelque générofité que l'on fe pique,
Salmony ne fit réflexion à celle de d'Hauterive, qu'autant qu'il le falloit pour montrer
la nobleffe de fes fentimens ; & ceux de fon
amour reprenant leur empire, il paffa le

refte de cette journée dans une fatisfaction
que lui feul pouvoit exprimer.

Madame de Meyrand n'en avoit pas une
femblable ; la fermeté d'Ifabelle lui avoit extrêmement déplu, & fans la crainte de faire
un éclat, elle auroit prié le Comte dès ce
moment de ceffer de la voir ; mais comme
elle avoit un efprit infini, & que fa feule
tendreffe pour d'Hauterive l'aveugloit, elle
jugea qu'elle ne pouvoit faire un compliment fi défagréable à Salmony, fans s'attirer
les reproches de tout le monde : ce qui la
confoloit un peu, étoit que le congé qu'il
avoit de la Cour, n'étoit pas pour long-
tems ; & l'efpoir de réuffir dans fes deffeins
pendant fon abfence, la fit réfoudre à le
laiffer jouir du préfent.

C'eft à quoi ces tendres amans s'occupoient tous les jours : d'Hauterive s'y trouvoit quelquefois ; mais il obfervoit une conduite fi fage, & ne parloit de fon amour
qu'avec une fi grande retenue, qu'il s'en
falloit peu qu'il n'accoutumât le Comte &
Ifabelle à l'entendre & à lui répondre ; &
fouvent il fe faifoit entr'eux des converfations fi touchantes & fi remplies de confiance de part & d'autre, qu'on eût dit qu'ils
s'entretenoient plutôt des affaires d'un autre
que des leurs.

L'aimable Mariane, qui étoit préfente à
tout, admiroit en fecret cette parfaite intelligence ; mais l'état de d'Hauterive lui
infpiroit une pitié qu'elle ne put s'empêcher
de faire connoître à Ifabelle. Un jour qu'elles n'étoient qu'avec le Comte de Salmony :

en vérité, leur dit-elle, d'Hauterive est bien à plaindre ; & il faut avouer qu'avec les belles qualités qu'il possede & la noblesse de son procédé, il mériteroit d'être plus heureux.

Hé quoi ! ma sœur, lui répondit le Comte, voudriez-vous que ce fût aux dépens de ma vie, & l'infortune de mon rival vous deviendra-t-elle plus sensible que mon bonheur ? Non sans doute, lui repliqua-t-elle ; & si je fais des vœux pour lui, ils ne sont point contraires à votre satisfaction : mais comment, lui dit-il, le pouvez-vous souhaiter heureux, sans desirer ma perte ? Je voudrois, répondit-elle avec vivacité, qu'il cessât d'aimer Isabelle, & que quelqu'autre lui inspirât une passion semblable : à peine eut-elle achevé ces mots, que son visage se couvrit d'une rougeur qui ne put échaper à la pénétration d'Isabelle ; elle se rapella mille choses dans ce moment, qui lui découvrirent que cette charmante fille s'intéressoit à d'Hauterive plus qu'elle ne le pensoit elle-même ; & la regardant fixement : Personne au monde, lui dit-elle, n'est plus capable que vous, ma chere Mariane, de lui donner de pareils sentimens ; & je suis très-assurée que s'il savoit la moindre partie des vôtres, ceux qu'il a pour moi s'évanouiroient bientôt.

Parce que j'ai rougi ; lui repliqua en riant Mademoiselle de Salmony, vous croyez lire dans mon cœur des choses qui n'y sont pas ; mais je vous proteste que c'est l'effet involontaire de la seule modestie, en m'exc

pliquant si librement , & que je ne sens rien
pour lui de ce que je remarque entre mon
frere & vous : cependant je crois que vous
ne me blâmerez pas , lorsque je vous avoue-
rai que son mérite me le fait estimer plus
qu'un autre.

Non , sans doute , s'écria le Comte ; &
je croirois ma félicité au comble de sa perfection , si vous pouviez devenir l'objet de
ses soins. Cette conversation ne fut pas la
seule qu'ils eurent sur ce sujet ; ils la repri-
rent souvent ; & la belle Mariane s'étant
insensiblement accoutumée à les entendre
souhaiter qu'elle fût aimée de d'Hauterive
comme ils s'aimoient, elle parvint à le souhaiter aussi : mais comme son enjouement
ne retranchoit rien de sa vertu, elle ne lui
en fit jamais rien connoître , & toutes ses
pensées là-dessus ne furent mises au jour
qu'entre son frere & Isabelle, pour lesquels
son amitié & la franchise de son caractere
ne lui permettoient pas de leur déguiser les
secrets de son cœur.

Cependant le tems du départ de Salmony
s'aprochoit & commençoit à troubler de si
doux momens; la Comtesse le voyoit arriver
avec joie , d'Hauterive sans espérance , &
les deux amans avec une douleur sensible ;
mais la fortune leur en préparoit une bien
plus terrible, & une seule nuit mit un changement funeste aux projets des uns & des
autres.

Un nommé Gasé , né à Marseille , qui
avoit été domestique du Comte de Mey-
randi, ayant été fait esclave par un cor-

faite d'Alger, du vivant du même Comte, ne pouvant fuporter la rigueur de fa captivité, renonça à la religion chrétienne pour embraffer la mahométane ; cette apoftafie l'ayant rendu cher à fon Patron, il devint fon protecteur & fon ami, de fon maître qu'il étoit auparavant ; & l'ayant mis fur un de fes vaiffeaux corfaires, il fit des cour- fes fi heureufes, & trouva le moyen de s'enrichir fi bien, qu'en peu d'années il fut en état d'armer pour fon compte.

Sa premiere courfe fut fur les côtes de la Provence & du Languedoc, il en avoit une parfaite connoiffance, & la magnificence du château de Meyrand, dans lequel il avoit été long-tems nourri, s'étant repré- fentée à fon efprit, il ne douta point qu'il n'y fît un butin confidérable, s'il pouvoit y aborder ; & fe fortifiant dans ce deffein par la facilité qu'il trouvoit à l'entreprendre, il aborda la côte dans la nuit, à une demi- lieue au-deffus de Meyrand, & prenant avec lui cinquante hommes bien armés, il les conduifit par une gorge qui defcend dans les avenues du château ; & ayant pofté des corps-de-garde dans tous les endroits dont il craignoit quelque furprife, il s'avança à la grande porte, y attacha un petard, la fit fauter, & entra dans la cour avec fes gens le fabre à la main, en criant tue, tue.

Le calme y régnoit, chacun y étoit plongé dans un fi profond fommeil, lorfque ce bruit terrible y réveilla tout le monde avec un effroi qui fe peut facilement concevoir ; il n'y avoit point d'hommes capables de faire aucune défense, n'étant que des domestiques ; ils se rendirent tous auprès de Madame de Meyrand, Isabelle & Mariane s'y rangerent aussi, ne sachant encore ce qui pouvoit causer cette alarme ; mais elles en furent bien vîte instruites en voyant entrer des Turcs dans leur apartement. A cette vue ces femmes désolées & éperdues pousserent des cris horribles ; mais leurs larmes & leurs plaintes ne servirent de rien : la Comtesse, Isabelle, Mariane & quinze domestiques furent à l'instant enchaînés & renfermés ; après quoi ces scélérats pillerent tout ce qu'il y avoit de richesses dans le château, dont ils chargerent les chevaux qu'ils trouverent aux écuries ; & ayant pris leurs esclaves, ils coururent avec leur butin pour se rembarquer.

Cependant un berger de Meyrand, qui avoit parqué son troupeau sur la hauteur, avoit bien vu le soir précédent le vaisseau corsaire qui rôdoit sur la côte ; les sentinelles s'en étoient aperçues aussi, & les uns & les autres l'avoient pris pour une barque de pêcheurs : mais au bruit du petard, aux cris & aux clameurs qui se faisoient dans le château, le berger comprit une partie de la vérité ; & sans perdre le tems, il se rendit à Salmony, où faisant éveiller le Comte, il l'instruisit de ses soupçons sur le malheur de ses maîtresses.

Quelle nouvelle pour un amant si tendre ! il ne s'amusa point à pousser d'inutiles plaintes ! mais faisant armer tous ses gens, & montant promptement à cheval, il courut ; ou plutôt il vola droit à la place où il jugea que les corsaires pouvoient être descendus ; il arriva au moment que ces traîtres levoient l'ancre. Jamais désespoir ne fut plus violent que le sien à ce cruel spectacle: cependant , voyant qu'ils étoient encore assez proches pour l'entendre , l'éclat des voix qui frapoient son oreille lui donnant lieu de le croire, il cria qu'on rendît les esclaves, & que l'on payeroit telle rançon que l'on voudroit.

Mais, pour toute réponse, on fit sur sa troupe une décharge de mousqueterie, dont deux de ses gens furent tués , & lui-même reçut un coup de mousquet dont la balle lui perça la joue en biaisant, qui le fit tomber de cheval sans nul sentiment ; Mariane & Isabelle , qui étoient encore sur le pont du vaisseau , & qui l'avoient reconnu , le jour commençant à paroître , le crurent mort ; ce qui leur fit redoubler leurs cris d'une manière si pitoyable , que tous autres que ces barbares en auroient été touchés ; mais ces ames inflexibles n'y faisant pas même attention , mirent à la voile, & cinglerent sur les côtes d'Afrique.

Les gens du Comte de Salmony voyant qu'il n'y avoit point de remede à ce malheur , ne songerent qu'à lui donner du secours ; & l'ayant porté au château de Meyrand ; les chirurgiens furent apellés ; ils mirent le premier apareil à sa blessure , sur laquelle ils ne purent encore asseoir un jugement certain; ils eurent une peine extrême à le tirer de son évanouissement ; mais enfin

ayant repris ſes ſens , la perte qu'il venoit
de faire s'étant offerte à ſes yeux , environnée de toute ſon horreur , il tomba dans
des tranſports de douleur ſi violens , que
l'on craignit qu'ils ne fuſſent beaucoup plus
préjudiciables à ſa vie , que le coup qu'il
avoit reçu , quoiqu'il fût très-conſidérable.

Les chirurgiens lui repréſentoient en vain
qu'il falloit obſerver le ſilence ; ſes plaintes,
ſes gémiſſemens & ſon déſeſpoir n'avoient
point de bornes ; & , malgré leurs défenſes ,
il fit toutes les actions d'un homme qui ne
cherche qu'à mourir. Cette funeſte nouvelle s'étant répandue dans les villes cir-
convoiſines , il n'y eut perſonne parmi la
nobleſſe qui ne s'empreſſât de venir voir &
plaindre le Comte.

Mais celui dont l'amitié ſe diſtingua le
plus , fut d'Hauterive qui y vint des premiers , qui ne le quittoit ni jour ni nuit ,
& qui lui donnoit de ſa main tout ce qui
pouvoit contribuer à ſon rétabliſſement ;
ce procédé lui attira l'eſtime & la conſidé-
ration de tout le monde : Salmony en fut
pénétré de reconnoiſſance , & la lui témoignoit par ſa complaiſance à recevoir les
remedes qu'il lui préſentoit : d'Hauterive
ayant pris ſur lui cet empire , de l'obliger à
ne rien négliger pour reprendre ſa ſanté.

Il faut vivre , lui diſoit-il , mon cher Salmony , pour aller délivrer Iſabelle ; c'eſt
elle qui vous l'ordonne par ma bouche ; il
faut vivre pour voir couronner votre amour
par un heureux hymen , & enfin , il faut vivre pour connoître les ſentimens du malheureux d'Hauterive.

Vous me flattez, lui répondit Salmony d'une voix mourante, d'un espoir qui ne m'est plus permis; mais si ma vie est né-cessaire pour vous prouver ma reconnoif-sance, faites de moi tout ce que vous voudrez. C'est ainsi que ces deux rivaux se marquoient réciproquement des sentimens dont la nouveauté étonnoit & charmoit ceux qui en étoient témoins : la blessure du Comte n'ayant pas été jugée mortelle à la levée du premier apareil, d'Hauterive le conjura de ne se point abattre, & de vou-loir concourir lui-même à sa guérison; mais le tourment de son esprit, & l'agitation qu'il s'étoit donnée, la rendirent plus lon-gue qu'on ne l'avoit crue.

Cependant, quand d'Hauterive le vit plus tranquille & capable d'entrer dans ses desseins, il ne voulut pas tarder à lui com-muniquer celui qu'il avoit formé; & un jour qu'il lui parut beaucoup mieux, s'é-tant assis au chevet de son lit : Comme vous n'êtes pas en état d'agir, lui dit-il, mon cher Comte, & que, selon les apa-rences, vous ne pouvez y être de long-tems, j'ai résolu de travailler à la délivrance d'I-sabelle ; pour y parvenir, j'ai écrit en Cour pour obtenir la permission de sortir du Royaume sous prétexte de voyager, & j'ai pris de justes mesures à Marseille, afin de faire venir un passe-port d'Alger pour ma suite & pour moi ; j'ai réglé mes affaires, de façon que je me suis mis en situation de racheter Madame & Mademoiselle de Meyrand, avec votre charmante sœur, &

tous les captifs que les corsaires ont faits ici.

J'aurois bien souhaité de vous avoir pour compagnon ; mais, comme cela est impossible par toutes sortes de raisons, il faut vous résoudre à me voir partir aussi-tôt que j'aurai reçu des nouvelles de la Cour ; soyez persuadé que je ne me prévaudrai jamais du service que je vais rendre à Isabelle ; & que si je parviens à la délivrer, je ne lui parlerai point de ma passion, que je ne vous l'aie rendue, & mise en état de suivre toujours son inclination ; je me flatte que tout ce que j'ai fait jusqu'ici, vous a donné assez bonne opinion de moi, pour ajouter foi à ma parole.

Le Comte fut si charmé de la résolution de d'Hauterive, & l'espérance de revoir Isabelle se renouvella si fortement dans son cœur, qu'il oublia que c'étoit à son rival qu'il en auroit l'obligation ; & ne le regardant en cette occasion que comme le plus cher de ses amis, il lui rendit mille grâces d'avoir formé cette entreprise, & le pressa vivement de l'exécuter ; ainsi le congé de la Cour étant arrivé, le généreux d'Hauterive partit sans faire d'adieux qu'au seul Comte de Salmony ; ils s'embrassèrent tendrement, & le Comte lui serrant la main : J'aurois mille choses à vous dire, ajouta-t-il ; mais je ne puis me résoudre à abuser des preuves de votre amitié. Je vous entends, lui répondit d'Hauterive, & si vous craignez d'exiger trop du plus malheureux de tous les hommes, vous devez tout attendre de celui qui vous estime le plus ; alors s'étant encore embraffés , d'Hauterive partit , & fe rendit à Marfeille, où il attendit long-tems fon paffe-port : on lui dit qu'il y avoit un Juif à Livourne , à qui la régence d'Alger confioit des paffe-ports en blanc , & que ce Juif les rempliffoit , & affuroit tout ce que l'on vouloit tranfporter fur la côte d'Afrique.

Cette découverte lui fit prendre le parti de s'embarquer pour aller à cet homme ; il arriva en peu de jours à Livourne , & fe rendit chez le Juif nommé Sacerdoty pour qui il avoit de fortes recommandations ; il en fut bien reçu , & Sacerdoty, ayant apris qui il étoit , & le fujet de fon voyage à Alger , il accepta tout ce que la généfité d'Hauterive lui offrit , & promit de le fervir puiffamment dans fon entreprife, quoique l'Algérien fût en guerre avec la France ; & pour commencer à lui en donner des preuves , il lui livra un paffe - port tel qu'il le fouhaitoit , & le chargea de plufieurs lettres pour la régence & pour fes correfpondans à Alger. Comme il y avoit un vaiffeau marchand qui devoit partir pour cette ville au premier bon vent , d'Hauterive s'y embarqua.

Mais tandis que ces chofes fe paffoient du côté des amans d'Ifabelle , il lui en arrivoit qui n'étoient pas moins intéreffantes , & beaucoup plus fâcheufes ; le perfide Gafe, qui connoiffoit toute cette illuftre famille , voulant conferver quelque efpece de confidération pour elle , n'avoit point féparé Ifabelle & Mariane de Madame de Meyrand,

& les traitoit avec plus de respect qu'elles
n'en attendoient d'un homme de cette sorte;
mais ce qu'il en faisoit, étoit bien moins
pour leur rendre ce qu'il leur devoit, que
pour son intérêt, la douleur de ces Dames,
étant si violente, qu'il craignit que quelque
accident ne le privât d'en recevoir le prix
qu'il espéroit les vendre à Alger.

Il est impossible d'exprimer l'état d'Isabelle & de Mariane, lorsque, pour comble
de malheur, elles crurent que le Comte de
Salmony avoit été tué; leurs larmes & leurs
plaintes perçoient le cœur de Madame de
Meyrand; & comme leur commune infortune les avoit réunies, la Comtesse leur
marquoit un désespoir peu différent du leur,
elle embrassoit Isabelle & Mariane, en leur
disant les choses du monde les plus touchantes: C'est moi, leur répétoit-elle à chaque instant, qui suis la seule cause de vos
malheurs: c'est une punition du ciel, de ce
que j'ai voulu vous arracher au Comte: ma
chere Isabelle, continuoit-elle, si le repentir que j'en ai peut vous aporter quelque
consolation, soyez-en assurée: peut-être
n'est-il point mort; & s'il vit, je ne doute
point que votre esclavage ne finisse bientôt;
soyez à lui, n'aimez que lui; & lorsque
vous serez ensemble, employez le pouvoir
que vous avez sur lui l'une & l'autre, pour
lui faire oublier mon injustice, & me pro-
mettez de l'oublier vous-mêmes: je n'aurai
pas la satisfaction de vous unir: je sens que
je ne puis résister à cette cruelle aventure,
& que la mort va me séparer de vous; je

n'ai point d'autre regret en quittant la vie, que celui d'imaginer que j'ai attiré le malheur où je vous laiffe.

Ces paroles étoient accompagnées de careffes fi tendres, que Mademoifelle de Meyrand & la charmante Mariane firent treve un moment à la jufte douleur dont elles étoient atteintes, pour chercher à détourner la Comteffe de ces funeftes penfées ; Ifabelle & Mademoifelle de Salmony étoient à fes genoux lui tenant chacune une main, qu'elles arrofoient de leurs larmes, en la conjurant de ne pas redoubler leur affliction en les menaçant de la perdre ; que leur vie étoit attachée à la fienne, & qu'elles n'envifageoient rien de plus terrible pour elles que d'en être féparées.

Ifabelle ajoutoit à ce difcours les plus ardentes prieres de lui pardonner, fi elle lui avoit parlé au fujet du Comte, avec moins de foumiffion qu'elle ne le devoit ; qu'elle étoit la feule fur qui le courroux du ciel devoit tomber, puifqu'elle fe fentoit coupable de n'avoir pas affez bien accordé fon refpect pour elle, avec la fidélité qu'elle fe croyoit obligée de garder au Comte ; qu'elle venoit d'être caufe de fa mort, qu'elle fe la reprocheroit comme un crime, & qu'elle la fupplioit de ne la pas rendre encore complice de la fienne, puifqu'il étoit certain qu'elle ne lui feroit caufée que par la douleur que lui donnoit leur captivité.

De pareils fentimens de part & d'autre ne pouvoient qu'augmenter la rigueur de leur fort ; plus elles étoient unies, & plus elles

plaignoient leur deſtinée ; Madame de Meyrand n'étoit plus d'un âge & d'une com-
plexion aſſez robuſte pour ſoutenir un ſemblable revers ; ſon premier ſaiſiſſement, à la
deſcente des Turcs dans le château , avoit
été mortel, & les réflexions qu'elle fit enſuite, acheverent de lui coûter la vie ; elle
s'affoibliſſoit à vue d'œil ; & malgré les ſoins
empreſſés d'Iſabelle & de Mariane , cette
Dame vit arriver ſes derniers momens avec
une fermeté qui n'étoit ébranlée que par
l'image horrible qu'elle ſe formoit des périls où la beauté de ces deux incomparables
perſonnes les alloit expoſer. Le corſaire
Gaſe étant averti qu'elle ſe mouroit, y mena
des gens habiles pour lui donner quelque
ſecours ; mais il n'étoit plus tems. La Comteſſe, qui n'avoit point encore enviſagé ſon
raviſſeur , ne l'eut pas plutôt regardé avec
attention, qu'elle le reconnut toute mourante qu'elle étoit.

Quoi ! dit-elle, en levant les yeux & les
mains au ciel, c'eſt par un homme élevé &
nourri dans ma maiſon que mes filles & moi
ſommes captives ? Traître, continua-t-elle ,
que ne te contentois-tu d'aſſouvir ton avarice en prenant tout ce que nous avions de
plus précieux , ſans donner des chaînes à
celles qui t'ont donné du pain ; cette idée la
toucha ſi vivement, qu'elle lui ôta le reſte
de ſes forces, qu'elle n'employa qu'à conſoler Meſdemoiſelles de Meyrand & de Salmony, & à prier le Tout-Puiſſant avec ferveur de les tirer du danger où elles étoient ,
& elle expira dans leurs bras, les laiſſant dans
un état peu différent du ſien.

Mais comme la providence les réservoit pour être l'ornement de leur sexe, elle leur donna malgré elle la force de résister à ce nouveau malheur, elles répandirent un torrent de larmes, elles se désespérerent, & donnerent des marques sensibles de la tendresse & de la reconnoissance qu'elles devoient à la Comtesse. Cependant le corsaire s'avançoit à Alger avec sa proie; &, sans être troublé par les remords de l'énormité de son attentat, il poursuivit sa route, & ne fut pas plutôt arrivé dans cette ville, qu'il exposa en vente ses deux belles esclaves. Un jeune Turc nommé Zélim, fils d'un renégat de Provence, car les pays mahométans sont remplis de gens de cette Province, & il y est ordinaire d'entendre dire aux enfans, lorsque leurs parens les châtient, qu'ils iront se faire Tucs, & c'est à quoi ils ne manquent jamais.

Le Turc Zélim trouva donc tant de charmes dans les captives de Gafe, qu'il les acheta toutes deux au prix que ce perfide les avoit mises; l'argent compté, il les mena dans une maison qu'il avoit sur le penchant de la côte, que son pere avoit fait bâtir à la moderne, avec des jardins magnifiques qui venoient jusques sur le port; leur bonheur voulut que Zélim, qui étoit plus humain que ne le sont ceux de sa nation, se sentit touché des larmes qu'elles répandoient, & que, jugeant à leur air qu'elles étoient d'une condition relevée, il les traita avec douceur, & conserva toujours pour elles un grand respect; comme il espéroit en tirer une rançon considérable, il leur permit d'écrire à leurs parens, prit les lettres, & les envoya à Livourne au même Juif Sacerdoty, auquel d'Hauterive s'étoit adressé.

Mesdemoiselles de Meyrand & de Salmony crurent par ses manieres que leur esclavage n'auroit rien de fâcheux que le tems qu'il falloit pour les en tirer ; cette pensée adoucit un peu l'excès de leur douleur ; mais celle d'ignorer si le Comte vivoit, n'avoit point de relâche, & tiroit sans cesse des larmes de leurs yeux ; il y avoit même des momens où Isabelle souhaitoit rester esclave si Salmony étoit mort, ne se souciant pas même de la liberté après une telle perte ; mais elle changea bien de sentimens quelques jours après.

Le Turc Zélim ne put voir si souvent tant de charmes sans y laisser prendre son cœur ; & Isabelle lui fit porter des chaînes qu'il trouva plus pesantes que les siennes ; avant que de lui déclarer sa passion, il voulut la lui faire connoître par ses attentions. Comme il avoit remarqué l'extrême amitié qui étoit entre Mariane & elle, il leur avoit donné un même apartement, il y ajouta plusieurs esclaves pour les servir, & chaque jour il leur envoyoit des présens superbes en bijoux & en habits à la moresque, dont la magnificence étoit extrême ; & sous prétexte de dissiper leur tristesse, il ne passoit point de jour sans leur donner des fêtes galantes & de nouveaux plaisirs.

Tant de soins commencerent à leur devenir

venir suspects, & Mariane étant la moins préoccupée, s'aperçut bientôt à qui ils s'adressoient. Elle fit part de ses soupçons à Isabelle qui s'en alarma au point de prendre la résolution de se tuer plutôt que de souffrir la moindre indignité ; elle ne fut pas long-tems à voir qu'elle avoit besoin de tout son courage ; car Zélim, croyant que les galanteries ne parloient pas assez pour lui, se résolut de se déclarer plus ouvertément, s'imaginant que tout lui étoit permis avec ses esclaves. Dans cette intention, il fut un jour à leur apartement, & regardant Isabelle avec des yeux où il étoit facile de voir ce qu'il avoit dans l'ame.

Je me repens, lui dit-il, de vous avoir fait écrire pour votre rançon, puisque l'on me donneroit toutes les richesses de la France, que je ne vous rendrois pas ; & bien loin d'avoir ce dessein, j'ai résolu de vous épouser : je me flatte que cette proposition ne vous sera pas désagréable ; j'ai des biens immenses, je vous donnerai tout ce que vous pourrez souhaiter, vous serez la maîtresse absolue de mon cœur & de ma maison, & vous n'aurez que des sujets de joie & de plaisir.

Cet insolent discours fit frémir Isabelle ; mais craignant d'irriter le Turc & de le porter à quelque extrémité, elle eut recours à la douceur pour s'en délivrer, & sans lui marquer aucune aigreur, elle lui répondit qu'elle étoit persuadée que sa proposition paroîtroit avantageuse à toute autre ; mais qu'elle étoit obligée de la refuser, étant en.

gagée depuis long-tems avec le frere de l'aimable perfonne qu'il voyoit avec elle , que
fa religion & les loix de fon pays ne leur
permettoient pas de former d'autres nœuds,
qu'elle le conjuroit de ne fe point laffer d'ê-
tre généreux , que jufqu'alors elle n'avoit
que lieu de fe louer de lui ; mais qu'il pouvoit être affuré que s'il changeoit fa façon
de vivre , & qu'il oubliât ce que tous les
hommes, de quelque nation qu'ils fuffent ,
devoient à fon fexe & à fa naiffance , elle fe
donneroit la mort à fes yeux.

Elle prononça ces dernieres paroles d'un
ton qui perfuada Zélim qu'elle étoit capable
d'exécuter cette menace : & tout préfomp-
tueux qu'il étoit, il jugea qu'il ne gagneroit
rien par la violence , & que fi elle ne fe
rendoit pas, il valoit bien mieux en tirer
une forte rançon , que de tout perdre par
fa mort.

L'efpoir de la fléchir avec le tems par fes
refpects lui fit prendre le parti de la patience : il lui demanda même pardon d'avoir été
forcé par fon amour à rompre le filence ;
qu'il la prioit de croire que fon deffein n'é-
toit pas d'ufer du pouvoir qu'il avoit fur
elle ; mais qu'il efpéroit dans la fuite que
fon attachement , fa foumiffion & fa conftance lui feroient prendre des fentimens plus
favorables pour lui , & il fortit en achevant
ces mots.

Ifabelle fut très-contente d'avoir pu gagner fur elle la modération qu'elle avoit fait
voir à Zélim, fon fang froid l'ayant bien plus
perfuadé de ce qu'il difoit que l'emporte-

ment ne l'auroit pu faire ; la belle Mariane, qui fembloit avoir perdu tout fon enjouement, étoit occupée à la confoler de cette nouvelle conquête, que l'état où elle étoit lui rendoit redoutable : le Turc lui tint parole, il ne fit plus parler que fes yeux ; mais les efclaves qu'il lui avoit donnés parloient affez pour lui ; il avoit affecté de n'en mettre près d'elle que de Provençales, qui tous les jours ne l'entretenoient que du mérite de leur patron, de fes grands biens & des emplois confidérables dont la Régence l'avoit revêtu en récompenfe de plufieurs actions héroïques qu'il avoit faites.

Mais tous leurs difcours n'infpiroient à Ifabelle que du mépris pour la baffeffe de ces femmes, qui ne connoiffoient plus d'autre vertu que d'être efclaves foumifes des ennemis de leur religion & de leur patrie : cependant l'amoureux d'Hauterive arriva à Alger ; & ayant débarqué, il fut chez un Juif à qui Sacerdoty l'avoit adreffé. Salem, c'eft le nom de cet homme, l'inftruifit fur le champ du fort de celles qu'il cherchoit, & des mefures qu'il falloit prendre pour les ravoir ; & ne voulant pas perdre un feul inftant, ils furent enfemble trouver Zélim, auquel le Juif propofa une rançon raifonnable ; mais on ne pouvoit plus toucher cet article, & quoique d'Hauterive augmentât la fomme à chaque inftant, le Turc refufa toutes fes offres ; & pour s'en débarraffer, il leur dit en françois, qu'il parloit fort bien, qu'il avoit deftiné fes efclaves pour le ferrail du Grand-Seigneur, à qui il devoit en faire préfent.   **B 2**

D'Hauterive fut accablé de ce difcours comme d'un coup de foudre ; alors il lui demanda en grace de les lui laiffer voir : Zélim, qui d'abord l'avoit pris pour l'amant aimé d'Ifabelle, fut encore plus inflexible à cette propofition, & le Juif & lui furent contraints de le quitter fans avoir rien fait. Salem qui vit le défefpoir de d'Hauterive, lui dit qu'il ne falloit pas s'alarmer, que c'étoit le difcours ordinaire des Algériens lorfqu'ils avoient des efclaves de cette conféquence, & qu'il trouveroit des moyens pour les ravoir malgré lui, ce qui le remit un peu.

La vifite du Juif & de d'Hauterive ne laiffa pas d'inquiéter Zélim, il en fit un grand myftere à ces deux belles captives : mais quelque foin qu'il prît, une jeune efclave qui s'étoit attachée d'inclination à Mademoifelle de Salmony, lui découvrit qu'un François étoit venu parler à fon maître pour traiter de fa rançon & de celle d'Ifabelle, en la fupliant de ne jamais dire qu'elle lui avoit révélé ce fecret, parce qu'il y alloit de fa vie ; Mariane le lui promit, & la preffa de lui dépeindre le François ; elle lui répondit qu'elle ne l'avoit vu qu'un inftant, mais elle lui en dit affez pour lui perfuader que c'étoit d'Hauterive ; cette nouvelle lui donna une efpérance qu'elle voulut partager avec Mademoifelle de Meyrand.

Elle fut auffi-tôt la lui communiquer ; Ifabelle ne put être infenfible à l'obligation qu'elle devoit avoir à d'Hauterive ; elle s'en expliqua dans les termes d'une vive recon-

noissance à Mariane ; mais en même tems
elle fut fortifiée dans la créance que le
Comte étoit mort, puisqu'il ne l'avoit pas
accompagné, & cette pensée ranima sa
douleur d'une telle force, qu'elle en tomba
évanouie dans les bras de son amie ; Mariane, extrêmement surprise de cet accident,
apella les femmes qui les servoient, & toutes ensemble étoient occupées à la faire revenir, lorsque Zélim entra. Ce spectacle,
auquel il ne s'attendoit pas, le rendit interdit ; il demanda plusieurs fois à Mariane
quel étoit le sujet de cette foiblesse, sans
qu'elle pût lui répondre que par des larmes.

Enfin, Isabelle ayant ouvert les yeux, lui
fit voir des regards si mourans, que la crainte
de sa perte l'emporta sur les résolutions
qu'il avoit faites ; & voulant la rapeller à la
vie à quelque prix que ce fût, il crut y parvenir en lui découvrant ce qu'il avoit eu
dessein de lui cacher ; pour cet effet, s'étant
aproché d'elle : Je venois, lui dit-il, pour
vous aprendre qu'il y a des gens à Alger,
qui m'ont fait des offres considérables pour
vous ravoir, & qu'un François m'est venu
voir pour traiter de votre rançon ; mais vous
ne me paroissez pas en état d'écouter les raisons qui me portent à refuser de vous rendre. Mademoiselle de Salmony, voyant
qu'Isabelle ne répondoit rien, prit la parole : Vous ne devez pas trouver extraordinaire, lui dit-elle, qu'une captivité comme la
nôtre cause les accidens que vous venez de
voir ; est-il possible que vous aimiez Isabelle,
& que vous préfériez de la faire mourir à lui
rendre la liberté ? B 3

Du moins auriez-vous dû lui donner la consolation d'entretenir un homme de son pays, puisqu'il ne peut la racheter sans votre aveu, & que cela ne préjudicie en rien à vos intérêts ; le mal dont ma sœur vient d'être attaquée, n'a point eu d'autre cause que l'idée cruelle qu'elle s'est représentée, en songeant qu'elle étoit privée pour jamais de voir ceux de sa patrie.

Je l'aime assez, lui répondit le Turc, pour lui donner cette satisfaction, si j'étois assuré que le François que j'ai vu ne fût point votre frere. Alors Mariane feignant de tout ignorer, lui demanda comment il étoit fait ; & sur le portrait qu'il en fit, Isabelle connoissant que Mademoiselle de Salmony ne s'étoit pas trompée, & voyant quelle étoit son intention, fit un effort pour parler : Non, dit-elle alors, celui que vous nous dépeignez n'est point celui que vous craignez ; c'est un homme de condition de ma Province, que la seule générosité fait agir ; & j'avoue que je vous tiendrai compte de la complaisance que vous aurez en me permettant de l'entretenir, & de lui marquer ma reconnoissance. Le Turc ayant un moment rêvé à ce qu'il avoit à faire, voyant que cette grace ne l'engageoit à rien, & se flattant que cela lui pourroit acquérir le cœur d'Isabelle, consentit à demander le Juif & d'Hauterive, à qui il déclara ses véritables intentions, qu'il aimoit Isabelle, qu'il ne consentiroit jamais à s'en séparer, & que s'ils avoient quelques considérations pour elle, ils devoient la déterminer à l'é-

pouser , & que s'ils agissoient de cette maniere , il rendroit Mariane sans rançon ;
que ce n'étoit qu'à cette condition qu'il leur
permettoit de la voir & de lui parler.

Quoique tout ce discours désespérât d'Hauterive, il crut avoir beaucoup gagné de pouvoir entretenir Isabelle ; & dès ce moment
il se fit conduire avec Salem à son apartement , voulant que le Juif fût présent à leur
conversation ; cette vue pensa faire retomber
Mademoiselle de Meyrand dans le même
accident de la derniere fois ; mais une
grande abondance de larmes l'en empêcha.
D'Hauterive se mit à genoux & lui baisa
la main , il en fit autant à Mademoiselle de
Salmony , & toutes deux l'embrasserent en
fondant en pleurs ; ce fut pendant long-
tems le seul langage dont elles purent se
servir ; enfin , Isabelle ayant pris la parole ,
le remercia très-fortement des peines qu'il
se donnoit pour elle ; & que malgré l'indifférence qu'elle avoit pour la vie , après les
pertes qu'elle avoit faites , elle ne laissoit
pas d'être très-sensible à ce qu'il avoit en-
trepris pour sa délivrance.

Ces paroles ayant fait connoître à d'Hauterive qu'elle croyoit le Comte mort , il se
hâta de la tirer d'une erreur si funeste à son
repos ; & ne se démentant pas d'un moment:
Si la mort de Madame de Meyrand , lui
dit-il , & la perte de votre liberté vous ont
donné quelque dégoût pour la vie , vous
devez songer qu'il vous reste des personnes
qui ne vous sont pas moins cheres , & qui
perdront la leur plutôt que de vous laisser

dans l'esclavage ; le Comte de **Salmony** a
des droits sur vos jours , qui doivent **vous**
les rendre sacrés ; & s'il est vrai que vous
comptiez pour quelque chose ce que je fais
en cette occasion , vous ne pouvez méprifer
la vie sans blesser la reconnoissance que vous
croyez me devoir.

Enfin, s'écria la belle Mariane , mon frere
est donc vivant ? Alors d'Hauterive leur raconta tout ce qui leur étoit arrivé , ne leur
cachant rien du désespoir & des actions du
Comte , non plus que les soins qu'il avoit
pris pour l'empêcher de mourir; & son récit
excita plusieurs fois les acclamations des
deux charmantes captives ; ensuite il leur
aprit à quelles conditions on lui avoit accordé le plaisir de les voir, & les propositions du Turc.

La certitude de la vie du Comte de Salmony ayant rendu le calme au cœur d'Isabelle & la joie à Mariane , cette belle fille
n'entendit pas plutôt qu'on la rendroit sans
rançon , si Isabelle restoit , qu'elle répondit
avec sa vivacité ordinaire : Je ne consens
point à cet article , je ne pars point sans ma
compagne ; & quand je devrois épouser le
Turc aussi , je ne l'abandonnerai jamais.
Isabelle & d'Hauterive ne purent s'empêcher de rire de cette saillie ; mais comme le
tems étoit précieux , ils conclurent que Mademoiselle de Meyrand observeroit toujours
beaucoup de douceur avec Zélim , que
d'Hauterive lui laisseroit entrevoir qu'il ne
désespéroit pas de vaincre sa résistance ; &
que tandis qu'on l'amuseroit ainsi , le Juif

Salem employeroit toutes sortes de voies
pour le forcer à les rendre ; ce qui fut exécuté de point en point.

D'Hauterive & le Juif furent rendre
compte au Turc de leur conversation, comme ils l'avoient projetté ; & Zélim y trouva
tant de sujets d'espérance, qu'il leur donna
une superbe collation, & leur permit de
venir voir ses esclaves toutes les fois qu'ils
le voudroient ; cette permission fut mise en
œuvre très - ponctuellement ; d'Hauterive
écrivoit exactement au Comte de Salmony
tout ce qui se passoit ; ses lettres étoient envoyées au Juif de Livourne, qui les faisoit
partir pour leur adresse, & Salmony se servoit de la même voie pour lui donner de ses
nouvelles. Un tems considérable s'écoula
sans que le Juif Salem ni d'Hauterive trou-
vassent nul moyen pour racheter les belles
captives ; il les voyoit très-souvent, mais
Zélim qui n'apercevoit aucun changement
dans le cœur d'Isabelle, se lassa de ces en-
trevues, & soupçonnant qu'elles mainte-
noient cette admirable fille dans ses premiers sentimens, plutôt que de l'en détacher,
voulut en être convaincu par lui-même, &
un jour que d'Hauterive étoit avec elle &
Mariane qui ne la quittoit point, il se cacha
dans un cabinet d'où il pouvoit tout entendre sans être aperçu. Comme ils ne croyoient
pas avoir un témoin si dangereux, ils s'ex-
pliquoient sans contrainte : Isabelle disoit à
d'Hauterive qu'elle ne pouvoit plus suppor-
ter la gêne qu'elle se faisoit, en cachant
toute l'horreur qu'elle avoit pour l'amour

B 5

d'un Turc, & que si sa captivité duroit encore long-tems, elle ne doutoit point que sa mort ne prévînt sa liberté.

D'Hauterive la conjuroit de ne prendre aucune résolution violente, & lui aprenoit que le pere le Vacher, qui étoit Consul de la nation françoise, devoit s'employer auprès du Bacha, pour obliger Sélim à les rendre à une rançon raisonnable.

Ce discours ayant fait perdre toute retenue au Turc, il sortit comme un furieux de l'endroit où il étoit caché, & après avoir reproché à d'Hauterive qu'il abusoit de la permission qu'il lui avoit donnée, & de la confiance qu'il avoit eue en lui, il déclara à Isabelle qu'elle n'avoit qu'à se résoudre à l'époufer, & que pour sa liberté elle n'y devoit jamais compter. Ensuite il défendit l'entrée de sa maison à d'Hauterive, & le pria d'en sortir au même instant. Comme il n'étoit pas le plus fort en ce lieu, & qu'il craignit que sa violence ne rendît la condition d'Isabelle plus malheureuse, il contraignit les mouvemens de colere & d'indignation dont il se sentit atteint ; & prenant le Turc en particulier, il fit tous ses efforts pour lui persuader qu'il n'avoit parlé de la sorte à Mademoiselle de Meyrand, que pour l'empêcher de tomber dans le désespoir.

Mais le Turc n'en devint pas plus raisonnable, & ne voulut plus qu'il revînt chez lui ; d'Hauterive en sortit outré de rage & de douleur. Le Juif Salem & lui se donnerent tous les mouvemens possibles pour la liberté de ces deux belles captives ; mais malgré les foins du pere le Vacher, & l'autorité du Roi d'Alger à qui le Bacha en avoit parlé, on ne put rien gagner fur l'obftination de Zélim. Son crédit auprès de Méfémorte, Général des troupes de mer & de terre, dont il étoit intime ami, & de qui le pouvoir fur le peuple & les foldats balançoit celui du Roi & du Bacha, éluda toutes les pourfuites du Conful de France.

D'Hauterive étoit dans le plus cruel défefpoir, lorfque l'on recut à Alger la nouvelle que Louis XIV avoit pris une ferme réfolution de châtier l'infolence de ces corfaires, qui venoient tous les jours faire des defcentes fur les côtes du Languedoc & de la Provence, d'où ils emmenoient les habitans, les faifoient efclaves, prenoient nos vaiffeaux, & caufoient la défolation de notre commerce du Levant; que pour cet effet, on armoit à Toulon une forte efcadre de vaiffeaux, & une autre de galeres à Marfeille: ces avis étant confirmés de toutes parts, les Algériens prirent toutes les mefures néceffaires pour fe bien défendre. Le Juif Salem, chez lequel d'Hauterive étoit logé, l'inftruifoit exactement de tout ce qui fe paffoit, en étant mieux informé que perfonne par fes correfpondances à Marfeille, à Gênes & à Livourne; & c'étoit lui qui le premier en avoit averti le Divan d'Alger.

Ces nouvelles qui fe répandirent à Alger en l'année 1682, donnerent quelque efpérance à d'Hauterive, & le firent attendre avec moins d'impatience; on fut bientôt que le Roi avoit nommé Monfieur le Marquis

B 6

du Quefne , qui étoit Vice-Amiral de France , pour faire cette expédition ; fon nom
feul faifoit trembler tous les barbares de ces
côtes , dont il avoit détruit les vaifleaux en
différentes rencontres ; & l'année précéden-
te , il avoit pourfuivi plufieurs navires tri-
polains , qui , n'ayant pu gagner le port de
Tripoli , s'étoient refugiés dans celui de
Scio , qui eft une ifle de l'Archipel fous la
domination du Grand - Seigneur , que les
Turcs ont fortifiée depuis que Soliman le
Magnifique en fit la conquête fur les Génois.

Ces corfaires fe crurent à l'abri du reffentiment du Roi dans cet afyle , le Bacha qui
les avoit mis fous la protection du Grand-
Seigneur voulut prendre leur défenfe ;
mais celle de la citadelle & du château qui
garde l'entrée du port , ni les remparts de la
ville de Scio hériffés de canon , ne purent
arrêter le Marquis du Quefne ; il les attaqua
dans le port , & les foudroya de fon canon ;
l'on tira de toutes parts fur l'efcadre françoife ; le Vice-Amiral fit repentir le Bacha
de fa témérité ; & ayant ordonné que l'on
tirât fans difcontinuer contre la citadelle ,
le château & les remparts , le feu étoit fi violent , qu'en trois heures toutes les faces de
ces ouvrages qui regardoient le port furent
renverfées & détruites de même que les
vaifleaux corfaires au nombre de quatorze ,
qui furent fracaffés ou coulés à fond. Ce
terrible exemple n'ayant pu corriger les Algériens, le 30 d'août 1681 , ils virent arriver devant leur ville le Marquis du Quefne
avec une efcadre de vaifleaux & de galeres ,

qui dès la même nuit les fit faluer de tout
fon canon, & jetter fans difcontinuer des
bombes en fi grande quantité, qu'elles rui-
nerent & embraferent plufieurs maifons,
renverferent les mofquées, & remplirent les
rues, les places & le port de fang & de carnage; le trouble étoit fi grand dans la ville,
qu'on n'y favoit quel parti prendre, lorfque
le vent changea & devint fi fort, que Monfieur du Quefne trouva à propos de fe retirer, connoiffant le danger qu'il y avoit d'ef-
fuyer les vents qui regnent fur ces côtes aux
aproches des équinoxes, & abandonnant
celles de ces barbares, il fe retira à Toulon.

Les Algériens, profitant de fa retraite,
chercherent les moyens d'éteindre le feu
qui gagnoit tous les quartiers de la ville;
lorfque le calme fut rétabli, ils s'affemblerent : mais au lieu d'implorer la clémence
du Roi, ils ordonnerent à plufieurs corfaires d'armer, & d'aller porter la défolation
fur les côtes de France par le fer & le feu.
Ce font les propres termes dont fe fervit le
Divan. En effet, l'hyver ni le mauvais tems
ne purent arrêter le reffentiment de ces infideles; & il y en eut plufieurs qui firent des
defcentes fur les côtes de Provence & de
Languedoc, où ils pillerent quelques villages, les brûlerent, & mirent dans les fers
tous les pauvres payfans qui tomberent entre leurs mains.

Cette nouvelle audace obligea le Roi de
preffer un fecond armement, afin de faire
partir l'efcadre auffi-tôt que la faifon le per-
mettroit. Les corfaires ayant raporté à Alger

qu'on travailloit nuit & jour à Toulon &
à Marseille à équiper les vaisseaux destinés
contre leur ville, les Algériens prirent toutes leurs mesures pour mieux se défendre ;
ils dresserent plusieurs batteries de canon,
dont ils prétendoient éloigner nos vaisseaux
& les galiotes à bombes : ils fermerent leur
port d'une triple chaîne, & firent sortir de
la ville toutes les personnes inutiles.

Tous ces mouvemens, qui n'avoient
presque pas eu de discontinuation depuis le
bombardement, avoient si fort occupé le
Turc Zélim qui, par ses emplois, étoit
obligé d'y donner des soins assidus, que ses
deux belles esclaves en avoient été moins
tourmentées ; & le chagrin de ne plus voir
d'Hauterive se trouvoit adouci par la satisfaction des fréquentes absences de leur patron ; mais, quoiqu'il les vît bien moins
qu'à l'ordinaire, il n'en perdoit pas un moment le souvenir ; & ses occupations ne
l'empêcherent point de former deux projets qu'il trouvoit également nécessaires à
son repos.

Le premier, fut de mettre ses esclaves
en sûreté contre les accidens qui pourroient
arriver au second bombardement dont ils
étoient menacés, & contre les entreprises
que l'on pouvoit faire pour les délivrer ;
l'autre, fut de se défaire de d'Hauterive
dont le séjour à Alger l'importunoit & le
tenoit toujours en crainte ; pour cet effet,
il commença par envoyer Isabelle & Mariane dans une terre qu'il avoit à quinze
milles d'Alger, sous la conduite d'un eu-

nuque en qui il fe confioit ; & lorfqu'il fe
crut affuré de ce côté , il fongea aux moyens
d'ôter la vie à d'Hauterive ; mais ce deffein
ne lui réuffit pas comme l'autre : le Juif Salem , qui étoit entiérement dévoué à d'Hauterive , & qui connoiffoit le génie de cette
nation , pénétra les intentions de Zélim ; &
ayant été informé qu'il avoit fait éloigner
fes efclaves du lieu où elles étoient , il ne
douta point que dans le trouble où l'on étoit.
à Alger , il ne tentât de perdre ce généreux
François , qui d'ailleurs couroit rifque de fe
voir envelopé dans les effets du reffentiment que ces barbares ne manqueroient pas
de marquer à ceux qui fe trouveroient en
leur pouvoir , étant capables de violer le
droit des gens , & toutes fortes de traités ;
lorfqu'il s'agit de leur intérêt ou de leur vengeance : & comme d'Hauterive n'étoit en
cette ville que fur la foi d'un fimple paffe-
port , il y avoit tout à craindre pour lui.

Ces confidérations firent réfoudre Salem
à le faire partir pour Elquir , petit village à
trente milles d'Alger , où il le recommanda
à un de fes amis , qui eut un foin extrême
de le cacher aux pourfuites de Zélim ; le
Juif lui promit en partant , qu'à l'arrivée de
l'efcadre françoife , il trouveroit le moyen
d'inftruire le Vice-Amiral du malheur d'Ifabelle & de Mariane , & le conjura de fe
tranquillifer , puifqu'elles étoient pour quelque tems à l'abri des perfécutions de Zélim ;
& d'Hauterive , qui ne pouvoit s'opofer à
tant d'événemens , fut obligé de confentir à
tout , & partit pour le village d'Elquir avec

peu d'efpérance & beaucoup de douleur.

Mefdemoifelles de Meyrand & de Salmony fubirent auffi leur fort fans murmurer, tout ce qui les éloignoit du Turc leur
paroiffant moins fâcheux que fa préfence :
elles fe confoloient enfemble, dans l'efpoir
que la guerre aporteroit quelque changement favorable à leur fortune.

Cependant le Comte de Salmony, qui
étoit entiérement rétabli, ayant reçu des
lettres de d'Hauterive, qui lui aprirent les
difficultés qu'il avoit trouvées à la liberté
d'Ifabelle & de Mariane, ne pouvant plus
réfifter au defir de tout entreprendre pour
les ravoir, ne fut pas plutôt que le Roi
armoit puiffamment contre les Algériens,
qu'il fe rendit à Toulon, où il fut faluer le
Marquis du Quefne, s'en fit connoître,
l'inftruifit du malheur de Mefdemoifelles
de Meyrand & de Salmony, & du double
intérêt que fon cœur prenoit à leur fort, &
le fuplia de permettre qu'il l'accompagnât
dans fon expédition ; le Vice - Amiral le
reçut avec joie, le confola, l'affura qu'il ne
négligeroit rien pour lui faire rendre des
perfonnes fi cheres, & qu'il auroit bientôt
la fatisfaction de s'embarquer.

En effet, les ordres de Louis le Grand
avoient été fi bien exécutés par la diligence
de Monfieur le Marquis de Ségnelai, Miniftre de la marine, que l'efcadre fut en état
au commencement de mai 1683, & que le
Marquis du Quefne mit à la voile le fix du
même mois, laiffant ordre à quelques vaiffeaux de le venir joindre aux ifles Fromen-

tieres ; ils y arriverent le 2 de juin , les galiotes à bombes le 9 , & le 20 il mouilla
l'ancre à la rade d'Alger , où il trouva cinq
autres vaiffeaux commandés par le Marquis
d'Amfreville.

Le 22 on tint confeil de guerre , le lendemain on difpofa les vaiffeaux & les galiotes pour foudroyer la ville : ce projet ne
put être exécuté que le 26 , & ce jour-là on
y jetta environ cent bombes ; les affiégés tirerent plus de trois cents coups de canon ,
prefque fans nul effet ; la nuit du 27 le fra-
cas des bombes recommença avec tant de
furie , qu'en deux heures de tems toute la
ville fut en feu , le palais du Divan où de-
meuroit Haffan , Dey ou Roi d'Alger , fut
abymé & confumé des premiers : à la pointe
du jour , des Algériens furent épouvantés
du fpectacle qui s'offroit à leurs yeux ; leurs
batteries démontées, deux de leurs meilleurs
vaiffeaux coulés à fond dans le port , &
toute la ville en feu ; le peuple & les foldats
effrayés demandoient la paix à grands cris ;
le Dey convoqua le Divan , où le Bacha du
Grand - Seigneur fut apellé , & le pere le
Vacher , Conful de France , que le Bacha
envoya à bord de l'Amiral pour demander
la paix & en régler les conditions , & l'on
arbora le drapeau blanc.

Mais le Marquis du Quefne refufa de
traiter avec le Conful François , & dit à
l'envoyé turc qui l'accompagnoit , qu'il
n'entendroit à aucun accommodement, que
pour préliminaires les Algériens ne lui euffent rendu & mené dans fon bord générale-

ment tous les efclaves chrétiens, de quelques nations qu'ils fuffent, qui avoient été pris fous le pavillon françois : il fallut obéir, & le 29 ils amenerent dans douze chaloupes cent quarante-deux efclaves, avec promeffe de rapeller ceux qui étoient aux champs occupés à cultiver les terres ou carrieres.

Le Comte de Salmony n'y voyant point fa maîtreffe & fa fœur, du deftin defquelles il avoit inftruit Monfieur du Quefne, lui marqua fon inquiétude; mais le Juif Salem, attentif à tout ce qui pouvoit leur procurer la liberté, ayant averti le pere le Vacher du lieu où Zélim les avoit fait conduire, & qu'il faifoit fauffement courir le bruit de leur mort, il le fit favoir au Marquis du Quefne, qui du même moment manda au Divan, que fi le Turc Zélim ne rendoit fes deux efclaves & leur fuite dans le jour, la nuit prochaine il leur marqueroit fon reffentiment d'une maniere terrible.

Sur cette menace, le Divan ordonna à Zélim, fous peine de la vie, de mener fes deux captives à bord de l'Amiral : cet arrêt n'avoir point d'apel, & le Turc fut contraint d'y foufcrire ; mais voulant tirer quelque avantage de fon obéiffance pour fe faire honneur & s'attirer l'eftime de l'Amiral de France, il les fit parer de leurs plus magnifiques habits à la morefque, & les lui préfenta lui-même, en lui vantant le facrifice qu'il faifoit.

Jamais joie ne fut pareille à celle de ces deux belles perfonnes, lorfqu'elles aprirent

qu'elles alloient être libres , & jamais elles
ne prirent tant de plaifir à fe parer ; mais
cette joie eut un accroiffement bien fenfible,
lorfqu'après avoir reçu toutes fortes d'honneurs du Marquis du Quefne , & répondu
aux louanges qu'il ne pouvoit fe laffer de
donner à leur extrême beauté , elles fe trouverent dans les bras du Comte de Salmony.

Que de larmes pour les malheurs paffés !
que de tranfports pour le bonheur préfent !
que d'amour & de tendres careffes furent
mifes en ufage à cette vue inefpérée & fi ardemment defirée ! Il vous eft plus facile de
vous repréfenter un fi charmant fpectacle ,
qu'à moi de vous le décrire ; & lorfque l'on
fait ce que c'eft que d'aimer d'une véritable
paffion , conftante, fidelle & immuable , le
cœur nous préfente bien mieux de pareils objets, que les paroles ne les peuvent dépeindre.

Après que l'amour & la nature eurent
fait éclater ce qu'ils peuvent infpirer de
plus doux , le premier foin du Comte fut
de s'informer de d'Hauterive. Ifabelle lui
conta comment ils s'étoient féparés , &
qu'elle n'en avoit apris aucune nouvelle
depuis : ce difcours alarma le Comte; & ne
voulant pas être en refte de générofité avec
un fi parfait ami , il en parla au Marquis du
Quefne , qui d'abord employa le pere le
Vacher pour favoir du Juif ce qu'il étoit
devenu : Salem lui fit le récit de la crainte
qu'il avoit eue pour fa vie , & que pour la
garantir , il l'avoit mis à l'abri des périls
qu'il couroit ; & l'ayant affuré qu'il étoit
libre , vivant à trente milles d'Alger , &

qu'il alloit le faire avertir , le Conful en fit fon raport à Monfieur le Marquis du Quefne, ainfi Salmony eut l'efpérance de le voir bientôt.

Tout cela fe fit dans l'intervalle du tems que les Algériens mirent à amener à bord de l'Amiral les efclaves chrétiens, qui en plufieurs fois en conduifirent 546 de différentes nations; enfuite il fut queftion de traiter de la paix. Avant que d'entrer en compofition, le Marquis du Quefne voulut avoir des ôtages qui lui furent livrés le 14 Juillet; le fameux corfaire Méfémorte, Amiral d'Alger, en étoit un, & l'autre, un Capitaine de navire, nommé Aley-Reys: le Général françois envoya en échange le Commiffaire Général de la flotte, & Defcombes, ingénieur, qui propoferent les conditons auxquelles le Roi vouloit leur accorder la paix.

Le premier article étoit, que l'on rendroit le refte des efclaves chrétiens; & le fecond, que généralement tous les effets, vaiffeaux & marchandifes que les corfaires d'Alger avoient pris à la nation françoife, ou fous fa banniere, feroient reftitués.

Ce dernier point parut fi confidérable au Dey, qu'il n'ofa l'accorder fans l'avis de Méfémorte qu'il craignoit à caufe qu'il étoit aimé du peuple & des foldats : il lui fut envoyé, & en même tems l'ingénieur Defcombes repaffa à bord de l'Amiral.

Méfémorte, ayant été confulté fur la reftitution des effets, dit en plein Divan, que la lâcheté de ceux qui étoient à la tête du gouvernement, avoit vendu la ville

aux François, & que pour lui , il ne con-
ſentiroit jamais à rendre, ce que l'on avoit
pris aux ennemis , & de-là s'étant rendu
ſur la place où étoient-les ſoldats & les
principaux des habitans , il leur fit donner
du café , fuma long-tems avec eux , & re-
fuſa de retourner au Divan , où il fut pluſieurs fois preſſé de rentrer : il dit aux ſoldats que Baba-Haſſan , Dey d'Alger , étóit
un lâche , indigne de régner ſur eux , qu'il
avoit affronté la nation en rendant tant
d'eſclaves , ſans être aſſuré qu'on rendroit
les leurs , & les anima tellement contre ce
malheureux Prince , que ces barbares prirent la réſolution de l'aſſaſſiner dans la nuit
prochaine. En effet , ſur les dix heures du
ſoir , comme il faiſoit ſa ronde , huit de ces
ſcélérats , choiſis par Méſémorte , l'attendi-
rent ſur ſon paſſage , quatre deſquels en l'a-
bordant le tirerent à bout portant , & les
autres s'étant jettés ſur lui , acheverent de le
maſſacrer.

Méſémorte profita de ſon crime , & ſe fit
proclamer Roi d'Alger : le peuple y aplaudit , & voulant mériter cette élévation , en
rompant le traité de paix , il fit arborer le
pavillon rouge , & la guerre recommença
le 22 de Juillet. Cette infidélité piqua ſi vivement le Marquis du Queſne , qu'il ordonna qu'on redoublât le feu de toutes
parts , tant des boulets & bombes , que des
mortiers ; ce qui fut exécuté ſi ponctuellement , qu'en trois jours la plupart des maiſons de cette malheureuſe ville furent ren-
verſées & conſumées.

Les flammes éclairoient la surface de la mer à plus de deux lieues : les cris de ceux qui périssoient, le sang & le carnage offroient un spectacle épouvantable : le barbare Méſémorte, bien loin d'en être touché, en augmenta ſa rage contre les François ; il y en avoit beaucoup d'établis dans Alger ſous la foi publique, que ce cruel, violant toutes ſortes de droits, fit piller & maſſacrer ; il pouſſa même ſon inhumanité juſqu'à ordonner que le Conſul François qui devoit lui être ſacré, fût mis tout vivant dans un mortier, & tiré au lieu de bombe.

On aprit cet excès de barbarie par les eſclaves qui venoient tous les jours à la nage gagner les bords des navires de France. Il en coûta cher à ces infideles : car malgré leurs précautions, Monſieur le Marquis du Queſne leur fit brûler preſque tous les vaiſſeaux qui étoient dans le port, tant par les bombes que par le canon : les flammes de la ville & celles des vaiſſeaux ſe réuniſſant, portoient juſques dans les nuës ; ce qui offroit le plus terrible objet qui pût fraper les yeux : mais les Algériens n'en furent que plus cruels, & le Juif Salem, voyant bien qu'il ne pouvoit faire revenir d'Hauterive ſans le riſquer à perdre la vie, différa prudemment de l'envoyer chercher, juſqu'à ce qu'il vît à quoi ſe termineroit ce funeſte événement.

Il ſe contenta de lui mander la mort du Turc Zélim qui avoit péri dans ce dernier carnage ; que les Dames pour qui il s'intéreſſoit, étoient délivrées & entre les mains de l'Amiral de France ; qu'elles lui avoient

fait dire qu'il le fît venir pour partir avec
elles, mais qu'il étoit abſolument impoſſi-
ble d'y penſer, que la ville d'Alger étoit
dans une confuſion pitoyable, & que tous
les François y ſouffroient un danger ſi grand,
qu'il le prioit d'attendre qu'il pût l'aller
chercher lui-même ſans péril, & qu'il ſe
tranquilliſât ; que ce qu'il deſiroit le plus,
étoit effectué : le tableau qu'il lui fit de la
ſituation de cette ville, étoit ſi touchant,
que d'Hauterive ne put s'empêcher d'y être
ſenſible ; mais ſachant Iſabelle & Mariane
hors de captivité & en ſûreté, il ſentit une
joie ſi vive, qu'elle adoucit beaucoup le
chagrin de ne les pouvoir joindre ; & comme il vit qu'il y auroit une témérité condamnable de l'entreprendre, il acquieſça à
la priere du Juif, & ſe tint dans ſa retraite.

Tout le mois d'août ſe paſſa à achever
d'écraſer avec les bombes les maiſons de la
haute ville, tout étant détruit & conſumé
dans la baſſe ; chaque jour les Algériens
voyoient arriver quelque nouveau malheur,
& les vents furent ſi conſtans ; que depuis
l'arrivée de la flotte juſqu'à ſon départ, ils
furent favorables aux François ; mais le mois
de ſeptembre étant venu, Monſieur le Marquis du Queſne ne voulut pas attendre l'a-
proche de l'équinoxe, qui, comme je l'ai
déja dit, eſt très-dangereuſe ſur ces côtes ;
& très-content d'avoir vengé la France, &
fait ſentir à ces barbares que l'on n'offenſoit
pas impunément un grand Roi, il mit à la
voile, & arriva à Toulon à la fin de ſeptembre, où il débarqua les 546 eſclaves qu'il
avoit tirés des fers.

Le Comte de Salmony, avant que de quitter le port d'Alger, trouva moyen de faire tenir au Juif une lettre pour d'Hauterive, qu'il lui envoya ; auſſi-tôt il l'ouvrit avec empreſſement, & y trouva ces paroles :

LETTRE.

C'eſt avec une véritable douleur, mon cher & généreux rival, que je ſuis obligé de quitter ces bords ſans vous. J'y étois venu dans l'eſpoir de vous en arracher avec notre adorable Iſabelle, qui part avec le même regret que moi ; ſi je ne vous ſavois dans un lieu ſûr, il n'y a rien à quoi je m'expoſaſſe plutôt que de vous abandonner ; cela diminue de beaucoup la joie que je reſſens de la liberté de ce que j'ai de plus cher ; croyez qu'il n'y a point d'exagération dans ce diſcours, & que je n'aurai qu'un bonheur imparfait, juſqu'au moment que je pourrai vous embraſſer.

LE COMTE DE SALMONY.

D'Hauterive reçut cette lettre peu de jours après le départ de la flotte ; il fut extrêmement ſurpris d'aprendre que Salmony étoit venu à Alger, & qu'il avoit le bonheur d'emmener Iſabelle : quoiqu'il ſût bien que cette belle fille le reverroit, il n'avoit pas cru que ce fût ſi-tôt & de cette maniere ; le plaiſir qu'il s'imagina que cette entrevue leur avoit fait, mit quelque trouble dans ſon cœur ; mais n'ayant jamais eu une forte eſpérance de ſe faire aimer, il rapella ſa généroſité accoutumée ; & ſans ſe plaindre

de

de la félicité de son rival, il se contenta de soupirer de la fatalité de sa destinée.

Cependant Monsieur le Marquis du Quesne ne fut pas plutôt retiré, que les Algériens considérerent avec effroi l'état malheureux où ils se trouvoient. Leur ville, jadis si belle & si florissante, ruinée & détruite, leurs vaisseaux qui font toutes leurs richesses, réduits en cendres, & dont les débris couvroient la surface de leur mer, leurs magasins consumés, & la perte de tant d'habitans, les obligerent à faire de sérieuses réflexions ; & craignant que ce terrible Général ne vînt encore au printems pour achever de les détruire, ils délibérerent des moyens qu'ils pourroient trouver pour fléchir leur vainqueur.

Méfémorte, qui avoit été seul la cause de tant de malheurs, en rompant le projet de la paix, voyant la situation des esprits, eut peur d'avoir le même sort du Roi Hassan son prédécesseur ; & pour prévenir cette rétribution, il envoya chercher le Juif Salem, sachant les correspondances qu'il avoit à Marseille, à qui il ouvrit son cœur, en lui disant que le plus grand service qu'il lui pût rendre, seroit de faire tenir à l'Intendant de la marine une lettre qu'il avoit dessein d'écrire au Roi pour lui demander la paix, & se soumettre aux loix qu'il voudroit imposer.

Salem ayant su que Méfémorte ne parloit que du consentement du Divan, profitant de cette occasion pour tirer d'Hauterive de son asyle, & le faire revoir sa patrie, répondit au Dey qu'il feroit encore plus pour

Tome VI. C

lui : qu'un François de confidération , qui
étoit venu à Alger avec un paffe-port , pour
racheter une de fes parentes , & qui avoit
été contraint de fe retirer à Elquir , pour
éviter d'être envelopé dans les malheurs qui
étoient arrivés dans cette ville , étoit un
homme très-capable par fon efprit , par fon
mérite , & les amis qu'il avoit à la Cour,
de rendre de grands fervices aux Algériens.

Méfémorte , charmé de cette nouvelle ,
envoya fur le champ le Juif à Elquir pour
faire venir d'Hauterive ; Salem l'infruifit
de tout ce qu'il devoit dire & faire avec le
Dey & le Divan. Lorfqu'ils furent de retour,
Salem le mena à Méfémorte qui lui fit mille
careffes & plufieurs préfens ; & lui ayant
communiqué fon deffein , d'Hauterive l'en
loua , & lui promit de porter fa lettre , &
de la remettre lui - même à Monfieur le
Marquis de Seignelay , & qu'il feroit exprès le voyage de Paris.

Il étoit arrivé la veille un vaiffeau de
Tunis chargé de provifions, qu'on équipa ,
& d'Hauterive s'y embarqua avec deux
Turcs qui devoient l'accompagner : après
avoir reçu fes dépêches, & récompenfé li-
béralement fon ami Salem, il mit à la voile.

Tandis que ces chofes fe paffoient à Alger , Salmony avec Ifabelle & Mariane
étoient arrivés à Meyrand ; les félicitations,
les vifites, les complimens & la joie de toute
la nobleffe circonvoifine les occuperent
plufieurs jours; & lorfqu'ils fe virent un peu
débarraffés de la foule, Mademoifelle de
Meyrand, étant libre de difpofer de fa main,

de tenir fa parole, & de faire le bonheur du
feul homme qu'elle pouvoit aimer, époufa
le Comte de Salmony qui vit couronner fa
conftance avec des tranfports de joie, qui
firent bien connoître l'excès de fon amour.

Cependant d'Hauterive étant heureufement arrivé à Marfeille, y aprit le mariage
d'Ifabelle avec des fentimens bien différens
de ceux de ces heureux époux; fon défefpoir fut grand; mais fon caractere ne pouvant fe démentir, il leur écrivit, les félicita,
& leur peignit l'état de fon ame d'une façon
fi refpectueufe & fi touchante, qu'ils en ver-
ferent des larmes, & partit pour la Cour
avec fes deux Turcs. Monfieur de Seignelay
le reçut gracieufement; & s'étant acquitté
de la commiffion dont il s'étoit chargé, il
reprit le chemin du Languedoc, l'efprit
dans une fituation qu'il ne fe connoiffoit
pas lui-même.

La Comteffe de Salmony ne fut pas plutôt qu'il étoit de retour, que, de l'avis de
fon époux, elle lui envoya un exprès pour
le prier de fe rendre à Meyrand: il ne put
tenir contre un tel meffage, & fans favoir
précifément ce qu'il alloit dire ni faire, il
vola où fon cœur l'apelloit, & il fe trouva
dans les bras du Comte & de la Comteffe
comme un homme éperdu. La belle Mariane ne put le voir dans cet état fans en
être touchée, & quelques larmes couloient
de fes beaux yeux, lorfqu'il vint à elle pour
la faluer; il s'en aperçut, & fe fentant ému
de reconnoiffance, il la lui témoigna en des
termes fi vifs, que cette charmante fille en

C 2

fut encore plus attendrie : je vous aſſure,
lui dit-elle, que je voudrois que vous ne
nous euſſiez jamais connues, ou que vous
n'euſſiez jamais aimé, & vous êtes ſi digne
de l'être, que j'aurois combattu les ſentimens d'Iſabelle contre tout autre que mon
frere : elle prononça ces paroles avec tant
de graces, & la vérité paroiſſoit ſi parfaitement dans les regards dont elle les accompagnoit, que d'Hauterive en fut frapé ; &
l'examinant avec attention, il la trouva ſi
belle, qu'il ſe fit un ſecret reproche de ne
lui avoir pas donné ſon cœur, plutôt que
de le livrer à la malheureuſe paſſion qui le
tourmentoit.

Le Comte & la Comteſſe, qui avoient
concerté pendant leur entretien un projet
qu'ils vouloient exécuter promptement,
les interrompirent ; & Iſabelle donnant la
main à d'Hauterive, le conduiſit dans ſon
cabinet ; Salmony y entra avec eux, après
avoir parlé bas à Mariane, qui ne les ſuivit
point ; d'Hauterive ne la voyant pas, la demanda pluſieurs fois avec empreſſement ; la
Comteſſe ſourit de ſon inquiétude, & le regardant avec ces yeux qui lui avoient donné
tant d'amour, vous la reverrez dans un moment, lui dit-elle ; mais nous avons à vous
parler le Comte & moi d'une affaire importante. Vous jugez bien, continua-t-elle
avec plus de ſérieux, que les obligations
que nous vous avons ne peuvent jamais
s'effacer de notre ſouvenir : ſoyez perſuadé
que l'amitié la plus tendre de la part du
Comte & de la mienne en eſt la récompen-

se ; après mon époux je n'ai rien de plus cher que vous ; après moi il n'a rien de plus précieux : ces sentimens que vous méritez si bien , & que nous sommes les maîtres de vous témoigner , doivent vous consoler de ceux qu'il vous étoit impossible de m'inspirer ; mais pour rendre cette consolation solide , & nous unir par tous les nœuds qui sont en notre puissance , nous voulons vous marier ; le Comte n'écoutant que son estime pour vous, veut bien que je ne suive pas les regles qui devoient s'observer en ces occasions , & que je vous offre en Mademoiselle de Salmony , sa sœur , une femme digne de vous : sa vertu , son esprit & sa beauté mériteroient que l'on fît pour elle la démarche que je fais près de vous ; mais vous en avez fait de si généreuses à notre égard , qu'elles nous mettent dans l'obligation de passer par-dessus toute autre considération ; oui, mon cher d'Hauterive, ajouta le Comte en l'embrassant , si j'avois quelque chose de plus considérable à vous offrir , pour réparer la perte que je vous cause , je vous le sacrifierois avec joie ; faites-y vos réflexions , & nous donnez bientôt la satisfaction de nous voir liés par des chaînes indissolubles.

Des réflexions ! s'écria d'Hauterive, est-il permis d'en faire sur des offres de cette nature ? Pourrois-je refuser Mademoiselle de Salmony sans lui faire un outrage que tout mon sang ne pourroit laver , sans me rendre indigne du pas que votre amitié vous fait faire , & sans me déshonorer moi-même ?

Non, non, continua-t-il, je n'ai point à réfléchir pour accepter le don précieux que vous me voulez faire ; j'en connois tout le prix, mais je le veux mériter. Mademoiselle de Salmony doit seule occuper le cœur d'un honnête homme ; je ne vous demande que le tems nécessaire pour lui pouvoir donner le mien tout entier, & le dépouiller des voiles dont il est offusqué ; votre bonheur, ma probité & les charmes de l'incomparable Mariane vous font de sûrs garans que ce tems ne sera pas long.

Cette demande étoit si raisonnable, que le Comte & la Comtesse ne purent l'en blâmer ; ils s'embrasserent tous trois avec tendresse, & sortirent du cabinet pour rejoindre Mademoiselle de Salmony qui se promenoit dans les jardins. D'Hauterive, voulant très-sérieusement éteindre sa malheureuse passion, & répondre à la confiance du Comte, s'attacha dès ce jour à son aimable sœur, lui rendit des soins assidus ; & cette charmante fille, qui l'aimoit véritablement, sut si bien ménager la situation de son esprit, tantôt par son enjouement, tantôt en le consolant, & toujours avec une douceur si engageante, une conduite si sage & si modeste, que son ame se vit bientôt dégagée de sa préoccupation ; & qu'insensiblement la belle Mariane y prit la place d'Isabelle avec un si puissant empire, qu'elle se vit contrainte d'oublier pour jamais qu'elle ne l'avoit pas occupée la premiere.

Lorsque d'Hauterive l'eut mise en cet état, & qu'il se sentit lui-même dans celui

de n'aimer qu'elle , & de ne refpirer que
pour elle, il preffa le Comte & la Comteffe
d'achever de le rendre heureux , & il époufa
Mademoifelle de Salmony avec toute la fatisfaction d'un homme véritablement amoureux ; & ces quatre illuftres amans ont vécu
dans une intelligence & une concorde fi
parfaite , qu'ils fe font attirés l'eftime & la
confidération de tout le monde. Ce qui
prouve que la reconnoiffance ne fauroit
l'emporter fur un amour que le tems, l'abfence , les peines & les obftacles n'ont pu
détruire. Tandis que cette belle union fe
formoit, un des deux Turcs, qui étoit venu
à la Cour avec d'Hauterive , eut ordre de
retourner à Alger pour inftruire le Divan
des conditions auxquelles le Roi vouloit
accorder la paix ; & il en revint l'année
d'après , avec des Ambaffadeurs qui arriverent à Verfailles le 4 juillet de l'année 1684,
où Louis le Grand reçut leurs foumiffions ,
& leur donna la paix.

Cette hiftoire fit un plaifir extrême à la
compagnie , qui donna de grandes louanges
à Uranie , de la maniere dont elle l'avoit
contée: comme elle l'avoit conduite à l'heure
du foupé , on fut fe mettre à table ; & dans
le cours du repas ; on reprit plufieurs endroits de cette aventure ; on y célébra beaucoup le caractere de d'Hauterive , la fermeté d'Ifabelle & la fage conduite du Comte
de Salmony ; & tous enfemble convinrent
que , lorfque la reconnoiffance & l'amour
étoient partagés entre deux objets différens ,
l'amour l'emportoit toujours.

Uranie retint encore cette nuit **Hortence** & Mélente ; & cette charmante **société**, pour rendre la journée suivante plus **longue**, se sépara cette soirée plutôt qu'à l'ordinaire, & fut donner au repos les momens **qu'elle** avoit livrés à l'esprit pendant le jour.

QUINZIEME JOURNE'E.

URanie ne fut pas plutôt levée, qu'elle passa dans l'apartement de Julie, où le reste de la compagnie se rendit peu de tems après ; lorsque la conversation fut réglée, & que chacun se fut assez entretenu de ce qui les regardoit particuliérement, Camille, prenant la parole : J'ai rêvé toute la nuit, dit-elle, à la barbarie des Algériens; le sort du malheureux pere le Vacher est mille fois revenu à ma pensée : voilà de terribles gens ; & je trouve que Louis le Grand ne pouvoit leur imposer de trop séveres conditions pour les punir.

Ils le furent comme vous l'avez entendu, répondit Uranie, par ce qu'ils avoient de plus précieux, & leur obstination leur coûta cher. C'est cet acharnement, dit alors Thélamont, à ne se pas rendre justice soi-même, qui cause souvent tous les malheurs où l'on se voit exposé. Rien n'est plus singulier que le motif qui brouilla les républiques de Pise & de Gênes, qui leur fit faire des pertes considérables, & causa enfin la ruine de celle de Pise.

Il s'agissoit de nommer un Evêque de Corse : tous deux prétendoient en avoir le droit : les Pisans soutenoient que Muzacte , Roi des Sarrasins, ayant pris cette isle sur les Génois , & que l'ayant conquise aux Sarrasins , non-seulement elle leur apartenoit , mais encore toutes les prérogatives dont la république de Gênes avoit perdu les droits, pour ne l'avoir pas su défendre contre les Barbares; & les Génois disoient que l'isle étoit à eux depuis plusieurs siecles ; que l'invasion des infideles ne leur ôtoit aucune de leurs prérogatives, & que c'étoit une usurpation de la part de la seigneurie de Pise.

Sur cette contestation , ces deux peuples armerent sur mer & sur terre ; plusieurs batailles furent données sur l'un & sur l'autre élément , avec des succès heureux pour les Génois ; & après que cette guerre eut duré plus de vingt-cinq ans , deux batailles , l'une navale & l'autre sur terre , déciderent en dernier ressort d'une si longue querelle. Les Génois y furent victorieux ; & les Pisans se voyant sans ressource , demanderent la paix qui leur fut accordée aux plus dures conditions , étant obligés d'abandonner aux Génois l'isle de Corse & tous les droits qu'ils prétendoient y avoir , & de souscrire à tout ce qu'ils voulurent leur imposer , comme on le voit dans le traité conclu entre ces deux républiques en 1130.

Mais ce qui mortifia le plus les Pisans, fut l'article qui les condamnoit à démolir toutes les maisons de la ville de Pise jusqu'au premier étage , afin , disoient les Génois , que

C 5

l'abaissement de leur palais fît celui de leur
orgueil, & leur aprît ce qu'ils devoient à
leurs vainqueurs & à leurs maîtres. Le Sénat & les Grands de Pise furent au désespoir
de cette mortification, & le peuple furieux
de la dureté des Génois, voulut plusieurs
fois mettre le feu dans la ville ; mais les
Grands furent les premiers à donner l'exemple, & tous ces beaux palais de marbre &
ces magnifiques maisons furent réduits à
un étage ; & la haine que cela a inspiré aux
Génois dure encore.

-. Voilà, continua Thélamont, ce qu'il en
coûte pour vouloir s'obstiner contre la raison ; si la république de Pise eût suivi les
loix, elle n'auroit point tant perdu de batailles, n'auroit pas coûté la vie à tant d'hommes de part & d'autre, & ces maisons & ces
palais n'auroient pas souffert une diminu-
tion si honteuse à leurs habitans. Voilà de
funestes événemens, s'écria Julie ; & je ne
croispas qu'on les puisse entendre sans frémir.

L'histoire en raporte un, interrompit Alphonse, qui ne vous fera pas moins d'horreur, qui arriva sous l'Empire d'Honorius.
Stilicon, grand homme de guerre, mais le
plus ambitieux & le plus rusé, ayant fait
marcher l'armée impériale contre Rada-
guaise, Roi des Goths, qui ravageoit toute
l'Italie, le joignit dans la Toscane ; & ne
voulant pas hazarder une bataille d'où dépendoit le salut de l'Empire, il temporisa,
en harcelant les Goths & leur coupant les
vivres, & se conduisit si bien, qu'il les acula,
& les renferma dans le détroit de Fézole,

dans la Toſcane. L'armée de Radaguaiſe
étoit forte de deux cents mille hommes de
guerre, avec quantité de femmes, d'enfans,
de charriots de bagage. Ce Prince, au déſeſpoir de l'état où le réduiſoit Stilicon, cherchant à s'en tirer, tenta pluſieurs combats
où il fut toujours battu. Toutes les ruſes de
guerre furent employées par ce Roi barbare
pour s'ouvrir un paſſage ; mais il trouvoit
par-tout le prévoyant Stilicon.

Cependant l'armée des Goths ne vivoit
plus que de racines, ayant tué tous leurs
chevaux & leurs bêtes de voitures ; les cha-
leurs deſſécherent le petit ruiſſeau qui paſſe
dans ce vallon, & qui leur fourniſſoit de
l'eau ; en ſorte que n'ayant plus ni eau, ni
aliment, ils tomboient dans des défaillances
qui étoient bientôt ſuivies de la mort, ceux
qui reſtoient n'ayant pas la force de les enterrer. L'air infecté par ces cadavres acheva
de faire périr le reſte, déja accablé de faim
& de miſere, ſans que Stilicon en voulût
recevoir aucun, ni les ſecourir de vivres,
quoiqu'ils lui euſſent fait toutes ſortes de
ſoumiſſions, ayant la cruauté de laiſſer
mourir leur Roi, les Princes, les Généraux,
les femmes & les enfans, qui tous ſubirent
le même ſort : ainſi périt cette puiſſante armée, avec laquelle Radaguaiſe s'étoit promis la conquête de l'Empire.

Voilà une étrange cruauté, dit Florinde,
& je ne ſais ſi Stilicon n'eût pas acquis autant de gloire en marquant plus d'humanité ;
car enfin il ſe montra dans cette occaſion
plus barbare que ceux à qui on en donnoit
C. 6

le nom. La guerre donne de grands privilè-
ges, répondit Alphonse, & l'on ne sauroit
blâmer un Général qui met en pratique
toutes les ruses dont il se peut servir pour
détruire son ennemi ; il est même essentiel
pour les mettre en usage avec succès, que
ceux qui commandent les armées, s'atta-
chent à connoître le génie, le caractere, &
même le tempérament de celui à qui ils
doivent avoir affaire ; cette étude est abso-
lument nécessaire à un Général pour la
réussite de ses desseins ; car, sachant ce que
son ennemi est capable de faire ou d'entreprendre, il fait aussi le prévoir, le devan-
cer, rompre ses mesures, & lui donner le
change à propos.

De tous les tems, ajouta Thélamont, les
finesses & les ruses ont été pratiquées à la
guerre par les plus grands Capitaines & par
les nations les plus puissantes. Mais, sans
aller chercher dans l'antiquité, nous en
avons vu de notre tems de trop singulieres
& de trop glorieuses, pour n'être pas des
exemples suffisans. Monsieur de Turenne,
avec une poignée de monde, puisqu'il n'a-
voit que quatorze mille hommes, ne dé-
truisit-il pas l'armée impériale, forte de
soixante mille hommes, qui s'étoit saisie de
l'Alsace ; les Allemands le croyoient dans la
Champagne, dans le tems qu'il les attaqua
aux pieds des montagnes de cette province.

Les ruses de Monsieur le Maréchal de
Luxembourg, à Fleurus & à Leuse, lui firent remporter deux grandes victoires sur
l'armée des alliés, commandée par le Prince

de Valdeck. A Steinkerque , le Prince d'O-
range & le Duc de Baviere fe fervirent d'une
rufe qui leur auroit indubitablement réuffi ,
fi l'étoile du Maréchal de Luxembourg n'eût
été fupérieure à la leur. En effet , les alliés
le furprirent avant qu'il eût rangé fon armée
en bataille ; ils avoient déja taillé en pieces
la brigade de Bourbon , & pris fix pieces de
canon qu'ils avoient tournées contre nous ;
mais ce jour étant marqué pour couvrir de
gloire le Prince de Conti , ayeul de celui
d'aujourd'hui , & le Maréchal de Luxembourg, ils firent des chofes furnaturelles, ré-
tablirent le combat , & remporterent fur les
Princes d'Orange & de Baviere une victoire
des plus fignalées. Le Maréchal de Luxembourg rufa à fon tour , dit Orfame , & ,
quoique le Prince d'Orange fût difficile à
furprendre , l'étendue de fon génie lui faifant tout prévoir , il ne laiffa pas d'y parvenir. Ce vaillant Général n'ayant pu trouver
l'occafion d'attaquer l'armée des ennemis qui
étoit campée trop avantageufement pour
l'infulter , marcha du côté de Liege , ordonna quinze mille pionniers & des fafcines ,
fit fortir de nos places du canon , des batteries , quantité de bifcuit & de pain de mu-
nition , & recommanda de faire un amas
prodigieux de vivres : tous ces aprêts ayant
été raportés au Prince d'Orange, il ne douta
point que le Maréchal n'eût deffein d'affiéger Liege. Dans cette idée , il décampa pour
fuivre l'armée de France , paffa la Gette , &
s'engagea dans les plaines de Nerwinde :
le Maréchal n'en fut pas plutôt informé ,

qu'il fit faire volte-face à fon armée, marcha à tire-d'aîle au-devant de celle des alliés, & arriva prefque à fa vue avant que
le Prince d'Orange en fût averti.

La nuit commençoit à paroître, mais ce
Prince, fans s'étonner, donna tous les ordres néceffaires pour éviter la confufion
dans la furprife extrême que l'arrivée de
notre armée caufa à la fienne qui l'avoit
crue bien loin de-là ; il couvrit fon armée
d'un grand retranchement où il fit travailler toute la nuit, fit fortifier Nerwinde, &
hériffer d'artillerie tous ces travaux ; cependant, malgré toutes ces précautions, le
Maréchal força fes retranchemens, & la
victoire ne balançant plus, elle fut des plus
complettes, l'armée des alliés ayant été entiérement détruite ou difperfée.

Entre les heureufes rufes de guerre, reprit Orophane, il ne faut pas omettre la
furprife du camp de Denain par Monfieur
le Maréchal de Villars ; ce camp emporté
l'épée à la main, les troupes qui l'occupoient détruites, leur Général hollandois
fait prifonnier, la prife des provifions de
guerre & de bouche deftinées pour l'armée
du Prince Eugene qui affiégeoit Landrecy,
la levée de ce même fiege, la réduction
des trois places confidérables, qui avoient
coûté trois campagnes aux alliés, qui furent
les fruits de la victoire de ce héros, & la
paix qui fuivit cette grande action, qui
acheva de le couronner de gloire. Auffi,
dit Uranie, en reçut-il de fon augufte maître, & de toute la patrie, les honneurs &

les louanges qui étoient dus à sa valeur &
à sa prudence.

Je trouve, interrompit Florinde, qu'il
n'y a rien en tout cela qui ne soit permis,
& qui ne puisse donner occasion à un Général de faire de grandes choses; mais ce
que je ne puis souffrir dans les querelles
des Souverains, c'est la maniere de se déclarer la guerre; j'ai vû quelques manifes-
tes des tems passés, où leurs déclarations
sont remplies d'expressions offensantes, de
termes injurieux; & par l'aigreur qui s'y
fait remarquer, on diroit que c'est moins
pour soutenir leurs droits & ceux de leurs
sujets, qu'ils se font la guerre, que pour
satisfaire leur haine personnelle.

Cependant ils devroient songer que ce
qui est dans un tems un motif de guerre,
en devient un de paix dans une autre occasion; qu'ils doivent se respecter réciproquement; & que souvent ces invectives retom-
bent plutôt sur ceux qui les disent, que sur
ceux qui en sont les objets. Je sais qu'il est
nécessaire qu'un Souverain instruise ses sujets & son ennemi des raisons qu'il a de lui
faire la guerre; mais je voudrois qu'il ne
fît voir que la justice de sa cause, sans y
mêler des traits piquans.

Il me semble que les Rois dans toutes
leurs actions doivent agir différemment
des autres hommes; c'est-à-dire, avec plus
de noblesse & de grandeur; & que, jusques
dans leurs querelles, ils doivent éviter les
foiblesses du vulgaire. Votre réflexion, belle
Florinde, dit alors Thélamont, est d'au-

tant plus jufte, que nous lifons dans toutes
les hiftoires, que les héros, dont les noms
nous font refpectables, acquéroient autant
d'honneur par la maniere dont ils faifoient
la guerre, que par l'éclat de leurs victoires.
Dans les guerres des Perfes & des Grecs,
dans celle du Péloponefe, celle de Darius
& d'Alexandre, de Céfar & de Pompée,
quels égards, que de confidérations, combien de marques d'eftime & même de bienveillance n'y voit-on pas briller ?

Il eft beau d'entendre là-deffus un fameux hiftorien, en parlant de Démétrius
& de Ptolomée, tous deux fucceffeurs d'A-
lexandre ; le feul defir de la gloire, dit-il,
les enflammoit, & ils fe faifoient la guerre
avec plus d'honneur, que l'on n'exerce aujourd'hui les droits de l'amitié dans la plus
intime fociété.

C'eft ainfi que devroient agir tous les
Princes, & je crois que c'eft pour eux que
cette belle leçon d'un ancien a été faite,
qu'il faut traiter avec fes amis comme pouvant devenir ennemis, & avec fes ennemis
comme pouvant devenir amis.

La politique, ajouta Orfame, demande
cette conduite entre les Souverains, leur
gloire & leur intérêt veulent qu'ils ne s'en
écartent jamais. Orfame fe préparoit à continuer, lorfque l'on vint avertir que l'on
avoit fervi. On fut fe mettre à table, &
quoique la converfation n'y roulât pas fur
des matieres auffi férieufes, elle n'en fut ni
moins vive, ni moins fpirituelle.

Le dîné fini, la compagnie prit le che-

min de la bibliotheque ; à peine y étoit-elle
entrée, qu'elle vit arriver Célimene accompagnée de deux Dames, dont la beauté ne
pouvoit trouver d'égale que dans la charmante fociété d'Uranie. Cette aimable femme fut au-devant d'elle ; & Célimene prenant la parole : Nous ne fommes arrivées
que de ce matin, lui dit-elle, & jaloufe du
bonheur d'Hortence & de Mélente, j'ai
voulu le venir partager avec les perfonnes
que je vous amene ; vous connoiffant comme
je fais, je ne doute point que leur préfence
ne vous faffe plaifir : d'autant plus, dit auffi-
tôt Hortence qui s'étoit avancée avec Uranie, que l'on a déja ici une forte inclination
pour Silviane & Arélife.

Ces mots ayant inftruit Uranie, elle
s'empreffa de leur marquer la joie qu'elle
avoit de les voir.

Pour moi, répondit Arélife, je ne puis
croire que nous ayions l'avantage dont Hortence vient de nous flatter, & nos noms ne
font pas affez confidérables pour être connus
dans un lieu qui poffede ce qu'il y a de plus
aimable dans le monde ; vous me permettrez
de vous dire, belle Arélife, répartit Uranie,
qu'il y a plus de modeftie que de vérité dans
votre difcours ; & s'il eft vrai qu'il y ait quelqu'agrément dans cette fociété, elle en perdroit une bonne partie, fi nous ne cher-
chions pas à connoître toutes les perfonnes
capables de les augmenter, & je puis vous
affurer que vous y êtes très - ardemment
defirée. Arélife, dit alors Silviane en riant,
pouvoit parler de cette forte à fon égard,

la folitude, l'amour de la lecture, & une fageffe quelquefois trop auftere lui faifant préférer fon cabinet aux plus brillantes compagnies : mais moi, dont l'humeur & les vivacités font connues de tous ceux que je vois, je ne trouve pas impoffible que dans le nombre, il n'y en ait eu qui aient inftruit Uranie que je fuis d'un caractere affez extraordinaire pour exciter fa curiofité.

Nous en jugerons, reprit Uranie en fouriant, & voici des perfonnes, continua-t-elle, en leur préfentant fes amies, qui m'aideront à vous prouver le plaifir que je reffens de vous avoir chez moi. Alors elles furent faluées de toute la compagnie, & les civilités ordinaires étant terminées, & chacun ayant pris place : Vous voyez ici, dit Camille avec enjouement, une affemblée qui n'offre d'abord à l'efprit rien que de grave & de férieux, étant tous maris & femmes, mais, lorfque vous faurez que nos époux font toujours nos amans, & que nous faifons gloire d'être leurs maîtreffes, vous effacerez de votre idée ce que le premier coup d'œil vous y a fait voir.

C'eft affez finement nous aprendre, répondit Silviane fur le même ton, que nous n'avons point ici de conquête à faire.

Il eft vrai, ajouta Florinde, que nous devons nous trouver heureufes de ce que ceux que nous aimons nous font attachés par des liens indiffolubles, puifque fans cela nous aurions fujet de craindre qu'ils ne nous échapaffant à la vue de tant de charmes.

Vous ne voyez pas, interrompit Oro-

phane, que les complimens que vous nous
faites, nous jettent dans l'embarras ? Il n'y
en a pas un de nous qui ne rende juftice à la
beauté de Silviane & d'Arélife, qui ne voulût même la faire éclater par fes galanteries.
Mais le caractere d'époux ne leur permet-
troit pas de les entendre, & celui d'amans
de nos femmes nous défend de leur dire
tout ce que nous penfons ; pour vous tirer
d'inquiétude, reprit Célimene, je puis vous
déclarer, fans indifcrétion, qu'Arélife &
Silviane vont être, comme vous, engagées
fous les loix de l'hymen, que l'amour en
a formé les nœuds, & que, felon toutes les
aparences, leurs maris, ainfi que vous, ne
cefferont point d'être leurs amans.

Je vous avoue, ajouta Mélente, que
cette déclaration ne laiffe pas d'être foula-
geante ; &, quoique cette belle compagnie
foit exempte d'envie & de jaloufie, je fuis
perfuadé qu'elle en agira avec plus de confiance & de liberté. En achevant de parler
ainfi, il lança un regard fur Erafme qui fit
rougir Florinde, en fe fouvenant du dialogue de l'amour-propre ; mais s'étant remife
affez promptement : J'entends, lui dit-elle,
à qui s'adreffe ce difcours, & je ne veux pas
vous céder la gloire de publier mes foibleffes, c'eft de moi feule que la belle Silviane
doit aprendre qu'elle m'a caufé quelque inquiétude pendant l'efpace d'un moment.

Uranie, qui vit que Silviane fouhaitoit
l'explication de ce difcours, lui avoua l'a-
venture d'Erafme, & de quelle façon il
avoit recueilli l'entretien qu'elle avoit eu

avec Arélife fur l'amour-propre ; ces deux belles perfonnes, jugeant bien que c'étoit de-là qu'elles étoient connues de la compagnie, ne démentirent point l'opinion qu'elle en avoit conçue, & firent paroître tant d'efprit & de fageffe dans leur répartie, qu'Uranie & fes amis prirent pour elles une véritable amitié. En vérité, dit alors Aréli-fe, s'il eft vrai qu'il eft des jours plus heureux les uns que les autres, nous devons compter celui-ci pour un des plus fortunés de notre vie.

Cela eft très-obligeant, répondit Uranie ; mais ce bonheur eft tout de notre côté. Ne croyez pas railler, interrompit Célimene, j'ai fouvent obfervé qu'il eft abfolument des jours heureux & malheureux. De tout tems, dit Thélamont, & dans toutes les nations, on a eu la même idée, &, quoique la fuperftition & la foibleffe de l'efprit des peuples aient été pouffées trop loin là-deffus, on n'a pu s'empêcher de remarquer que, dans le cours des années, le 14 des mois étoit un jour heureux pour la France : en effet, continua-t-il, le 14 de juin de l'année 411, Mérouée, Roi de France, joint aux Romains, aux Goths, près de Châlons en Champagne, gagna fur Attilla, Roi des Huns, la fameufe bataille des Champs Catalaumiens, où périrent cent quatre-vingt mille de ces barbares.

Le 14 de mai 1509, Louis XII remporta la victoire fur l'armée vénitienne à la bataille d'Agnadel ou de Giaraddada, où les Vénitiens perdirent vingt mille hommes, &

presque tout leurs pays de Terre-ferme, & les François n'en perdirent que cinq cents.

Le 14 de mai 1515, François I, son successeur, gagna la bataille de Marignan sur les Suisses qui s'étoient déclarés protecteurs de Maximilien Sforce, Duc de Milan, & qui furent cruellement punis d'avoir rompu le traité d'alliance qu'ils avoient avec la France depuis si long-tems; quinze mille Suisses y perdirent la vie, trois mille furent faits prisonniers, & la perte de toute leur artillerie, de leur bagage & le duché de Milan furent le prix de cette grande victoire. François I n'avoit que vingt-un ans, il coucha tout armé sur le champ de bataille, & passa la nuit sur l'affut d'un canon; ses Officiers ne purent qu'avec peine lui trouver un verre d'eau claire, tous les ruisseaux & les fontaines des environs étant teintes de sang. Depuis la perte que firent les Suisses contre Jules-César, ils n'en comptent point de plus funeste que celle de Marignan.

Le 14 avril 1544, le Comte d'Anguien, Général de l'armée de France, gagna la bataille de Serisolles sur l'armée impériale, composée d'Espagnols & d'Allemands; quinze mille Impériaux resterent morts sur le champ de bataille, deux mille cinq cents vingt-cinq Allemands y furent faits prisonniers, & six cents trente Espagnols, avec leur Général, & un butin immense.

Le 14 janvier 1553, les François obligerent l'Empereur Charles-Quint de lever le fameux siege de Metz, qu'il avoit attaquée avec une armée & une artillerie formidables.

Et le 14 mars 1590 , Henri le Grand gagna une bataille mémorable fur l'armée de
la ligue ; ce coup affomma cet hydre redoutable à ne s'en jamais relever , & Henri
victorieux foumit toutes les villes rebelles
& les reftes mourans de la ligue. Vous con-
viendrez , dit alors Célimene , voyant que
Thélamont avoit ceffé de parler , que voilà
d'affez glorieufes époques pour excufer la
fuperftition , & que l'on a quelque peine à
s'en défendre après des jours fi remarquables.

· Mais , répondit Félicie , fi les François
les comptent heureux pour eux , ils doivent
être regardés comme malheureux aux vaincus ; & je ferois curieufe de favoir s'ils en
ont eu la penfée : il n'y a point de doute ,
dit Erafme , que ceux qui ont fait des pertes
fi confidérables ces jours-là , ne les mettent
au rang des plus infortunés ; mais , continua-t-il , ce même nombre de quatorze n'a
pas été heureux aux feuls Rois de France ;
il le fut auffi à Guillaume le Conquérant ,
Duc de Normandie , qui le 14 août 1066 ,
remporta la victoire fur Harald , Roi d'Angleterre , malgré les efforts des Efpagnols ;
Guillaume étoit affifté des troupes de Guillaume VIII , Duc de Guyenne & Comte de
Poitou , de Hugues de Ligurie , Comte du
Maine, de Guy, Comte de Ponthieu, d'Euf-
tache , fecond Comte de Boulogne , de
Guillaume I , Comte de Nevers , de Bau-
douin , Comte de Flandres, fon beau-frere ,
& de celles du Comte de Bretagne ; les deux
armées étoient de près de cent mille hom-

mes chacune, la bataille se donna dans les plaines d'Hastings en Angleterre & le prix de la victoire du Dùc de Normandie fut la couronne de ce beau royaume.

Cela influe toujours sur la France, répondit Alphonse, puisque Guillaume étoit François, & que toute son armée en étoit composée. Après que ce Prince eut gagné cette fameuse bataille où le Roi Harald perdit l'Empire avec la vie, ainsi que le Comte d'Yorck son frere, il marcha droit à Londres sans faire reposer son armée : cette capitale, qui a toujours donné le mouvement aux autres villes du Royaume dans toutes les révolutions qui y sont arrivées, étoit dans un trouble difficile à décrire.

On n'y fut pas plutôt instruit de l'aproche du conquérant, que le peuple courut en foule aux environs de la tour de Londres, où les principaux Seigneurs étoient assemblés, en criant qu'il falloit se soumettre à Guillaume, puisqu'il étoit apellé à la couronne par le testament du Roi Edouard ; & qu'en le reconnoissant de bonne volonté, il conserveroit leurs biens, leurs vies & l'honneur de leurs femmes. Ces paroles furent si souvent répétées, & le tumulte devint si grand, que les Seigneurs ne balancerent plus à suivre cet avis, craignant d'y être forcés par la violence de cette multitude, qui commençoit à leur manquer de respect.

D'ailleurs examinant l'étonnement, la douleur & la crainte des habitans, leurs gémissemens & l'effroi des femmes de la Cour, joints au peu d'espérance qu'il y avoit de mettre fur pied une nouvelle armée ; les Comtes Eduin & Morcand, deux freres, habiles Généraux, n'ayant ramené à Londres que quatre mille hommes de près de cent mille qui avoient péri, ou été faits prifonniers, ou difperfés, ils conclurent que le meilleur parti étoit de fe rendre de bonne grace.

Ainfi malgré la fermeté de Stigand, Archevêque de Cantorbéry, Primat du Royaume, qui vouloit tout employer pour éviter une domination étrangere, il fut réfolu que tous les principaux Seigneurs qui fe trouvoient à la Cour iroient en corps au-devant du vainqueur implorer fa clémence, & le reconnoître pour leur Roi, en confervant cependant toute leur affection pour Edgard, qui étoit le feul Prince qui reftoit des anciens Rois Bretons ; ils l'entraînerent même avec eux, & furent trouver Guillaume à Bercanfted ; ce Prince fut agréablement furpris lorfqu'il aprit qu'Edgard, fuivi de l'Archevêque d'Yorck, de l'Evêque de Durham, des Comtes Eduin & Morcand, du Maire de Londres, & de tout ce qu'il y avoit de plus qualifié dans cette ville, venoit pour lui remettre l'autorité fuprême.

Il les reçut avec bonté, & dès le lendemain fon armée étant réunie, il marcha vers cette capitale, où il fit une entrée triomphante le 22 octobre 1066. Quatorze jours après fa defcente en Angleterre, c'étoit un fpectacle bien fuperbe de voir ce Prince fuivi d'une armée victorieufe de cent mille hommes, environnée de la plus grande

partie

partie de la noblesse de France, que le desir de la gloire avoit apellée auprès de lui, de celle de la nation angloise, qui le conduisirent au palais des Rois d'Angleterre, aux cris & aux aplaudissemens d'un peuple innombrable, qui témoignoit autant de joie qu'il avoit marqué de haine quelques jours auparavant. Tout cela se fit sans tumulte, sans que les vainqueurs abusassent de la liberté que donnoit la victoire.

Guillaume, voyant que la fortune le favorisoit au-delà de ses espérances, craignant quelques revers de sa part, aporta toutes les précautions nécessaires pour assurer sa conquête ; & dès le lendemain de son triomphe il sépara son armée en cinq corps différens, qu'il envoya pour s'emparer de toutes les provinces du Royaume.

Ensuite ayant fixé son couronnement au 25 décembre, jour de Noël, il en parla à l'Archevêque de Cantorbéry, Primat du Royaume, qui avoit droit de faire cette cérémonie ; mais ce conquérant, couvert de gloire & dans la plus haute prospérité, fut d'une surprise extrême, lorsque ce Prélat lui répondit que les saintes huiles ne devoient s'administrer qu'à des Rois légitimes ; que pour lui il n'étoit qu'un tyran & un usurpateur qui s'étoit emparé par la force & par la violence d'une monarchie sur laquelle il n'avoit aucun droit ; que s'il étoit vrai qu'il fût homme de bien, ainsi qu'il le vouloit paroître, il n'avoit qu'à faire assembler la nation, y laisser les suffrages dans toute leur liberté, & que si les peuples l'élisoient

pour Roi, il seroit le premier à le reconnoître; qu'il répandroit sur lui l'onction sacrée
pour lui donner le caractere de la royauté.

La fermeté ou plutôt la hardiesse de ce
Prélat étonna Guillaume; mais sans vouloir
en témoigner du ressentiment, & ne jugeant
pas à propos de s'en raporter au peuple de
son élection, prétendant son droit incon-
testable, il s'adressa à l'Archevêque d'Yorck,
qui, moins scrupuleux que celui de Cantorbéry, en fit la cérémonie au jour marqué
avec d'autant plus de joie, que cette action
solemnelle lui rendroit le droit de primatie
que les Archevêques d'Yorck ont toujours
disputé à ceux de Cantorbéry; & dans la
suite des tems, lorsque cette question a été
agitée, les successeurs de l'Archevêque
d'Yorck ont su se prévaloir du sacre de
Guillaume le Conquérant, ce qui a souvent
troublé l'Eglise d'Angleterre; & quelques
accommodemens que l'on ait faits, on n'a
jamais pu terminer ni résoudre cette dispute
qui dure encore aujourd'hui, quoique l'Archevêque de Cantorbéry soit en possession
de la primatie; ceux d'Yorck prétendent que
les accords précaires que les Rois & la
nation ont faits ne peuvent altérer leurs
droits à cette dignité.

. Ces sortes de querelles, dit alors Arélise,
ont souvent causé de grands désordres dans
la religion, sur-tout lorsque l'obstination s'en
mêle; les partis se forment, l'héréfie vient à
s'y glisser, la rebellion la suit, & l'autorité
suprême étant méprisée, on voit bientôt la
ruine des peuples & les fondemens des plus

grandes monarchies ébranlés. L'obftination, répondit Thélamont, eft la compagne infé- parable de l'héréfie ; mais entre tous les exemples que je pourrois citer, celui-ci eft une preuve qui me paroît fuffifante.

En 1618 Monfieur le Prince de Condé, pere de celui qui par fes grandes actions a rempli nos annales de tant de faits héroï- ques, commandant l'armée du Roi contre les rebelles calviniftes dans les provinces méridionales de la France, affiégea la ville de Saint-Sever ; les aproches étant faites, il la fit battre par fon artillerie, & la breche ayant été jugée praticable, il donna l'affaut où fes troupes furent repouffées avec vi- gueur : comme la garnifon avoit beaucoup fouffert, les habitans la recruterent de tous ceux qui furent en état de porter les armes.

Cependant, les fréquentes attaques que le Prince de Condé leur faifoit donner, diminuoient confidérablement les habitans & la garnifon ; il les fit fommer de fe ren- dre, en leur promettant bon quartier ; mais ces obftinés aimerent mieux mettre le feu par toute la ville, & périr avec leurs femmes & leurs enfans, que d'implorer la clémence du Roi ; ce qui échapa à l'incendie fe retira dans la citadelle, & jugeant que leur petit nombre ne pouvoit plus réfifter, ils firent un trou à la muraille, & à la faveur de la nuit & des chemins creux, ils fe fauverent dans les montagnes où ils périrent de faim & de mifere.

A la pointe du jour, Monfieur le Prince ayant été averti qu'on ne voyoit perfonne

fur les breches ni fur les murailles, fit avancer fur troupes avec précaution, de crainte
de quelque embûche ou de furprife; mais on
trouva la ville & la citadelle vuides, à la
réferve de quelques-uns qui avoient tâché
de fauver de l'incendie des effets qu'ils efpéroient emporter avec eux ; ils furent arrêtés
& pendus fur le champ : ainfi périrent les
habitans de cette malheureufe ville, victime
de l'héréfie & de la rebellion.

Il eft vrai, dit Silviane, que voilà un trait
bien terrible de l'obftination, & je trouve
qu'on ne peut trop abhorrer des opinions
qui conduifent dans de pareils malheurs.

Vous voyez, belle Silviane, interrompit
Célimene, une partie des amufemens de
cette charmante fociété; & tout ce que vous
venez d'entendre, vous doit convaincre de
ce que je vous en ai dit : mais, continua-t-
elle, je crois qu'Uranie ne s'opofera pas au
defir que j'ai de fatisfaire vos yeux, ainfi
que votre efprit, & qu'elle voudra bien vous
faire voir tous les agrémens de fa retraite.

Quoi qu'il n'y ait rien de remarquable,
répondit Uranie en fe levant, il eft jufte de
contenter votre curiofité, d'autant plus que
j'efpere que Silviane & Arélife trouveront
ma maifon affez commode, pour l'embellir
quelquefois par leurs préfences.

A ces mots toute la compagnie s'étant
levée, elle conduifit Arélife & Silviane dans
les différens apartemens, dont ce pavillon
étoit compofé : elles en admirerent l'ordre,
le goût & la propreté ; mais fur-tout elles
fe récrierent fur un cabinet qu'Uranie s'é-

toit fait faire depuis peu , qui étoit rempli
d'un grand nombre de choses curieuses ; entr'autres , elle y avoit pratiqué un endroit
où elle se divertissoit à voir travailler des
vers à soie ; la compagnie prit quelque tems
plaisir à les regarder : On voit bien , dit Célimene , qu'Uranie ne veut rien ignorer.

Cette occupation , répondit-elle , n'est pas
des plus nécessaires , puisque nous sommes
sous un climat qui n'est pas assez chaud
pour la rendre aussi utile qu'elle l'est dans
les provinces & les pays où le soleil a le plus
de force ; mais c'est un amusement que j'ai
voulu me donner , sans autre dessein que
d'admirer les effets de la providence , qui a
fait naître cet animal , pour le rendre la
source du plus grand commerce qui se fasse
dans l'univers.

Son travail assidu , & ses différentes mé-
tamorphoses , qui toutes sont nécessaires à la
multiplication de son espece , me paroissent
mériter l'attention de tout le monde.

Il est vrai , dit Camille , & je passerois
des jours entiers à cette contemplation sans
m'ennuyer un moment : mais si nous admi-
rons ces petits animaux , nous ne pouvons
trop rendre graces à ceux qui ont découvert leur utilité & la maniere d'en tirer le
profit , & je voudrois savoir à qui l'on en
est redevable.

Il faut , dit Thélamont , que les Chinois en
aient eu la connoissance des premiers , parce que ce furent deux Religieux de l'Ordre
de saint Basile qui aporterent de la Chine
dans la Grece des œufs de vers à soie , avec

la façon de les faire éclorre, de les nourrir
de feuilles de meurier blanc, dont toute la
Grece abonde, à tirer la foie des coques, à
la travailler & la rendre propre à la mettre
en œuvre : de forte qu'en peu d'années toute
la Grece & l'Afie mineure furent couvertes de
meuriers blancs, & les peuples amorcés par
le gain immenfe qu'ils faifoient, fe donnerent entiérement à ce commerce. Les Empereurs grecs, à qui le produit des foies
aportoit un revenu confidérable, donnerent plufieurs édits, par lefquels ils défendoient, fous peine de la vie, de tranfporter
des œufs de vers à foie, ni des plants de
meuriers hors de l'Empire ; mais malgré
leurs foins la nature y avoit pourvu ; toutes
les côtes de la mer méditerrannée, depuis
celles de la Grece jufqu'au détroit de Gi-
braltar en étoient couvertes, il y en avoit
des forêts entieres, & fur-tout en Sicile.
Les négocians d'Italie trouverent le moyen
d'avoir de ces œufs précieux, malgré les
défenfes & les rifques; mais n'ayant pas l'art
de les élever lorfqu'ils étoient éclos, ils pé-
riffoient faute de foin ou d'intelligence, ce
qui fit que la Grece fut feule long-tems en
poffeffion de ce tréfor.

Mais enfin Roger, Roi de Sicile, ayant
armé contre Manuel Comnene, fils de Jean
de Comnene, Empereur de Conftantinople, pour avoir, contre le droit des gens,
maltraité fes Ambaffadeurs, il fit ligue avec
les Florentins, les Pifans & les Génois, &
toutes ces puiffances s'étant jointes au printems de l'année 1150, elles partirent du

port de Meffine, aborderent & firent defcente dans l'ancienne ifle de Corcire, apellée préfentement Corfou, l'attaquerent &
la foumirent, & paffant plus avant, ils prirent Thebes, Calchide & plufieurs autres
places d'importance, où ils firent un butin
immenfe; mais ce qu'il y eut de plus précieux pour eux, furent les manufactures de
la foie, & l'art d'en élever les vers; ils en-
leverent tous les ouvriers, tant hommes
que femmes, tous leurs métiers avec les
inftrumens propres à cette manufacture, &
tous les œufs des vers à foie qu'ils purent
trouver, & tranfporterent ainfi ce riche tréfor de la Grece en Italie, qui fe communiqua bientôt dans toute l'étendue du pays;
de même qu'en Provence, en Languedoc
& en Efpagne, où il s'eft augmenté & perfectionné à un point, qu'il fait aujourd'hui
le plus grand revenu de ces belles provinces.

Il y a bien du plaifir, dit alors Silviane,
à marquer ici fa curiofité fur quelque fujet
que ce foit, elle eft fatisfaite d'une maniere
fi inftructive & fi peu commune, que l'on
eft en quelque façon bien-aife de ne pas favoir, pour être dans l'obligation d'aprendre.

Comme Célimene n'ignoroit pas que
Thélamont craignoit autant les louanges,
qu'il y en a qui les aiment, elle interrompit Silviane: Nous ne finirions point, dit-
elle, fi nous nous abandonnions aux réflexions que méritent les moindres chofes
que l'on dit ici; & puifque j'ai commencé
à prendre la licence de régler les pas de la
compagnie, je fuis d'avis que nous nous

rendions fur la terraſſe, où les charmes de
la promenade ne feront qu'augmenter ceux
de la converſation.

On ne répondit à Célimene qu'en fuivant
fon intention, & l'on fe rendit fur la terraſſe, où Silviane & Aréliſe eurent de nouveaux fujets d'admiration, elle fut aſſez
long-tems l'objet principal de leur entretien:
lorſqu'elles eurent témoigné par mille paroles obligeantes. combien cet aimable lieu
leur plaiſoit, & qu'elles eurent parcouru
une partie des jardins, Uranie les ramena
fur la terraſſe, où tout le monde s'étant aſſis :

Je ne m'étonne plus, dit Silviane, de
l'empreſſement qu'Hortence & Mélente
avoient de venir ici, & je commence à
craindre l'inſtant où je ferai forcée de quitter un féjour ſi charmant.

Le motif qui vous obligera à nous abandonner, répliqua Célimene, vous en con-
folera aiſément. J'avoue, ajouta Aréliſe en
rougiſſant, qu'il ne faut pas moins qu'un
hymen ardemment deſiré, pour nous arracher d'ici fans douleur.

Il faut y venir, dit Orophane, avec vos
heureux époux, afin d'y jouir en liberté du
plaiſir de s'aimer, & de fe le dire fans crainte
d'être cenſurés.

C'eſt le comble de la ſatisfaction, reprit
Silviane, & je crois que la feule inconſtance
des hommes a banni cet uſage : il commence
à fe rétablir, ajouta Erafme, & depuis que
le divorce n'eſt plus fréquent, nous voyons
des unions plus douces & mieux aſſorties,
la difficulté de fe féparer, & par conféquent

la néceffité d'être toujours liés , fait faire de
plus férieufes réflexions fur le choix des
deux partis, & les obligent à bien vivre enfemble lorfqu'ils font unis.

Je ne trouve pas cela , répondit Alphonfe,
& nous voyons tous les jours des mariages
auxquels on a long - tems réfléchi, & qui
n'en font pas plus heureux : car je ne fais
point confifter le bonheur dans de fimples
égards , & des confidérations que l'on fe
doit , même quand on ne feroit qu'amis ;
je ne le mets que dans un amour & une
conftance réciproque , telle que j'ofe dire
qu'elle eft parmi nous , & lorfque ces deux
points en font féparés , je crois que le divorce eft plus à fouhaiter qu'à blâmer.

Quoi qu'il en foit, dit Félicie , je trouve
qu'on a bien fait d'en détruire l'ufage, puifqu'il donnoit occafion à tout ce que l'inconftance & l'infidélité ont de plus affreux.
De tous les divorces dont nous avons des
exemples fameux, ajouta Orophane, je n'en
fais point qui me révoltent plus que ceux
d'Etelred , Roi d'Angleterre ; & fi Félicie
vouloit vous en raporter l'hiftoire , je fuis
perfuadé que vous feriez de mon fentiment.
Ah ! ma chere Félicie, lui dit Uranie , don-
nez-nous le plaifir de vous entendre , & ne
nous refufez pas une complaifance que j'ai
eue tant de fois pour vous.

Je ne m'en ferai pas preffer davantage ,
répondit cette aimable femme, & puifqu'il
faut me conformer aux regles établies ici ,
& que je vois que nous en avons le tems ,
je vais vous fatisfaire le mieux qu'il me fera
poffible.   D f

Alors voyant qu'on lui prêtoit attention, après avoir un moment réfléchi fur ce qu'elle avoit à dire, elle commença ainfi :

HISTOIRE d'Etelred, Roi d'Angleterre.

L'Angleterre avoit été agitée par tant de guerres & de diffentions depuis la conquête des Saxons qui l'avoient divifée en fept Royaumes, qu'on peut dire que ce ne fut que fous le regne d'Adelftan, au commencement du dixieme fiecle, qu'elle prit une forme nouvelle, & jouit d'une paix tranquille. Ce Roi, brave & grand politique, la réunit en un feul Royaume, & par les foins qu'il prit d'y attirer le peuple des côtes des Gaules, & diftribuant les terres à fes nouveaux fujets qui les mirent bientôt en valeur, il rétablit en peu d'années le commerce dans cet Etat, & le rendit riche & floriffant.

La bonté du pays & la commodité de fes ports, jointes aux attentions de ce fage Monarque, firent profpérer l'Angleterre jufqu'au regne d'Etelred, l'un de fes fucceffeurs, qui parvint à l'Empire vers l'année 1004. Ce Prince, que le ciel avoit doué de toutes les qualités qui peuvent rendre un homme aimable & former un grand Roi, eût été le plus heureux des Monarques, s'il eût pu vaincre fon penchant à l'amour, ou fi la conftance eût été dans fon cœur la compagne de cette paffion.

Il avoit été élevé par un Prince de fon

sang, nommé Egrads, dont les conseils sages & prudens avoient comme enchaîné tous les mouvemens de ce Prince : accoutumé à un tel guide, il ne se connoissoit pas lui-même, il croyoit ne penser que comme lui, toutes ses démarches conduites & éclairées par ce sage Gouverneur lui faisoient imaginer qu'il ne pourroit jamais en faire d'autres, & que l'habitude d'obéir au bien suffisoit pour éviter le mal.

Semblable aux enfans qui, menés par la lisiere, marchent en sûreté, & qui n'étant plus aidés ni soutenus, tombent au premier pas. Egrads même jugeant de l'avenir par le présent, se flatta que les heureuses dispositions d'Etelred ne changeroient jamais ; sa soumission à suivre ses conseils, son esprit qu'il avoit orné des plus belles connoissances, la bonté de son cœur qui se faisoit remarquer dans toutes les occasions, & l'art de se faire aimer qu'il possédoit au souverain degré, l'aveuglerent & l'empêcherent de prévoir les événemens qui pouvoient ternir l'éclat de tant de rares qualités.

Etelred étoit dans l'âge où les charmes extérieurs se font le plus admirer, lorsque les droits du sang lui mirent la couronne sur la tête, & ses peuples lui virent prendre à vingt ans les rênes de l'Empire avec une joie d'autant plus grande, qu'il paroissoit en être aussi digne par ses vertus que par sa naissance ; les premieres années de son regne ne démentirent point l'opinion de ses sujets. La justice, la douceur & la sage politique furent les compagnes de son autorité, &

juſques dans le choix de ſes favoris, il fit remarquer ſon diſcernement & ſon amour pour la vertu. Entre ceux auxquels il avoit accordé ce titre, un Seigneur de ſa Cour, apellé Cork, étoit celui en qui il avoit le plus de confiance, & comme il la méritoit, on ne fut point ſurpris qu'il l'emportât ſur les autres.

Egrads, pour qui le Roi conſervoit toujours une amitié ſincere, & dont il ſuivoit les avis avec la même exactitude qu'il avoit fait voir avant que de régner, ne pouvoit aſſez louer la juſteſſe de ſon choix, & s'aplaudiſſoit en ſecret d'avoir orné un Prince ſi digne des ſoins qu'il s'étoit donnés. Juſques-là Etelred n'avoit montré aucun attachement particulier, quoique ſa Cour fût remplie de Dames & de Princeſſes d'une grande beauté; généralement galant, aimable, & cherchant à plaire, l'amour n'avoit encore eu qu'un foible empire ſur ſon cœur.

Mais l'inſtant fatal de la perte de ſa liberté ne tarda pas à venir, & la ville de Londres renfermoit un objet deſtiné à la lui ravir d'une façon ſinguliere. Un jour que ce Prince traverſoit la ville à cheval avec ſa Cour, pour ſe rendre à une partie de plaiſir qu'il avoit faite, comme toutes les fenêtres des maiſons étoient garnies de monde pour le voir paſſer, & qu'il regardoit avec plaiſir ces marques de la tendreſſe de ſon peuple, voulant en quelque ſorte répondre au deſir qu'il témoignoit de le contempler, il ralentit les pas de ſon cheval, & hauſſant la tête pour ſe montrer à ceux

qui étoient trop élevés pour le voir facilement, il aperçut à la fenêtre d'une maison
qui n'avoit nulle aparence, une jeune personne de seize à dix-sept ans, d'une beauté
si surprenante, qu'il en fut ébloui ; il y attacha ses regards, & marchant encore plus
lentement, il se donnoit tout le tems d'ava-
ler à longs traits le poison qui de ses yeux
s'épanchoit dans son cœur.

Cette fille, que l'attention du Roi avoit
fait rougir, n'en parut que plus belle, &
cet effet de sa modestie acheva d'embraser
Etelred, & lorsque, forcé d'avancer, il en
fut éloigné d'une distance assez grande, il
tourna plusieurs fois la tête de son côté, &
vit avec une joie dont il ne pénétroit pas
encore la cause, qu'elle s'étoit avancée sur
la fenêtre, afin de le voir plus long-tems.
Il sortit enfin de la ville ; & la campagne
où il espéroit trouver un divertissement capable de l'occuper, n'offrit à son ame que
tristesse & qu'ennui ; tout entier occupé de
ce qu'il avoit vu, & des moyens de le revoir encore, il ne put goûter aucun plaisir,
& revint à Londres avec un empressement
bien plus grand qu'il n'en étoit sorti ; ce ne
fût pas sans chercher des yeux la maison &
la fenêtre qui avoit aporté tant de changement dans son cœur ; la même multitude
qui étoit à son départ se fit voir à son retour ; il fut lentement, regarda par-tout,
& croyant avoir retrouvé la demeure de ce
charmant objet, il le chercha où il l'avoit
vu la première fois ; mais il ne parut point,
& cette maison, qui n'avoit rien de remar-

quable, la devint en ce moment, parce
qu'elle étoit la feule où il n'y avoit perfonne
aux fenêtres.

Etelred en fentit une douleur qu'il ne put
cacher, fon vifage changea, une profonde
triftefle s'y répandit, & Cork, qui dans cet
inftant avoit les yeux fur lui, s'en étant aperçu, & étant affez près pour lui parler, lui
demanda s'il fe trouvoit mal : le Roi, que
ce difcours fembla réveiller, le regardant
avec des yeux où l'inquiétude étoit peinte :

Arrivons, Corck, lui dit-il, je ne vous
cacherai rien ; alors pouffant fon cheval,
il obligea toute fa Cour d'en faire autant :
ce peu de mots firent aifément connoître à
Corck qu'il fe paffoit quelque chofe d'é-
trange dans l'efprit d'Etelred, & comme à
leur départ il avoit remarqué fon attachement à regarder la jeune beauté dont il avoit
été frapé, qu'il y avoit lui-même jetté les
yeux, & que, depuis ce moment, il lui
avoit paru dans une revêrie prefque con-
tinuelle, il eut quelque foupçon de la vérité. Cette idée le raffura, ne s'imaginant
pas qu'il y eût un grand malheur de voir
le Roi amoureux, d'autant plus qu'il étoit
perfuadé que rien n'étoit plus aifé à un
Prince qui eft le maître de fe faire un fort
agréable dans cette paffion.

Ils ne furent pas plutôt arrivés au palais,
qu'Etelred entra dans fon cabinet, Cork
l'y fuivit, & le Roi s'étant affis, après avoir
gardé le filence un peu de tems, leva les
yeux fur Cork, & le regardant fixement :
Puis-je compter fur vous, lui dit-il? L'ef-

time particuliere que je vous ai toujours témoignée vous a-t-elle affez attaché à moi pour me fervir dans la plus importante occafion de ma vie ?

Sire, lui répondit ce favori, en fe mettant à fes genoux, c'eft faire un outrage fenfible à mon zele pour votre Majefté, que d'en pouvoir douter ; mes foins, mes peines, mon fang & ma vie font à vous, difpofez-en fouverainement ; que faut-il faire ? Que faut-il tenter ? Parlez, & daignez me tirer de la cruelle inquiétude que me donne l'état où je vous vois.

Hélas ! lui dit le Roi, il eft fi nouveau pour moi, que je ne fuis pas furpris que vous vous en aperceviez, n'étant pas accoutumé à fentir de pareils mouvemens, je ne le fuis point à les cacher ; j'aime, Cork, continua-t-il ; mais j'aime avec une violence qui n'eut jamais d'égale, & pour comble d'infortune, j'ignore qui j'aime. Alors il lui raconta ce que je viens de vous dire, & lui ayant exagéré le défefpoir où il étoit de n'avoir point revu ce dangereux objet. C'eft donc à vous, mon cher Cork, ajouta-t-il, à le chercher, à le trouver & à m'inftruire fi cette admirable perfonne eft née dans mes Etats, fi elle eft habitante de Londres ; enfin, c'eft à vous à me faciliter les moyens de la voir, de lui déclarer mon amour, & de m'en faire aimer.

Cork très-fatisfait que le trouble du Roi ne vînt que d'un amour naiffant, n'oublia rien pour lui faire concevoir une douce efpérance : Votre Majefté, lui dit il, doit être assurée que je vais tout employer pour la satisfaire, & peut-être avant la fin du jour sera-t-elle instruite de tout ce qu'elle veut savoir; mais, Sire, tranquillisez-vous, songez qu'il n'y a point d'hommes plus aimable qu'Etelred, & qui joint à des charmes inévitables un rang auquel toutes les beautés de la terre font gloire d'être soumises.

Le Roi ne répondit à ce discours que par un sourire qui fit voir à son favori que l'amour-propre disparoissoit bien vîte à l'aspect d'une grande passion, & que, de quelques qualités que l'on fût rempli, on ne s'en croyoit jamais assez pour plaire à ce que l'on aime; mais la certitude de savoir bientôt son fort ayant remis le calme dans son cœur, il pressa son favori d'aller travailler dès ce moment à son bonheur, & lui recommanda le secret & la diligence; Cork lui promit l'un & l'autre, & sortit du palais avec la ferme résolution de n'y rentrer que bien instruit du nom, de l'état & de la fortune de celle qu'il alloit chercher.

Etelred, que cet entretien avoit soulagé, rentra dans son apartement, & parut au milieu d'une nombreuse Cour avec un air de contentement & de liberté qui ne pouvoit faire soupçonner ce qu'il avoit dans l'ame; tandis que sous cet extérieur trompeur & charmant il cachoit son amour & son inquiétude, Cork faisoit des perquisitions si exactes, qu'il aprit enfin que celle qui avoit donné tant d'amour au Roi se nommoit Etelgive, qu'elle n'avoit point de mere, que son pere, qui étoit un simple

artifan, l'avoit faite élever dans un couvent
jufqu'à quinze ans, ayant mis tout ce qu'il
tiroit de fon travail pour lui donner une
bonne éducation ; mais qu'étant trop pauvre pour continuer, il l'avoit retirée depuis
deux ans, qu'elle vivoit dans une grande
retraite, ne s'occupant qu'à des exercices de
piété & à conduire le ménage de fon pere,
avec une de fes parentes, jeune & affez jo-
lie, qui, étant orpheline & très-fage auffi,
vivoit avec elle dans une parfaite union.

Lorfque le favori fe fut informé de toutes
ces chofes dans le quartier d'Etelgive, il
crut que, pour n'avoir rien à fe reprocher,
il falloit aller chez l'artifan, & juger par
lui-même de tout ce qu'on lui avoit dit d'a-
vantageux de cette belle fille ; il y fut, &
fous prétexte de lui commander quelque
chofe dont il avoit affaire, il l'entretint, le
queftionna fur fa famille & fur le gain que
fon métier lui pouvoit produire ; l'artifan
qui le voyoit affez magnifiquement mis pour
lui infpirer du refpect, quoiqu'il fût fans
fuite, lui répondit d'abord avec la circonfpection d'un homme qui craint d'ennuyer
par le récit de fa mifere ; Cork, qui s'aperçut de fa reténue, voulant l'obliger à parler :
Je fais, lui dit-il, que vous êtes un honnête
homme, & que votre état eft très-malheu-
reux ; expliquez-vous avec moi fans déguifement ; on dit que vous avez une fille &
une niece qui font aimables & bien élevées,
mais que votre fituation vous empêche de
les pouvoir établir ; fi cela eft ainfi, vous
ne devez pas en perdre l'efpoir, nous avons

un Roi qui compatit au malheur de ſes ſujets , & qui ne cherche qu'à les en tirer ;
s'il ſavoit votre pauvreté , il vous en tire-
roit , & vous mettroit en état de bien marier votre fille.

Ah ! Seigneur , répondit le bon homme ,
les Rois auroient trop d'affaires s'ils entre-
prenoient de rendre tous leurs ſujets heureux ; & quelque charitable que ſoit le nôtre , par où pourrois-je eſpérer qu'il m'arra-
chât à ma miſere , ne lui ayant jamais rendu
aucun ſervice , & n'étant que le plus petit
des membres de l'Etat ? Je ſuis pauvre , continua-t-il , mais je ne ſuis point viſionnaire ;
ma fille & ma niece ſont à la vérité aſſez
paſſables , cependant elles ſont ſages , & ne
veulent voir perſonne.

Je voudrois pourtant bien les voir , répondit Cork ; j'ai quelque pouvoir à la
Cour , & je pourrois les placer auprès de
quelques-unes des Dames dont la vertu ne
feroit que cimenter la leur ; & pour vous
prouver , dit-il en tirant une bourſe pleine
d'or , que je veux vous rendre ſervice , prenez cette bourſe , & vous en ſervez pour
vous aider , juſqu'à ce que j'aie pris les me-
ſures néceſſaires pour les établir.

La demande & l'extrême généroſité de
Cork ſurprirent également l'artiſan , il balança long-tems ſur ce qu'il devoit faire ,
& le favori remarquant ſon embarras : Ne
craignez rien , lui dit-il , je ne viens point
pour ſéduire vos filles , je ne veux leur parler que devant vous , & c'eſt la ſeule compaſſion qui m'engage à vous faire du bien.

. Ce difcours raffura le vieillard , & Cork
avoit une phyfionomie fi fage , & un main-
tien fi réfervé , qu'il ne put fe défendre
d'ajouter foi à fes paroles , & après l'avoir
remercié de fon bienfait en embraffant prefque fes genoux , il le conduifit à une petite
chambre mal meublée , où il vit Etelgive &
fa compagne qui s'occupoient à broder : des
habits fimples & négligés n'empêcherent pas
les charmes d'Etelgive d'éclater aux yeux de
Cork ; mais rien de fi beau ne s'étoit offert
à fes regards , une taille haute , fine & bien
prife , un air fage & majeftueux , des bras
parfaits , des mains de même , une gorge
raviffante , de grands yeux bleus , vifs , tendres , fpirituels & modeftes , un nez charmant , une bouche & des dents admirables ,
tout cela joint à une peau d'une blancheur
éblouiffante , étonnerent de telle forte le
favori d'Etelred , qu'il en refta prefqu'immobile. La charmante Etelgive , qui s'étoit
levée dès qu'il étoit entré , rougit extrêmement en voyant l'effet que produifoit fa
beauté.

Le vifage de Cork ne lui étoit pas incon-
nu, de fecrettes raifons avoient gravé dans fa
mémoire tous ceux qui entouroient le Roi
le jour de fon départ ; & comme il portoit
encore le même habit , il lui fut facile de
s'en rapeller l'idée ; ainfi , fans favoir précifément qui il étoit , elle ne laiffa pas de le
regarder comme un homme attaché au Roi.

Si les attraits dont elle étoit pourvue ,
avoient caufé la furprife de Cork , fa vifite
n'en donna pas une moins grande à cette

belle fille ; fa vertu s'en alarma , & regardant fon pere , elle fe préparoit à lui demander ce qui le conduifoit dans cette chambre , lorfque Cork , ayant repris fes fens éperdus par tant de charmes , & ne pouvant la traiter comme la fille d'un artifan , prit la parole , & s'aprochant d'elle avec le même refpect qu'il eût rendu à la Reine : Madame , lui dit-il , pardonnez une audacieufe curiofité , la franchife dont je fais proffeffion ne me permet pas de vous diffimuler que j'ai voulu voir fi tout ce qu'on m'a raporté de vous étoit vrai ; ce que j'envois eft fi fort au-deffus du portrait qu'on m'en a fait , que je n'ai pu vous en cacher mon étonnement & mon admiration ; je vais en faire mon raport au Roi , & j'ofe vous affurer qu'il chérit trop la vertu pour ne la pas rendre plus heureufe.

Seigneur , lui répondit Etelgive avec une modefte fierté , nous fommes trop peu de chofe pour que le Roi & ceux qui ont l'honneur de l'aprocher daignent s'abaiffer jufqu'à nous : jufqu'ici le ciel ne nous a point abandonnés , notre mifere ne nous effraie point , elle eft peut-être néceffaire à notre fageffe , une plus grande aifance la fait fouvent négliger ; & fi j'ofois , continua-t-elle en rougiffant , vous demander un prix de la complaifance que mon pere a eue pour vous , ce feroit de ne rien dire au Roi de votre aventure , & de ne nous plus honorer de votre préfence.

J'aurai toujours , lui dit Cork , une entiere foumiffion à vos volontés ; mais je ne

puis me difpenfer d'inftruire le Roi de ce
que j'ai vu, & fi je fuis forcé par fes ordres
fuprêmes à vous importuner encore, ce fera
avec un refpect fi profond, que j'efpère que
vous aurez moins de crainte & plus de confiance.

A ces mots, l'ayant faluée profondément,
il fe retira avec le pere qui, dans fa bou-
tique, fit tous fes efforts pour l'obliger à reprendre fa bourfe ; mais Cork le prit avec
lui fur un ton d'autorité, qui le contraignit
à la garder. Cependant l'amoureux Etelred
l'attendoit avec une impatience extrême,
& jamais journée ne lui avoit paru plus
longue ; la nuit commençoit à paroître,
lorfqu'il vit enfin arriver fon favori, fur le
vifage duquel il aperçut une fatisfaction qui
lui fut de bon augure.

Auffi-tôt qu'il le put entretenir en particulier, fans marquer d'affectation, il l'a-
pella dans fon cabinet, & lui ayant demandé
avec empreffement ce qu'il avoit découvert;
Cork, qui étoit véritablement dans l'admiration, ne ménagea nulle de fes expreffions
pour bien peindre Etelgive, & rendit un
compte exact au Roi de leur entrevue, de
ce qu'ils s'étoient dit & de ce qu'ils avoient
fait.

Pendant fon difcours Etelred paroiffoit
tranfporté d'amour & de joie, & la mé-
diocrité de la fortune & de la naiffance
d'Etelgive, lui donnant une efpérance prefque certaine, il ne fit attention à la réponfe
modefte qu'elle avoit faite à Cork, que pour
admirer fon efprit; enfuite ayant confulté

avec lui comment il feroit pour la voir, ils
convinrent qu'il étoit impoffible que cela fe
pût faire dans la maifon de ces pauvres gens,
& qu'il falloit les en retirer, & les établir
dans un lieu moins fréquenté que la ville,
afin que les pas du Roi puffent être cachés à
toute la Cour.

Etelred, que l'amour rendoit ingénieux,
fe fouvint alors, qu'à quelque diftance d'une
forêt où il prenoit tous les jours le divertif-
fement de la chaffe, il y avoit une maifon
de campagne, dont le logement & les jardins lui avoient paru agréables & commo-
des, s'y étant rafraîchi plufieurs fois : il ordonna à Cork d'en donner tout ce que l'on
en demanderoit, de la meubler telle qu'il
falloit qu'elle le fût pour la maîtreffe d'un
Roi, & fous d'autres prétextes, lui fit délivrer une fomme confidérable, pour ne
rien épargner dans ce projet.

Cela demandoit du tems, mais Etelred
aima mieux fe priver encore quelques jours
de la vue d'Etelgive, que de fe refufer le
plaifir de la mettre dans un état digne de
l'amour qu'il avoit pour elle ; il ne voulut
pas même que Cork la revît, que lorfque
tout feroit prêt pour la conduire à cette
maifon ; ce favori zélé ne le fit pas beaucoup languir, en moins de huit jours elle
fut meublée & remplie de tout ce qui eft
néceffaire à la commodité & aux agrémens
de la vie. Le Roi en allant à la chaffe s'y
rendoit feul avec Cork, & ordonnoit lui-
même l'arrangement qu'il vouloit qui y fût ;
cette occupation diffipoit en quelque façon

l'ennui d'attendre, & comme cela n'avoit de raport qu'à son amour, il y mettoit tout son plaisir.

Tandis qu'il se donnoit ces tendres soins, la belle Etelgive n'étoit pas sans inquiétude; la présence de Cork avoit ranimé dans son cœur des sentimens que sa raison & sa vertu avoient combattus avec fermeté. Il y avoit déja du tems que, pour satisfaire une curiosité qui est naturelle à tous les peuples, son pere lui avoit fait voir le Roi, & comme c'étoit dans un de ces jours solemnels, où les Monarques ne relevent jamais avec plus d'éclat la Majesté Royale, qu'en s'abaissant avec bonté jusqu'à leurs sujets, elle le vit accompagné de tous ses charmes; son jeune cœur en fut frapé, & l'idée d'Etelred s'y imprima de telle sorte, qu'elle n'avoit que lui devant les yeux, qu'elle ne parloit que de lui, & ne pouvoit penser qu'à lui; elle étoit si jeune alors, qu'elle ne fit d'abord nulle attention au plaisir qu'elle ressentoit à répéter sans cesse ce qu'elle lui avoit vu faire ou entendu dire: mais Edite sa parente, qui étoit un peu plus âgée qu'elle, lui en fit tant de fois la guerre, que réfléchissant sur ce qui la faisoit agir, elle connut avec douleur qu'un penchant trop tendre l'entraînoit malgré elle.

Ensuite elle s'indigna contr'elle-même de l'excès de l'orgueil qui la portoit à lever les yeux sur son Roi, & se rabaissant par les plus humiliantes réflexions, elle chercha dans ce qu'elle étoit un secours contre ce qu'elle ne pouvoit être.

Mais après ce févere examen, elle fe re-
trouvoit toujours un cœur au-deſſus de ſa
naiſſance, & une forte tendreſſe pour Etelred ; dans les différentes agitations que lui
cauſoit une paſſion ſi diſproportionnée,
elle ne put ſe refuſer la conſolation d'en
faire confidence à Edite, en la priant de
lui aider à la faire triompher de ſa foibleſſe :
Je ne te l'aurois jamais avouée, lui diſoit-
elle, ſi tu étois à portée de voir des perſonnes plus élevées que nous, & quoique je
ſache ton amitié pour moi & ta diſcrétion,
je ne m'expoſerois pas à l'horreur de t'en
voir manquer, en publiant ma folie à ceux
qui pourroient la raporter au Roi ; mais
auſſi ſolitaire que moi, ſans apui, ſans amis,
& m'aimant comme tu fais, je me flatte que
tu auras pitié de l'état où je ſuis, & que par
tes raiſons & ta ſageſſe tu feras ainſi revenir
la mienne.

C'eſt ici que la trop tendre Etelgive s'entretenoit ſouvent avec ſa couſine, qui véritablement épouvantée du déſordre de ſon
ame, n'épargnoit rien pour en détruire la
cauſe ; elles croyoient l'une & l'autre y
être parvenues ; déja elles ne parloient plus
du Roi, déja Etelgive s'accoutumoit à ne
plus prononcer ſon nom, lorſqu'il vint à
paſſer, comme je l'ai dit ; le bruit des chevaux, les acclamations du peuple, & le
tumulte qu'elle entendit la fit courir à ſa
fenêtre : quelle fut ſa ſurpriſe, quand elle
vit Etelred mille fois plus aimable que la
premiere fois ? elle n'oſa refermer la fenêtre, ou plutôt elle n'en eut pas la force, &

les

les yeux de ce Monarque qui s'attacherent
sur elle en ce moment lui firent oublier
toutes ses résolutions.

Elle y résista, & le suivit de l'esprit & du
cœur, aussi loin que sa vue put s'étendre,
& vit qu'il s'étoit tourné plusieurs fois pour
la regarder encore; il s'éloigna, & la triste
Etelgive ne vit plus qu'une nuit sombre, en
perdant l'objet qui la charmoit; elle se retira de la fenêtre avec des yeux noyés de
pleurs: Edite, s'écria-t-elle, ma chere
Edite, que vais-je devenir?

Cette aimable fille, dont le caractere
étoit rempli de douceur, ne voulut pas
d'abord combattre sa passion avec chaleur:
Ma chere Etelgive, lui dit-elle, espérez du
tems & de votre vertu une guérison si nécessaire à votre repos, & pour l'avancer,
songez incessamment que cet Etelred si beau,
si bien fait, est un des plus grands Rois du
monde, que nous sommes les moindres de
ses sujettes, & qu'il n'est destiné qu'à des
Princesses.

Je ne le sais que trop, répondit-elle, &
ma tendresse n'est accompagnée ni d'espérance ni de desir, & quand ce Roi, qui
m'est si cher, viendroit à m'aimer autant
que je sens que je l'aime, il n'en seroit jamais plus heureux, & toute sa grandeur,
son pouvoir & mon amour ne peuvent me
faire oublier le soin de ma gloire. Je n'en
veux point être aimée, & je veux cesser de
l'aimer, je n'aurai pas de peine à empêcher le premier; mais je crains bien de ne
pouvoir parvenir à l'autre. N'importe, ma

chere Edite , continua-t-elle , commençons
à n'en plus parler , & fi je ne puis vaincre
ma paffion , du moins ne la nourriffons pas ;
je vais éviter avec foin les occafions de revoir ce Prince , il rentrera dans Londres ;
mais je te protefte que je ne ferai point du
nombre de ceux qui s'emprefferont à lui en
marquer leur joie.

Cette réfolution fut exécutée exactement,
& lorfqu'elle entendit dire que le Roi re-
venoit , elle fe retira dans l'endroit le plus
écarté de la maifon , pour n'être point ten-
tée de le voir , & c'eft ce qui fit que ce Monarque la chercha en vain ; cet effort fur
elle-même lui fit croire qu'avec le tems elle
pourroit remporter une victoire entiere ;
elle étoit dans cette efpérance , lorfque Cork
s'offrit à fes regards.

Une vue fi inopinée la furprit , fes difcours , dont elle fentit toute la force , la
troublerent , l'attachement du Roi à la regarder revint à fa mémoire , & elle ne douta
nullement qu'un deffein prémédité n'eût
caufé cette vifite. Cependant , maîtreffe de
tous fes mouvemens , elle répondit à Cork
avec une fageffe & une prudence admirable ; il ne fut pas plutôt forti , que fon pere
vint lui faire part de la générofité de ce
Seigneur.

Etelgive , qui fut encore affermie par-là
dans fa penfée , remontra refpectueufement
à fon pere le tort qu'il avoit eu d'accepter
cette fomme. Les préfens des hommes de la
Cour , lui dit-elle , portent avec eux un
poifon qui détruit l'honneur & la réputa-

tion de ceux qui les reçoivent, quand ils
ont des filles, dont la mifere ne peut être
réparée que par la perte de leur gloire ; que
ne dira-t-on point, lorfque l'on faura que
vous avez reçu de l'argent d'un Seigneur
de la Cour, & que vous lui avez permis
de nous voir ? J'ignore fon nom & fon
rang, mais je l'ai reconnu pour un de ceux
qui étoient le plus près du Roi à fon départ
pour la campagne, & cela me fait aifément
juger qu'il faut qu'il en foit confidéré. De
pareilles vifites nous déshonorent, parce
qu'elles ne peuvent avoir que des motifs
honteux pour nous, étant d'un état trop
bas, pour que l'on puiffe nous rechercher
par des voies légitimes.

Cette penfée arracha des larmes à la belle
Etelgive ; mais l'artifan, qui n'entendoit
pas toutes ces délicateffes, les condamna,
& lui dit : Qu'il ne trouvoit pas qu'il fût
néceffaire de refter dans une affreufe mifere,
par la feule crainte de donner matiere aux
difcours, qu'il n'y avoit que les Grands qui
fuffent en pouvoir de foulager les petits,
que les gens qui y trouveroient à redire,
n'en parleroient que par envie ; qu'il n'étoit
pas hors d'exemple qu'on eût vu des perfonnes de qualité affez charitables, pour
enrichir des filles malheureufes, fans en
vouloir à leur honneur ; que ce Seigneur
ne lui avoit rien dit qui pût lui donner lieu
de penfer qu'il eût un pareil deffein, &
qu'enfin il étoit réfolu de ménager fa protection & de profiter de fes bontés.

Etelgive, qui vit que c'étoit un mal fans

remede, ne repliqua point ; mais lorfqu'elle
fut feule avec Edite, elle lui fit voir tous
les fujets de crainte qui la tourmentoient ;
Edite penfoit comme elle, & ne doutoit
point que fa beauté n'eût attiré ce Seigneur
pour lui-même, ou par l'ordre du Roi. Ce
Prince, lui dit-elle, vous a regardée avec
tant d'attention, que je ne puis m'ôter de
l'idée qu'il cherche à vous connoître plus
particuliérement ; car enfin, continua-t-elle
en fouriant, celui qui nous a rendu vifite
m'a paru rempli d'admiration en vous
voyant ; mais je ne lui ai rien remarqué
d'un homme amoureux, & fon affectation
à dire qu'il feroit fon raport au Roi de ce
qu'il voyoit, me fait croire qu'il n'eft venu
que par fon commandement.

Hé ! c'eft ce qui m'alarme, répondit Etelgive, quelle eft la penfée du Roi ? Que
prétend-il ? Que de honte pour moi j'entrevois dans fa curiofité ! le croirois-tu, ma
chere Edite, l'horreur que cette idée me
donne, diminue ma tendreffe : Etelred ne
peut aimer une fille comme moi & l'eftimer ;
fon amour, qui combleroit de gloire une
perfonne d'une naiffance égale à la fienne,
eft un outrage pour moi, je me rends juftice, je ne porte point mes vues au-delà de
ce que je dois être ; mais malgré la baffeffe
de mon état, mes fentimens font fi fort au-
deffus de ma condition, que je n'envifage
qu'avec mépris des grandeurs que je ne puis
partager légitimement ; Etelred, étant Roi,
ne peut être mon époux, mais jamais Etelgive ne fera fa maîtreffe.

. Ce fut dans de pareils entretiens que cette vertueuſe fille paſſa les huit jours qu'elle fut ſans revoir Cork , & elle commençoit à ſe flatter que cette aventure n'auroit point d'autre ſuite , lorſque le matin du neuvieme , elle vit entrer dans ſa chambre Cork & ſon pere : Ma fille , lui dit l'artiſan , un ordre du Roi nous enleve de notre maiſon ; ce Seigneur en eſt chargé , ce jour eſt marqué pour notre départ ; préparez - vous à obéir.

. La ſurpriſe d'Etelgive fut ſi grande , qu'elle ne put répondre ; Cork s'en apperçut : Madame , lui dit-il , raſſurez-vous , l'ordre du Roi n'a rien qui vous doive alarmer , & ce n'eſt que pour vous faire un ſort heureux , que vous allez changer de demeure : Sa Majeſté ne veut pas qu'il ſoit dit qu'une perſonne auſſi parfaite que vous ſe puiſſe plaindre de ſa fortune au milieu de ſes Etats , la retraite qu'il vous a deſtinée eſt à vous , il m'a choiſi pour vous y conduire : votre pere vous y ſuivra , ainſi que l'aimable Edite , & déſormais vous n'aurez point d'autre ſoin que de conſerver des jours que le Roi veut rendre à jamais fortunés.

. Seigneur , lui répondit Etelgive , qui s'étoit remiſe de ſon trouble : j'avoue qu'il m'eſt difficile de revenir de mon étonnement ; nous avons ſi peu mérité ces marques de la bonté du Roi , & nous ſommes de ſi petits objets , qu'il ne faut pas moins que l'air de probité qui accompagne vos paroles pour y pouvoir ajouter foi ; cependant je vois bien qu'il faut obéir , & je ſuis

E 3

prête ; Seigneur, à fuivre mon pere partout où vous voudrez le mener.

Cork, qui l'examinoit avec une attention extrême, vit bien qu'elle pénétroit le motif de toute cette aventure ; mais il connut en même tems qu'elle en avoit plus de douleur que de joie, & la vertu étoit fi bien imprimée fur fon vifage, qu'il ne douta point que cette conquête ne coûtât de la peine au Roi ; il en eftima davantage Etelgive, & prit dès-lors la réfolution de l'aider de fes confeils, & d'être fon ami ; cependant il marqua l'heure de fon départ aux aproches de la nuit, & leur donna rendez-vous dans un autre quartier de la ville, afin que cela ne fît aucun éclat dans le leur. Enfuite ayant pris l'artifan en particulier, il lui donna encore une bourfe pleine d'or, en lui recommandant de s'en fervir pour terminer tout ce qui pourroit l'inquiéter, & de ne laiffer à la ville aucune affaire où fa préfence pût être néceffaire, l'intention du Roi étant qu'il ne fît jamais aucun métier. Le commandement étoit trop doux pour s'y opofer, & le vieillard promit d'accomplir en tout les volontés du Prince ; & dès le moment que Cork l'eut quitté, il mit ordre à fes affaires : comme elles n'étoient pas confidérables, elles furent bientôt rangées.

Pour la belle Etelgive, elle étoit dans une fituation très-difficile à décrire ; tant de penfées différentes s'offroient à fon efprit, qu'elle fut toute cette journée fans fe connoître elle-même ; Edite fit en vain tous fes efforts pour rétablir le calme dans fon cœur.

Tout ce qu'elle put lui dire ne fit qu'augmenter fon trouble & fon inquiétude , &
le moment du départ arriva fans qu'elle eût
donné aucune marque de tranquillité. Son
pere, qui avoit plus d'impatience qu'elle
de fe voir dans un autre état, la vint prendre
avec Edite , & tous trois s'étant rendus où
Cork avoit dit , ils y trouverent un char ,
dans lequel des perfonnes affidées à ce favori les firent monter ; il n'y étoit pas : fon
abfence intrigua Etelgive , elle demanda fon
nom , & s'informa où il étoit , on lui répondit qu'elle le trouveroit où l'on alloit la
mener : perfonne n'entra avec eux dans le
char , deux hommes à cheval furent leur
feule fuite. Ils partirent , & dans l'efpace
du chemin Etelgive témoigna à fon pere la
crainte où elle étoit qu'on ne la conduisît au
Roi , & qu'on ne prétendît lui faire quelque
violence. Ce bon homme la raffura , & lui
dit qu'il favoit où on la menoit, & qu'il ne
la quitteroit point. En effet , il étoit inftruit
de tout le myftere , avec défenfe d'en rien
aprendre à fa fille.

Cette belle perfonne fe raffura un peu fur
fa parole , & comme Edite n'avoit pas les
mêmes fujets de crainte, & que cette aventure avoit des circonftances trop intéreffantes pour n'y pas faire attention , elle dit
mille chofes plaifantes à Etelgive , en la
conjurant de ne la pas oublier dans le rang
où elle prévoyoit qu'elle alloit monter ;
quoique la raillerie fur ce fujet ne s'accor-
dât pas avec les penfées de cette charmante
fille , une fecrette réfolution qu'elle avoit

prife fans en rien communiquer, la rendit moins févere ; elle répondit à toutes les attaques d'Edite fur le même ton qu'elle les lui faifoit. Enfin ils arriverent à la nuit clofe à cette maifon, & le premier objet qui frapa la vue d'Etelgive à la clarté de plufieurs flambeaux, fut Cork qui s'avançoit pour lui donner la main. Seigneur, lui dit-elle en la lui préfentant avec grace, fi vous voulez que je reçoive fans inquiétude l'honneur que vous me faites, affurez-moi que vous êtes feul ici. Cork comprit à l'inftant tout ce que renfermoit ce peu de paroles, & la conduifant à l'apartement qu'on vouloit qu'elle occupât : Madame, lui répondit-il, vous y êtes feule maîtreffe, je n'y fuis que pour vous y recevoir ; perfonne n'a fuivi mes pas ; & celui qui brûle d'y être, n'y paroîtra jamais aux heures où il pourroit vous donner de la crainte : Seigneur, lui dit-elle alors avec fermeté, daignez donc me protéger auprès de lui, je fais le refpect que je lui dois, qui que ce foit ne peut m'en inftruire ; mais j'ai befoin qu'on lui aprenne que tout Roi qu'il eft, il en doit à l'innocence.

Admirable Etelgive, répondit Cork, le Roi vous adore, vous ne le verrez que demain, c'eft à lui feul à vous déclarer fes intentions ; mais ce que je puis vous dire fans aller au-delà de ce qu'il m'a prefcrit, c'eft que vous avez plus de pouvoir fur lui que lui-même, & que vous n'avez befoin que de vous pour vous faire refpecter.

Alors ayant fait aprocher fon pere & Edite,

Cette maiſon , leur dit-il , & tout ce qu'elle renferme , apartient à Etelgive , elle y trouvera pour elle & pour vous tout ce qu'elle peut deſirer ; les femmes qu'elle y verra ſont deſtinées pour la ſervir , & du reſte , elle réglera les choſes comme elle jugera à propos.

A ces mots , il prit congé d'eux , & les laiſſa en liberté de faire réflexion ſur le changement de leur fortune. Il ne fut pas plutôt parti , qu'Edite pria Etelgive de vouloir viſiter les apartemens ; elle y conſentit , & pluſieurs domeſtiques s'étant préſentés , ils prirent des flambeaux , & les conduiſirent par toute la maiſon : elle n'étoit pas grande , mais extrêmement commode & meublée , d'une galanterie & d'une magnificence extrême.

Etelgive trouva dans ſon apartement une toilette ſuperbe : une des femmes qui la devoit ſervir , la fit entrer dans une garderobe où elle vit nombre d'habits & d'étoffes d'une richeſſe qui auroit flatté la vanité de toute autre qu'elle; mais elle n'enviſagea ces biens que comme des pieges qu'on tendoit à ſa vertu.

Edite , quoique très-ſage , ne faiſoit pas de ſemblables attentions , & le plaiſir de connoître l'aiſance pour la premiere fois de ſa vie , lui donna une joie qui ſe répandoit dans toutes ſes actions , & lorſque ſa curioſité fut ſatisfaite , & qu'Etelgive eut fait retirer ſes gens : En vérité , lui dit-elle , il faut convenir qu'il eſt bien doux d'être Roi pour faire des choſes de cette magnificence, pour foulager les malheureux, rendre le pauvre riche, & relever l'éclat de la fageffe & de la beauté.

Si tous ces dons, répondit Etelgive, n'avoient que de pareils motifs, que nous ferions heureufes ! mais, ma chere Edite, l'amour en eft le feul principe, & cet objet en efface tout le mérite. Edite, qui la vit un peu plus d'humeur de parler ; lui demanda pourquoi elle avoit gardé un fi profond filence depuis que Cork les avoit quittées à Londres jufqu'à leur départ ; elle lui avoua que la crainte que toutes les précautions que l'on prenoit ne fuffent pour la livrer au Roi, lui avoit jetté un trouble dans l'efprit dont elle n'avoit pas été maîtreffe, & que le filence qu'elle avoit obfervé, n'avoit été que pour s'affermir dans la réfolution qu'elle avoit prife de tout hazarder pour fe fauver à la faveur de la nuit, & de s'aller jetter dans une maifon religieufe, fi elle eût vu le Roi dans les intentions de lui faire quelque outrage.

Il ne s'y prend pas de façon, lui répondit Edite, à nous le faire croire capable de cette indignité ; il eft aifé de voir qu'il ne cherche à vous gagner que par fes bienfaits, & vous devez confidérer qu'il iroit peut-être de la vie de votre pere, fi vous difparoiffiez : on l'accuferoit d'avoir facilité votre fuite, & j'ai ouï dire que l'amour changé en fureur, étoit mille fois plus à craindre que la haine.

C'eft ce qui me retient, dit Etelgive, & fi je puis parvenir à donner au Roi plus

d'estime que d'amour , vous pouvez bien
croire que je ne suis pas assez déraisonnable
pour empêcher la fortune de ma famille ,
quand je la pourrai procurer sans hazarder
ma gloire ; mais aussi soyez persuadée que
je saurai la refuser & la dédaigner , s'il doit
m'en coûter pour l'acquérir une réputation
que j'estime au-dessus de tous les Empires
du monde.

Elle finissoit ces mots , lorsqu'on vint l'a-
vertir que l'on avoit servi ; ce repas étoit si
différent de ceux auxquels ils étoient accoutumés , qu'une autre qu'Etelgive en eût
paru embarrassée ; mais elle étoit née avec
une ame si fort au-dessus de la grandeur
même , qu'il sembloit qu'elle eût été élevée
& nourrie dans toute cette opulence.

Tandis qu'à chaque pas qu'elle fait elle
trouve des preuves de l'attention du Roi ,
ce Monarque, auprès duquel Cork étoit de
retour , s'entretenoit avec lui de tout ce qui
s'étoit passé à l'arrivée d'Etelgive : cet adroit
confident l'instruisit exactement des moindres circonstances , & n'oublia rien de ce
qui pouvoit le convaincre que cette fille
avoit autant d'esprit que de beauté. Etelred , dont l'amour paroissoit augmenter à
mesure qu'il voyoit aprocher l'instant de le
déclarer , passa la nuit dans une impatience
qui ne lui permit pas de goûter un moment
de repos ; s'il eût su les pensées d'Etelgive ,
il auroit été moins agité , & ce tems destiné
au sommeil, qui ne fut employé du Roi
qu'à chercher des termes qui pussent exprimer son amour, le fut par Etelgive à prendre

un empire assez puissant sur le sien , pour le
pouvoir cacher.

Le jour parut , & lorsqu'Etelred eut rempli les devoirs auxquels engage la dignité
suprême , il ne songea plus qu'à se livrer à
ceux qu'exigeoit son amour , & le moment
de la chasse étant venu , il partit avec une
joie qui répandoit de nouveaux charmes sur
toutes ses actions: quand il crut avoir donné
assez de tems à ce divertissement , pour que
sa Cour ne s'aperçût de rien , il s'écarta avec
le seul Cork , & se rendit à un endroit de la
forêt , dans lequel il y avoit une porte du
parc de la maison d'Etelgive ; ce qui en
augmentoit encore la beauté.

. Le pere de cette incomparable fille , que
Cork avoit averti de l'heure de l'arrivée du
Roi , se promenoit avec elle & Edite dans
l'allée qui aboutissoit à cette porte ; il l'avoit
ouverte , & voyant de loin ces deux cavaliers , il ne douta point que ce ne fût le Roi
& son confident ; il ne se trompoit pas ,
& ce Prince les voyant s'aprocher , se hâta
de descendre de cheval pour prévenir Etelgive qui s'avançoit à grands pas au-devant
de lui. Cette belle personne , qui vouloit
faire triompher sa vertu sans marquer de mépris pour les bontés de son Souverain , s'é-
toit laissée parer d'une partie de ses présens ;
elle avoit un si grand éclat dans ce nouvel
ajustement, qu'il étoit difficile de le pouvoir
soutenir au premier abord. Etelred en fut
ébloui , & , quoique son amour fût extrême , il prit un tel accroissement à cette vue ,
qu'il en fut transporté , & la belle Etelgive

qui voulut fe jetter à fes pieds, le vît plutôt
aux fiens qu'elle n'eut le tems de l'en empêcher.

Il ne voulut jamais fouffrir qu'elle ni Edite
s'humiliaffent de la forte, & le pere d'Etelgive fut le feul dont il reçut les refpects qui
lui étoient dûs ; il le releva avec bonté , &
ayant donné la main à Etelgive , & la féparant du refte de la compagnie qui les fuivoit de loin par refpect : Vous voyez un
Prince , belle Etelgive , lui dit-il , de qui le
fort dépend entiérement de vous, je crois
qu'il n'eft pas néceffaire que je vous aprenne
que je vous adore , tout ce qui eft arrivé a
dû vous inftruire de mon amour ; mais ces
premieres marques de ma paffion ne l'expriment encore que foiblement , & je ne
trouve même aucun terme qui puiffe vous
en découvrir la violence ; vous êtes la feule
qui m'avez infpiré des fentimens fi vifs ,
mais auffi vous êtes la feule dont les charmes foient dignes d'être adorés.

Sire , répondit Etelgive , voyant qu'il attendoit fa réponfe , je ferois indigne du jour
qui m'éclaire , fi je n'étois pas fenfible aux
bontés de Votre Majefté : tant de bienfaits
répandus fur nous en fi peu de tems , trouveront toujours en moi la plus vive reconnoiffance & le plus profond refpect ; mais ,
Sire , continua-t-elle en faifant un effort
pour fe jetter à fes genoux , ce qu'il ne voulut pas permettre , pardonnez à l'innocente
Etelgive, fi elle ofe préférer fa gloire à tous
les dons de Votre Majefté ; l'amour dont elle
veut m'affurer, y met une tache éternelle ,,

la fageffe eft l'unique bien que j'ai reçu du
ciel, c'eft en elle que confifte ma naiffance,
mon ambition & tout l'éclat de ma fortune:
c'eft elle, Sire, qui m'aprend à m'élever
même au-deffus des Rois, & fi quelqu'autre Monarque que l'augufte Etelred, de
qui j'ai l'honneur d'être fujette, m'avoit
parlé d'amour, un fouverain mépris feroit
fa récompenfe.

Je n'envifage qu'avec la derniere douleur
l'idée que le changement de mon état va
donner de moi; bien loin d'en tirer vanité,
je n'y vois que des fujets de honte & d'hu-
miliation; moins le ciel m'a fait naître, &
plus je vais être en butte aux traits piquans
de la médifance; n'efpérez pas, Sire, que
j'y donne une plus ample matiere: n'attendez d'Etelgive que les foumiffions, les refpects & l'obéiffance que tous les fujets doivent à leur Roi; rien de plus doux ne fe pré-
pare pour Votre Majefté dans la fuite;
telle Etelgive paroît à vos yeux aujourd'hui,
& telle elle vous paroîtra à l'avenir; & fi
Votre Majefté a formé d'autres defirs, j'ofe
la fuplier de retirer tous fes dons, & de me
laiffer mon innocence. Etelred étoit fi furpris d'entendre parler de la forte une fille
comme Etelgive, & de la majefté qu'accompagnoit fes paroles, qu'il ne fut pas en
fon pouvoir de l'interrompre; la pudeur
qu'il voyoit répandue fur fon vifage ne lui
donnoit pas lieu de douter de la vérité de
fes fentimens, & cette auftere fageffe, à laquelle il ne s'attendoit pas, fit naître dans
fon cœur une eftime auffi grande que fon

amour ; il fut quelque tems à la regarder
fans lui répondre : mais enfin rompant le
filence, admirable Etelgive, lui dit-il , un
amour auffi violent que le mien ne prend
pas toujours la raifon pour guide ; & j'a-
voue que dans toutes les perfections qui
m'ont charmé en vous , j'en avois éloigné
celle qui pouvoit être contraire à mon bonheur , & qui cependant releve les autres
avec tant d'éclat , que bien loin qu'elle me
détourne de mes deffeins , elle ne fait que
m'y fortifier ; oui , c'eft cette même fageffe
à laquelle vous voulez facrifier mes bienfaits , qui va vous en combler pour jamais ;
& me montrant auffi jaloux de votre gloire
que de la mienne , je n'attaquerai votre
cœur que par les foins , les attentions & le
réfpect que vous pourriez attendre d'un de
mes fujets ; je n'exige de vous que de les
recevoir , non pas comme de votre Roi ,
mais comme d'un homme auffi fortement
amoureux de votre vertu que de votre
beauté.

Laiffez-moi la douceur de me fatisfaire
en vous rendant heureufe , vous voir , vous
aimer , vous le dire fans ceffe , & vous donner à chaque inftant des preuves de mon
amour , c'eft tout le prix que j'en veux attendre.

Ah ! Sire , répondit Etelgive , qui fe faifoit une cruelle contrainte pour ne pas faire
voir combien elle étoit touchée de tant d'a-
mour , vous mettriez mon fort au-deffus
d'une mortelle , fi vous aviez de pareils fentimens ; mais enfin , continua-t-elle , ce n'eft

pas à moi à combattre les volontés de mon
Roi ; vous êtes le maître , & j'espere que le
tems qui vous fera connoître mon ame toute
entiere , vous guérira d'une passion dont la
suite doit être si peu satisfaisante pour Votre Majesté : si je puis vous en inspirer , lui
dit-il , je serai trop heureux. A ces mots s'é-
tant trouvés à la porte d'un salon qui donnoit dans cette allée , ils y entrerent avec
Cork , Edite & le pere d'Etelgive , qui les
avoient toujours suivis ; une collation magnifique y étoit préparée. Etelred parut charmé de cette attention , & voulut que cette
petite famille se mît à table avec Cork & lui.

Ces sortes de parties sont le plaisir des
Rois ; c'est là que , débarrassés de la grandeur qui les accompagne sans cesse , ils se
montrent à découvert , & que libres & sans
contrainte , ils font connoître que pour être
revêtus de l'autorité suprême , ils n'en sont
pas moins hommes & moins sensibles aux
douceurs d'une vie aisée & tranquille ; ce
moment eut tant de charmes pour Etelred ,
qu'il le fit durer autant qu'il lui fut possible.

La charmante Etelgive qui , malgré l'attention extrême qu'elle avoit à ne rien dire
qui pût découvrir ce qui se passoit dans son
ame , faisoit remarquer dans toutes ses actions de graces si particulieres , & un esprit
si éclairé , que le Roi ne s'en sépara qu'avec
peine ; mais enfin craignant qu'on ne le
cherchât , & que l'on ne découvrît sa retraite , il prit congé d'elle en la conjurant
de lui permettre qu'il vînt souvent l'assurer
de son amour ; elle répondit à cette de-

mande avec fa modeftie ordinaire , & fans
vouloir donner fon confentement à fes vifites ; elle lui fit entendre qu'il lui feroit inutile de s'y opofer , puifqu'il étoit le maître.
Ce Prince fit mille amitiés à Edite, la trouvant très-aimable ; & s'étant aperçu de l'attachement qu'Etelgive avoit pour elle , il la
pria galamment de prendre fes intérêts auprès d'elle , & de l'entretenir fouvent de
lui : Edite reçut cette confiance avec refpect , y répondit avec efprit , & l'affura de
fon zele & de fa foumiffion. Il fut recon-
duit de la même maniere dont il avoit été
reçu , & remonta à cheval fi rempli d'a-
mour, & d'admiration, qu'il ne ceffa pas
de parler à Cork des charmes d'Etelgive ,
jufqu'à ce qu'il eût rejoint la chaffe.

On commençoit à s'inquiéter de fon abfence, & l'on fe préparoit à le chercher lorfqu'il arriva ; fa préfence remit le calme dans
les efprits ; & comme on vit que fon deffein
n'étoit pas de dire d'où il venoit , les courtifans contraignirent leur curiofité, & refpec-
terent un myftere où on ne vouloit pas les
faire entrer, & le Roi reprit le chemin de
Londres, dans la ferme réfolution de revoir
Etelgive dès le lendemain.

Cette belle fille ne fut pas plutôt feule
avec Edite, qu'elle lui redit toute la converfation du Roi , & l'effort extrême qu'elle
s'étoit fait pour lui cacher la fituation de
fon cœur ; qu'il eft aimable, lui difoit-elle ,
& qu'il eft digne d'être aimé ! pourquoi faut-
il qu'il foit Roi , ou pourquoi faut-il que je
ne fois rien ?

Quelle eſt cette fatalité de la deſtinée d'u-
nir ſi parfaitement deux cœurs qui ne ſont
pas faits l'un pour l'autre ? Et quel ſera le
fruit de tant de ſoins & de tant d'amour ?

Mais, lui répondit Edite, puiſqu'il n'en
demande point d'autre que de vous aimer &
de vous le dire, pourquoi ne vous en pas
faire un égal plaiſir ? Pourrez-vous toujours
vivre dans cette contrainte ; & croyez-vous
que l'aveu de votre tendreſſe le rendît plus
téméraire ?

Sans doute, s'écria-t-elle, s'il venoit à
ſavoir qu'il eſt aimé, il ſe flatteroit bientôt
de triompher de ma foibleſſe, & ſe croiroit
en devoir d'y parvenir. Non, Edite, jamais
cet aveu ne ſortira de ma bouche, & m'en
dût-il coûter la vie, je ſaurai me conduire ſi
bien, qu'il ne pourra pénétrer dans le fond
de mon ame ; qu'eſpérez-vous de cette rigueur, lui dit Edite ? Le forcer, répondit
Etelgive, à rentrer en lui-même, à ſe détacher de moi, & à porter ailleurs des vœux
que je ne puis ni ne dois recevoir.

Edite, qui commençoit à trouver ſa ſituation agréable, ne goûtoit pas tout-à-fait
ce raiſonnement ; mais connoiſſant la ſévé-
rité d'Etelgive, elle n'oſa le combattre, &
ſe contenta de lui témoigner la compaſſion
que lui donnoit la vie gênante qu'elle alloit
mener. Pour le Roi, toute ſon inquiétude
étoit de pouvoir dérober aux yeux de ſa
Cour, & ſur-tout à Egrads, l'amour dont il
étoit embraſé ; cette paſſion, qui prenoit un
puiſſant empire ſur lui, lui rendit la préſence
de ce Prince moins agréable, ſes ſages con-

feils commencerent à être plus craints que
fuivis , & quoiqu'Etelred le confidérât toujours, il apréhendoit fa févérité fur fon attachement pour Etelgive , s'il venoit à en
avoir la connoiffance.

Cette crainte le fit agir avec circonfpection , quoique les parties de chaffe fuffent
fréquentes , & qu'il vit cette belle fille prefque tous les jours , il prit de fi grandes précautions, que l'on fut long-tems fans s'a-
percevoir de cette intrigue ; cependant il
ne goûtoit qu'un plaifir imparfait , & quoi
qu'il eût dit à Etelgive , l'efpoir de s'en faire
aimer l'avoit flatté de celui de la poffeffion ,
& il s'imaginoit que quelque vertu dont on
peut être armé, on ne réfiftoit pas facilement
à un amant qui fait plaire ; mais bien loin
de pouvoir parvenir à cet heureux moment ,
il vit avec une douleur extrême qu'il n'avoit
feulement pas fait le moindre progrès fur
fon cœur.

Toujours fage, réfervée, modefte & refpectueufe, Etelgive ne paroiffoit que recon-
noiffante , les foins affidus , les fuperbes
préfens , des difcours paffionnés , les pleurs,
le défefpoir même , tout fut mis en ufage
par l'amoureux Etelred , fans qu'il s'en pût
croire un moment plus heureux. Cette réfiftance n'eut pas l'effet qu'Etelgive s'en
étoit promis ; bien loin d'éteindre fon amour,
elle en ranima l'ardeur ; d'abord un peu de
jaloufie s'empara de fon cœur, il crut qu'une
telle indifférence ne pouvoit partir que de
quelque attachement fecret pour un autre ,
il voulut s'en expliquer, & s'imagina même

que c'étoit un moyen sûr pour savoir les véritables sentimens d'Etelgive.

Dans cette pensée, un jour qu'il avoit employé tout ce que l'amour peut inspirer de plus tendre pour la toucher, qu'il vit qu'elle ne l'écoutoit qu'avec peine ; c'en est trop, lui dit-il, & je vois à présent tout l'excès de mon malheur : Etelgive, continua-t-il, en la regardant avec des yeux où la colere s'unissoit avec la tendresse, vous aimez, mais ce n'est pas Etelred ; cette accusation imprévue surprit tellement Etelgive, qu'elle fut prête à se déclarer ; elle pâlit & rougit, quelques larmes coulerent de ses beaux yeux , & les levant au ciel avec une action toute modeste : Grand Dieu ! s'écria-t-elle, n'étoit-ce pas assez que de mettre ma vertu à cette cruelle épreuve , sans me faire soupçonner d'une semblable indignité ? Elle se tut , & le tendre Etelred , qui avoit remarqué tous les mouvemens de son visage , fut si touché de l'état où il l'avoit mise, qu'il se jetta à ses pieds pour lui en demander pardon.

Ma chere Etelgive , lui dit-il , n'imputez un soupçon qui vous offense qu'à la violence de mon amour , il n'outrage cependant point cette sagesse qui me désespere ; ne pouvez-vous pas avoir aimé avant que de me connoître ? ne puis-je pas vous avoir arrachée à un rival plus heureux que moi ? car enfin, continua-t-il , à quoi puis-je attribuer votre cruelle indifférence , & suis-je si fort à mépriser , si ce n'est un attachement plus puissant que vous-même qui m'empêche de me faire aimer ?

Sire, lui répondit Etelvige, qui s'étoit remise pendant qu'il parloit, & le forçant de se relever, vous ne m'avez arraché qu'à moi-même, mon cœur n'a jamais ressenti pour personne les feux dont vous m'accusez, & je n'ai point vu d'homme assez téméraire pour m'entretenir des siens. Le ciel qui me réservoit sans doute le funeste avantage d'allumer les vôtres, m'a fait l'ame assez haute pour mépriser une conquête moins illustre : la sagesse dont je suis les loix, est l'unique obstacle qui s'opose à ce que vous apellez votre bonheur ; je ne puis la suivre & vous aimer ; mon état rend votre amour & ma vertu incompatibles ; mais enfin, Sire, continua-t-elle, en embrassant ses genoux malgré lui, terminez ma peine & la vôtre, je ne vous demande point de retirer vos bienfaits, j'en ai besoin, je vous conjure seulement de ne m'en favoriser que pour faciliter ma retraite dans un couvent ; achevez par cette derniere marque de vos bontés, de persuader à la malheureuse Etelgive que vous l'aimiez avec sincérité.

Moi ! s'écria le Roi tout éperdu, que je me sépare de vous ? que je vive sans vous ? Ah ! cruelle Etelgive, songez-vous bien à ce que vous me demandez ? & se peut-il que ma vie vous soit si fort indifférente, pour que vous en avanciez la fin avec cette tranquillité ? Sire, lui dit-elle, les yeux baignés de pleurs, je donnerois la mienne avec joie pour assurer la vôtre ; mais je ne lui sacrifierai jamais ma gloire.

Hé bien, répondit le Roi, qu'ai-je exigé

de vous qui y foit contraire ? ai-je agi en
tyran, la violence de mon amour en a-t-elle
mis dans mes actions ? par quels emporte-
mens, ou par quelle injuftice ai-je mérité
que vous fouhaitiez m'abandonner, me fuir,
& m'obliger à vous perdre pour jamais ? Il
voulut continuer, mais il vit changer Etelgive d'une maniere à lui faire craindre quelque accident, il courut à elle en apellant
Edite, qui entretenoit Cork à l'autre bout
de la chambre.

Ils s'aprocherent, & trouverent Etelgive
fans connoiffance ; le défefpoir du Roi éclata
par des tranfports que fon amour feul pouvoit faire excufer ; cependant on s'employa
fi bien à la faire revenir, qu'elle reprit fes
fens, mais ce ne fut qu'avec un violent
friffon, qu'une fievre ardente fuivit de près;
on la mit au lit, l'amoureux Roi d'Angleterre ne vouloit point la quitter, ils s'accu-
foit de ce mal inopiné par l'injufte foupçon
qu'il avoit fait paroître, il étoit à genoux à
fa ruelle, & il expioit fa faute par les paroles
les plus paffionnées. La trop tendre Etelgive,
qui n'étoit en cet état que par le combat
qu'elle s'étoit fait pour ne pas découvrir le
fecret de fon cœur, en fentoit redoubler
fon mal.

Mais ne pouvant plus fe contraindre jufqu'au point de cacher à ce Prince combien
elle étoit fenfible à ce qu'il faifoit pour elle,
& voulant l'obliger à partir : Sire, lui dit-
elle, je fuis pénétrée de vos bontés ; que
Votre Majefté ne s'alarme point, je lui promets d'avoir foin d'une vie qui lui fera tou-

jours soumise. Etelred, qui comprit que sa
présence pouvoit la gêner, & pressé par
Cork de retourner à Londres, se rendit à
leurs raisons, & la quitta dans une inquiétude qu'il ne put si bien déguiser, qu'il n'en
parût quelques marques aux yeux des courtisans; le Prince Egrads même s'en aperçut,
& voulut en pénétrer le sujet; il mit toute
son attention à observer les démarches de
ce Monarque.

La maladie d'Etelgive l'éclaircit bientôt
de ce qu'il voulut savoir; Cork y alloit le
matin, le Roi & lui s'y rendoient l'après-
midi, & pendant trois jours qu'elle fut assez
mal pour faire craindre pour sa vie, les allées
& les venues du Roi & de son favori firent
enfin découvrir leur cause.

Toute la Cour le fut presque en même
tems; mais comme personne ne s'imaginoit
que cette passion fût au-delà des bornes
qu'ont toujours celles des Rois pour leurs
inférieures, chacun en témoigna de la joie,
& le bruit de la beauté & de la sagesse d'E-
telgive s'étant répandu, il n'y eut ni Dames
ni Seigneurs qui ne voulussent faire leur
cour à Etelred, en donnant des louanges à
sa maîtresse.

Mais tandis qu'elle faisoit l'objet de l'entretien de la Cour, & que le Roi la voyoit
avec moins de contrainte, il se passoit d'é-
tranges choses dans l'esprit de l'un & de
l'autre.

Cette belle fille avoit été si dangereuse-
ment malade, qu'Etelred; qui croyoit véritablement avoir donné lieu à son mal par

la contrainte qu'il s'imaginoit qu'elle s'étoit faite pour conferver le refpect qui lui étoit dû, lui fit voir un amour fi parfait & fi défintéreffé dans le cours de fa maladie, que le troifieme jour étant confidérablement empirée, elle fe réfolut de lui déclarer fes fentimens avant que de mourir, comme une récompenfe qu'elle ne pouvoit refufer aux généreux témoignages qu'elle avoit reçus de fa paffion.

Jufques-là, elle avoit gardé un empire fi abfolu fur fa tendreffe, que le Roi défefpérant de la vaincre jamais, de la façon dont il s'en étoit flatté dans les commencemens, forma le deffein de fe rendre heureux à quelque prix que ce fût : mais Etelgive fe trouva fi mal lorfqu'il arriva auprès d'elle, qu'elle ne put effectuer fon projet, ni le Roi l'entretenir du fien ; & ce jour qu'ils avoient deftiné l'un & l'autre fans le favoir, à faire leur commun bonheur, ne fut employé qu'en larmes, en regrets & en défefpoir, & ce ne fut que très-avant dans la nuit, qu'un heureux changement remit le calme dans cette maifon ; depuis ce moment Etelgive revint à vue d'œil ; & avec fes forces, reprit la réfolution de conferver fon fecret, & la joie d'Etelred ne fit qu'affermir la fienne ; mais il ne la voulut communiquer à perfonne, & attendit fon parfait rétabliffement pour la faire éclater.

Cependant il permit à plufieurs Seigneurs de l'aller voir, & tous en revinrent fi charmés, que les Dames furent les premières à le prier de la faire venir à la Cour ; il n'eut

pas

pas de peine à y conſentir, puiſque cela le
mettoit en état de la voir à toutes les heures
du jour, & qu'il n'en trouvoit point d'heu-
reuſes que celles qu'il paſſoit auprès d'elle ;
mais il eut un terrible combat à rendre
pour lui faire aprouver cette démarche ;
elle lui en étala toutes les conſéquences,
l'intérêt de ſa gloire, les diſcours auxquels
elle alloit être expoſée, & n'épargna rien
pour ſe diſpenſer de cet éclat.

Ne croyez pas, lui dit le Roi, que je
veuille vous attirer à la Cour, pour vous
engager par les exemples & les plaiſirs à
m'être plus favorable ; ce que l'ardeur de
mon amour n'a pu obtenir dans un lieu
champêtre & ſolitaire, je dois encore moins
m'en flatter au milieu du tumulte & du bruit,
vous y vivrez auſſi retirée que vous le jugerez à propos ; Edite & les femmes qui
ſont avec vous, vous ſuivront : refuſerez-
vous toujours toutes ſortes de ſatisfactions à
mon amour ? J'ai même de fortes raiſons
pour que vous y paroiſſiez, & que vos charmes y ſoient admirés ; vous les ſaurez bientôt,
& je ſuis aſſuré que vous aprouverez ma
conduite.

Ce Prince s'exprimoit avec tant de grace,
il demandoit ce qu'il pouvoit ordonner
avec un reſpect ſi tendre, qu'Etelgive, qui
ſe faiſoit déja aſſez de violence d'ailleurs,
ne crut pas devoir s'opoſer davantage à ſes
volontés, & l'ayant aſſuré de ſon obéiſſan-
ce, il la quitta charmé de ſa complaiſance.
Il lui fit préparer à Londres un palais magnifique, & lorſqu'il fut en état, Cork fut

encore chargé de l'y conduire : il s'acquitta
de cet emploi auſſi dignement que la premiere fois ; & la belle Etelgive, ſon pere
& Edite revinrent à Londres dans une ſituation bien différente de celle où ils étoient
lorſqu'ils l'avoient abandonné. Cette charmante fille parut à la Cour peu de jours
après ſon arrivée ; ſa beauté, ſa douceur, ſa
modeſtie y furent admirées ; & lorſque l'on
eut découvert les qualités de ſon ame, ſa
bonté & ſa généroſité lui attirerent les cœurs
de tout le monde ; & ſans s'écarter jamais
des regles de l'exacte bienſéance, elle eut
l'art de ſe faire autant d'amis que d'admira-
teurs, l'envie & la jalouſie la reſpecterent.
Tant il eſt vrai que la ſolide vertu fait
triompher dans les tems & les lieux les plus
dangereux.

Etelred étoit tranſporté de joie en voyant
l'objet de ſon amour faire tout l'ornement
de la Cour. Cette paſſion devint enfin ſi
violente, & la ſageſſe d'Etelgive lui parut ſi
inébranlable, qu'il ne voulut plus retarder
le projet qu'il avoit formé dans ſa maladie.
Comme il avoit eu tout le tems d'y réfléchir,
il avoit eu celui de s'y affermir ; ainſi ſentant
que rien ne pouvoit être capable de le détourner de ſon entrepriſe, il ſe rendit un
jour dans le palais d'Etelgive, & l'ayant
priée d'entrer dans ſon cabinet avec Edite,
où il vouloit l'entretenir d'une affaire importante, elle quitta aſſez promptement un
grand nombre de Dames à qui le Roi avoit
fait accueil, & ſuivit ce Prince, inquiete
de ce qu'il avoit à lui dire. Lorſqu'ils furent

entrés dans le cabinet, Etelred l'ayant fait asseoir, & s'étant placé vis-à-vis d'elle, après avoir quelque tems contemplé cette surprenante beauté qui éblouissoit dès qu'on étoit un moment sans la voir.

Etelgive, lui dit-il, votre vertu l'emporte enfin sur tout ce que je m'étois promis de plus doux dans ma passion ; je vois même que vous n'en recevez les marques qu'avec peine, & que le seul respect conduit toutes vos actions : mais, sage Etelgive, je vous aurois souhaitée plus tendre & moins respectueuse ; cependant puisque cela ne se peut, & que c'est trop long-tems attaquer votre vertu, je veux du moins vous en donner une récompense qui vous prouvera mon estime & la confiance que vous deviez avoir en moi ; je vous donne un époux, belle Etelgive, continua-t-il, d'une naissance illustre, d'un rang élevé, & qui n'est pas indigne d'être aimé ; par-là, j'assure votre fortune, je rends hommage à votre sagesse, & je me procure une tranquillité dont je ne puis jouir sans cet hymen. Ces paroles, dont Etelgive ne comprenoit pas le sens, la fraperent avec tant de violence, que n'étant pas maîtresse de son premier mouvement : Quoi, Sire, s'écria-t-elle, vous ne m'aimez donc plus ?

Elle n'eut pas plutôt prononcé ces mots, que son visage se couvrit d'une rougeur qui fit connoître au Roi qu'elle se repentoit d'en avoir tant dit, & ce Monarque, qui vit bien que son esprit ne s'étoit pas porté où il vouloit en venir, & à qui ce discours avoit donné la plus douce espérance, sentit une joie mêlée d'étonnement qui lui fit croire un instant qu'il avoit mal entendu : belle Etelgive, lui répondit-il avec autant de crainte que d'amour, seroit-il vrai que la perte du cœur d'Etelred vous pût être sensible ?

Sire, lui dit cette belle fille, j'ai trop parlé ; mais enfin, continua-t-elle, c'est trop long-tems contraindre des sentimens qui ne peuvent plus me faire rougir, puisque vous avez vaincu les vôtres. Une pareille victoire m'assure de votre vertu, & la mienne ne court plus de risque en vous avouant que l'audacieuse Etelgive a levé les yeux sur son Roi avant même qu'il eût daigné jetter les siens sur elle ; oui, Sire, continua-t-elle, j'ai aimé & j'aime encore Votre Majesté avec la plus pure ardeur, dont une fille qui chérit la sagesse peut être capable ; je dois cet aveu à tout ce que vous avez fait pour moi, ainsi qu'à ce que vous voulez faire ; mon cœur a reçu vos soins avec autant de tendresse que de respect ; la vertu dont je ne m'écarterai jamais me l'avoit fait renfermer dans mon ame : & c'est cette contrainte que je m'étois imposée qui m'a pensé coûter la vie : voir sans cesse à ses pieds le plus aimable & le plus grand Prince du monde, l'aimer, le plaindre, partager son amour, & ne pouvoir le lui dire, est un tourment, Sire, qui a bien su me punir de ma témérité ; vous ne le sauriez pas même encore sans le dessein que vous venez de me découvrir, le

refus d'un époux, tel que vous venez de me
le dépeindre, auroit donné à Votre Majesté
des idées de moi plus désavantageuses, que
l'aveu d'une passion à laquelle j'ai mis des
bornes si étroites.

Ne soyez donc pas surpris, Sire, si je ne
puis accepter un établissement de cette nature, vous pouvez aisément juger qu'une
personne dont le cœur est rempli de l'auguste Etelred, ne peut se donner à un autre ; & cette même sagesse qui m'a défendue
contre les attaques de votre amour & la
violence du mien, me défend de prendre
un époux, dont je ne pourrois rendre la
destinée que très-malheureuse.

Changez, Sire, ces marques de bonté
en celles que j'ai déja demandées à Votre
Majesté, souffrez que je me retire, & que
le tems, l'absence & ma vertu triomphent
entiérement des sentimens de mon cœur ;
je vous en ai fait l'aveu comme une récompense que je dois à la vôtre ; donnez à présent à la mienne celle que vous lui devez ,
& que vous ne pouvez lui refuser sans injustice : oui, s'écria le Roi en se jettant à
ses pieds : oui, je vous la donnerai cette récompense que vous méritez si bien ; mais,
adorable Etelgive, ce n'est point une sombre retraite qui en sera l'objet, c'est un
trône ; c'est un Roi, c'est Etelred, enfin,
qui peuvent seuls récompenser dignement
l'aveu que je viens d'entendre : détrompez-
vous, chere Etelgive, continua-t-il en lui
prenant les mains, & les baisant avec ardeur, je vous adore toujours, je n'ai point

d'autre époux à vous offrir que moi ; ma réfolution en eft prife dès long-tems , je ne
vous ai fait venir à la Cour que pour l'ac-
coutumer à vous rendre les honneurs auxquels je vous ai deftinée , je venois vous en
informer , & par ce facrifice vous forcer à
m'aimer, lorfqu'une erreur favorable vous a
fait rompre un filence obftiné.

Etelgive , ma chere Etelgive , que je fuis
heureux , vous m'aimez , & je vais vous
mettre en état de me le dire fans ceffe ,
fans contrainte , fans honte , & fans que
rien puiffe jamais troubler des momens fi
doux ; Edite , dit - il en fe tournant vers
elle , voilà ma Reine , voilà la vôtre , partagez avec moi le plaifir de lui rendre vos
premiers hommages.

Il tint tous ces difcours & fit toutes ces
actions avec tant de véhémence , & fes
tranfports marquoient fi bien l'étendue de
fa joie & de fon amour, qu'Etelgive ne put
trouver de long-tems celui de lui répondre ;
enfin , prenant le parti de l'interrompre :
c'en eft trop, Sire , lui dit-elle, & s'il étoit
poffible d'aimer plus vivement que je fais ,
j'y livrerois mon ame toute entiere pour
payer un fi parfait amour ; mais tandis que
vous vous empreffez à me combler de gloire , fouffrez que je prenne foin de la vôtre ,
elle ne m'eft pas moins chere que la mienne.

Je vous aime , Sire , je vous l'ai dit , &
je vous le dirai jufqu'au dernier moment de
ma vie , je n'ai plus rien à craindre d'un
Prince affez généreux pour ne vouloir triompher de moi qu'en me donnant fa foi, j'at-

tefte le ciel, continua-t-elle, que j'en ferois mon bonheur le plus doux, s'il m'avoit
fait naître plus digne de vous, ou s'il vous
avoit donné un rang moins élevé ; jamais
mes yeux ne fe font élevés jufqu'au trône,
ils n'ont vu qu'Etelred, je n'ai penfé qu'à lui,
je n'ai rien aimé que lui. Ah ! Sire, fi fans
faire tort aux rares qualités qui vous rendent fi digne de régner, j'avois pu vous féparer de la dignité fuprême, que le fort
d'Etelgive eût été fortuné !

Mais, Sire, vous êtes Roi, vous êtes né
pour l'être, & des titres fi glorieux exigent
de Votre Majefté une perpétuelle attention
fur fes moindres actions ; vous vous devez
une alliance auffi grande que vous-même,
c'eft à des Princeffes d'occuper l'augufte place
que vous m'offrez ; votre amour & votre
pouvoir vous ferment les yeux fur un choix
dont la baffeffe vous feroit inceffamment re-
prochée ; pour moi, à qui l'impuiffance & la
naiffance obfcure donnent un efprit moins
prévenu, malgré l'excès de ma tendreffe, je
n'entrevois qu'avec effroi les malheurs où
cet hymen peut vous plonger.

J'ignore ceux qui peuvent arriver felon la
politique de l'Etat ; élevée dans la fimplicité
& dans l'innocence, mes vues ne s'éten-
dent pas fi loin ; mais je vois tous ceux que le
bon fens & la raifon offrent à mes regards ;
cette Cour qui s'empreffe aujourd'hui à
louer en moi l'objet de votre amour, qui
m'honore, me flatte & me chérit, ne fe
livre à ces fentimens que parce qu'elle ne
me regarde que comme une maîtreffe dont

la faveur peut ceffer auffi promptement
qu'elle a commencé.

Un titre plus relevé attireroit leur haine
& leur mépris, & tel qui loue à préfent
votre choix, fera le premier à le blâmer :
vos fujets favent qu'ils font nés pour obéir ;
mais ils favent auffi qu'il faut des Princes
pour leur commander ; que ne diroient-ils
pas fi vous leur donniez pour Reine la fille
d'un fimple artifan, pauvre, dénuée de tout,
& qui ne tire d'elle - même que l'avantage
d'un peu de fageffe, dont l'éclat eft un foible ornement pour les courtifans.

Pardonnez, Sire, fi j'ofe rétracer à vos
yeux le peu que je fuis, il vous eft moins
honteux de vous l'entendre dire de ma bouche, qu'il ne m'eft humiliant d'être forcée
à vous le repréfenter ; mais je ne dois rien
épargner pour empêcher que mon Roi, que
j'aime au-deflus de la clarté du jour, & pour
lequel je donnerois ma vie, faffe une faute
qui terniroit la fienne à jamais. Tandis
qu'Etelgive parloit, le Roi la regardoit avec
une admiration qui tenoit de l'extafe, il
avoit les bras croifés fur fon eftomac, & les
yeux tellement attachés à la contempler,
qu'il fembloit en avoir perdu tout autre
mouvement.

Lorfqu'elle eut fini fon difcours : Madame, lui dit-il fans fortir de cette pofture,
votre ame m'a toujours paru fi belle & fi
défintéreffée, que je n'ai point douté des
objections que vous me feriez ; je m'y fuis
préparé, & vous devez être bien affurée
qu'un Prince qui ne fe croyoit fimplement

qu'estimé de vous, & qui cependant venoit vous offrir l'Empire, ne changera pas
de dessein en aprenant qu'il est aimé autant
qu'il l'a desiré; moins vous croyez être digne
du trône, & plus vous vous en aprochez.

Mon amour demande votre possession,
votre sagesse me la défend, l'un & l'autre
vous donnent ma couronne & ma foi; ne
vous oposez plus à une résolution que rien
ne peut ébranler, & songez que la mort
seule peut me séparer d'Etelgive.

L'air grave & tranquille dont Etelred
prononça ces paroles, lui fit bien connoître
que la vérité les lui dictoit; cependant cette
belle fille, qui ne vouloit avoir rien à se
reprocher, fit encore ses efforts pour le
dissuader de son dessein, & poussa même la
chose au point de lui promettre qu'elle ne
lui parleroit plus de se retirer de la Cour,
& que quelque pensée que l'on pût avoir
de sa conduite, elle ne l'abandonneroit jamais, & lui donneroit toutes les marques
qu'il pourroit souhaiter de sa tendresse lorsqu'elles n'attaqueroient pas directement sa
gloire, & elle employa toute son éloquence
à lui faire sentir les charmes d'une passion
qui n'avoit que la vertu pour objet; mais
comme la pudeur qui régnoit sur toute sa
personne démentoit ses discours, & que le
Roi voyoit bien qu'elle ne parloit ainsi que
pour l'obliger à se rétracter, il fut ferme
dans sa résolution, & la pria si sérieusement
d'y consentir, qu'elle fut contrainte de ne
lui plus laisser voir qu'amour, joie & reconnoissance, sentimens que son cœur res-

sentoit trop vivement, pour qu'elle ne les
exprimât pas avec la force & les agrémens
qui suivent toujours la vérité.

Etelred, enchanté de son bonheur, lui
fit répéter cent fois le commencement & les
progrès de la tendresse qu'elle avoit prise
pour lui ; & lorsque par l'effet de sa modestie il s'apercevoit qu'elle lui déroboit quelque trait qui pouvoit le trop flatter, il se le
faisoit dire par Edite ; enfin, plus amoureux
qu'il ne l'avoit jamais été, il la quitta pour
aller travailler à leur commune satisfaction.
La charmante Etelgive ne fut pas plutôt
seule avec sa chere Edite, que, réfléchissant
sur tout ce qui lui étoit arrivé, & de quelle
façon la providence sembloit avoir conduit
cette surprenante aventure, elle s'humilia
devant le Roi des Rois & le maître des
maîtres, en se remettant entiérement à lui
de sa destinée : comme véritablement elle
n'avoit jamais eu aucune pensée d'ambition,
& que le trône avoit toujours été aussi éloigné de son esprit qu'il l'étoit de sa naissance,
elle n'y porta point encore ses regards ; & le
seul plaisir d'être femme d'Etelred, & de s'y
voir attachée par des liens sacrés & légitimes, fit toute son attention ; cet hymen qui
satisfaisoit à la fois son amour & sa vertu,
lui parut le comble de la félicité ; cependant
aussi prudente que sage, elle ne voulut pas
faire éclater sa gloire que le Roi lui-même
ne l'eût déclaré ; & renfermant sa joie dans
le fond de son ame, elle défendit à Edite de
rien dire du dessein de ce Prince à qui que
ce fût, pas même à son pere, afin que s'il

arrivoit quelque changement, le Roi, toujours maître de son projet, eût moins de
peine à le voir manquer.

Tandis qu'elle prenoit des précautions si
sensées, ce Monarque n'étoit pas sans embarras, il étoit rentré dans son palais avec
un air de contentement qui n'échapa pas
aux yeux des courtisans ; Cork, qui avoit
pour lui le plus sincere attachement, fut le
premier à s'en apercevoir, & comme sa
visite chez Etelgive avoit été longue & secrette, il interpréta la satisfaction du Roi
d'une maniere qui ne fut pas d'abord avantageuse à cette belle fille ; mais il ne resta
que bien peu dans cette erreur. Etelred,
étant passé dans son cabinet, le fit apeller,
& le regardant avec des yeux brillans de
joie : Cork, lui dit-il, je suis le plus heureux de tous les hommes.

Sire, lui répondit ce favori, je n'ai jamais
douté que la persévérance & le rare mérite
de Votre Majesté ne fussent à la fin récom-
pensés; mais j'avoue que la vertu d'Etelgive
me faisoit craindre une plus longue résistance, & je suis charmé....

Arrêtez, Cork, lui dit le Roi, qui vit
bien ce qu'il pensoit, ne faites aucun jugement téméraire, Etelgive est toujours une
des plus vertueuses filles de la terre, je n'ai
point triomphé d'elle, c'est elle qui triomphe de moi ; en un mot, ajouta-t-il, j'en
suis aimé & je l'épouse.

Toute l'adroite politique du courtisan ne
put garantir Cork des effets de la surprise,
son étonnement l'emporta dans ce moment

fur la diffimulation ; il recula quelques pas ;
& refta immobile en regardant le Roi at-
tentivement , comme voulant chercher dans
fes yeux la vérité de fes paroles ; mais ce
Monarque, ne voulant pas qu'il en doutât ,
ni attendre qu'il lui répondît , lui raporta
mot à mot ce qui venoit de fe paffer entre
Etelgive & lui , & finit en lui ordonnant:
d'aller lui en marquer fa joie.

Cork , qui s'étoit remis pendant ce difcours, ne put s'empêcher d'admirer la fageffe & la modération de cette fille ; mais
l'intérêt du Roi , à qui toute autre confidération devoit céder , lui faifant envifager ce
mariage comme une tache à fa gloire , voulut prendre la liberté de lui repréfenter le
tort qu'il s'alloit faire ; mais le Roi l'inter-
rompant : Cork , lui dit-il , avec un air de
fierté qui le fit trembler , ne foyez fenfible
qu'à l'honneur que je vous fais d'être le premier d'entre mes fujets à qui j'aie découvert
mon deffein , & ne me prouvez votre zele
qu'en m'obéiffant. Ce favori , qui n'avoit
pas encore entendu parler Etelred d'un pareil ton , vit bien que le meilleur parti étoit
de fe taire, il ne repliqua plus , & s'en fut
chez Etelgive , dont la haute fageffe , la modeftie & le défintéreffement le mirent du
parti du Roi , & lui firent trouver que fi
fon choix pouvoit n'être pas aprouvé , du
moins il étoit digne de l'être.

Cependant Etelred voulant prendre fes
mefures auprès des Princes de fon fang &
des Grands du Royaume , envoya dire au
Prince Egrads de fe rendre près de lui ; il ne

douta point que sa résolution ne lui déplût,
& qu'il ne la combattît avec force ; mais ,
comme il étoit chef du conseil , & qu'il ne
pouvoit rien faire sans le lui communiquer,
il se prépara à soutenir ses reproches en Roi
qui connoissoit l'étendue de son autorité ;
il vint , & l'amoureux Monarque , après lui
avoir fait les plus tendres amitiés : Mon cher
Egrads, lui dit-il , comme ma conduite vous
a peut-être surpris depuis quelque tems , je
veux la justifier , & par une ample confes-
sion de mes plus secrettes pensées , vous
marquer mon estime & ma confiance ; je
me flatte que vous y répondrez , & que
vous regardant comme le meilleur de mes
amis , vous m'en donnerez toutes les preuves que je desire.

Un préambule si flatteur ne portant point
l'esprit d'Egrads à ce qu'il alloit entendre ,
ne trouva dans son cœur que cette sensibilité qu'il est si naturel d'avoir pour ceux que
l'on a élevés , & sur-tout lorsqu'ils sont aussi
aimables que l'étoit ce Monarque ; il y répondit avec tendresse , & lui dit qu'étant le
maître, ce qu'il faisoit n'avoit besoin d'aucune justification ; & que s'il vouloit lui
rendre compte de ses actions , il l'écouteroit
bien plus par obéissance que par aucun droit
qu'il crût avoir de lui en demander raison.

Cette réponse ayant donné au Roi quelqu'espérance , il lui fit une histoire exacte
de ses amours avec Etelgive , depuis leur
commencement jusqu'à ce moment ; &
après lui avoir exagéré la beauté de son caractere , la grandeur de son ame , sa vertu

& la noblesse de ses sentimens, il finit en
lui déclarant la résolution qu'il avoit prise
de l'épouser ; & que comme il étoit l'ame
du conseil, il avoit compté sur lui pour
faire aprouver son choix.

Egrads qui jusques-là avoit écouté patiemment, perdit alors toute retenue, &
s'écria d'une voix qui marquoit l'agitation
de son ame : Sur moi ! Sire, lui dit-il, sur
moi, pour faire aprouver une semblable
alliance ? Quoi donc, continua-t-il avec
impétuosité, le descendant de tant de Rois,
l'auguste Etelred veut asseoir sur son trône
la fille d'un vil artisan ? Songez-vous, Sire,
à la bassesse d'un tel choix ? que diront vos
peuples, que dira cette noblesse qui vous
environne, lorsque les uns & les autres
vous verront ravaler à ce point la Majesté
Royale ? Quels malheurs allez-vous attirer
sur votre tête ?

Avez-vous perdu la mémoire des exemples que vous fournit l'histoire des Princes
qui, comme vous, ont voulu se livrer à leurs
passions ? Combien en verrez-vous qui, victimes de leurs folles amours, ont perdu leur
réputation, l'empire & la vie ? Vous avez à
craindre encore plus qu'eux la jalousie de
vos voisins, qui ne voient qu'avec peine
cet état florissant. L'ambition des Princes de
votre sang, qui seront charmés que vous
fassiez une pareille faute pour exciter le
murmure des peuples, occasionner des sé-
ditions où votre monarchie n'est malheu-
reusement que trop sujette, vont accabler
à la fois l'Empire & Votre Majesté.

.. Ah! Sire, ouvrez les yeux ; féparez un moment l'homme d'avec le Roi ; comme Roi , regardez quelle Reine vous voulez nous donner , quelle famille vous voulez confondre avec la vôtre. Vous en rougiriez fi vous y faifiez un inftant d'attention ; rentrez en vous-même , fongez que c'eft une Princeffe à qui votre couronne & votre foi fon dues. Eloignez Etelgive , envoyez au Roi de Danemarck , de qui vous avez tout à craindre , demandez-lui fa fille , & lui donnez la place que vous deftinez à celle du plus petit de vos fujets.

Egrads fe tut , & le Roi, qui lui avoit laiffé jetter tout fon feu , le regardant fans s'émouvoir : Vous ne me dites rien , lui répondit-il froidement , qu'Etelgive ne m'ait dit elle-même ; & vous pouvez juger que vous ne parviendrez pas à ce qu'elle n'a pu faire ; j'ai pardonné à fon défintéreffement le mépris qu'elle m'a fait voir pour elle, je pardonne à votre zele celui que vous en venez de faire ; comme homme , je veux me fatisfaire , & comme Roi, je veux être obéi. Je ne prétends point , pour des malheurs imaginaires , me priver d'un bonheur réel ; fi mes voifins ou mes fujets cherchent à troubler la paix de l'Etat , j'ai affez de courage pour triompher des uns , & affez de puiffance pour faire trembler les autres ; je ne vous ai point déclaré mon deffein pour demander votre avis , mais pour le faire aprouver ; & quoique j'euffe été bien aife de vous y voir foufcrire , je ne m'inquiete point de vous y trouver contraire..

Et peut-être que fans votre fecours je faurai faire entendre à mes fujets la foumiffion qu'ils doivent à mes volontés. A ces mots il fortit de fon cabinet , & le laiffa dans une fi grande douleur , qu'il fe retira dans fon apartement fans vouloir parler à perfonne du refte du jour.

Etelred cependant ne fit voir fur fon vifage aucune marque d'altération ; & la plupart de ceux qui compofoient le confeil s'étant trouvés à fon coucher , il les gracieufa , leur dit mille chofes flatteufes ; & n'oubliant rien de tout ce qui pouvoit lui attirer les cœurs, il leur ordonna de s'affembler dès le lendemain matin pour une affaire importante qu'il avoit à leur communiquer.

Ce Monarque, dont la réfolution étoit inébranlable, paffa la nuit avec la feule inquiétude que lui donnoit l'impatience de poffe der Etelgive ; le Prince Egrads n'eut pas de fi douces penfées, fon grand âge, qui lui fermoit les yeux fur la beauté de cette fille , l'empêchoit de concevoir que le cœur pût s'y laiffer furprendre de maniere à s'oublier au point de tout hazarder pour elle ; fa fageffe & les rares qualités de fon ame lui paroiffoient de frivoles ornemens fur un trône dont il croyoit que la naiffance feule pouvoit rendre digne ; il s'imaginoit même qu'il y avoit eu plus d'adreffe que de vertu dans le procédé d'Etelgive , & qu'elle n'avoit été fi réfervée que pour amener le Roi au but qu'elle s'étoit propofé.

Et la foibleffe d'Etelred lui paroiffoit d'autant plus condamnable, qu'il étoit perfuadé
que l'ambition étoit le principe de toutes
les actions de cette favorite ; & fa propre
fierté fe mêlant à l'intérêt de l'Etat , il fré-
miffoit en fe repréfentant qu'il feroit obligé
de traiter en Reine une fille qui ne pouvoit
même prétendre à tenir quelque rang auprès de celles qui étoient nées pour l'être.
Cette idée l'occupa toute la nuit , & il fe
leva dans le ferme deffein de ne rien épargner pour empêcher celui du Roi.

Pour Etelgive , fon innocence & la pureté
de fes intentions lui donnerent un fommeil
tranquille , contente de ce qu'Etelred avoit
rendu juftice à fa vertu en jugeant qu'il ne
pouvoit rien obtenir d'elle que par des voies
légitimes ; elle ne s'inquiétoit ni de rangs ,
ni d'Empire , & ne prenoit que les réfolu-
tions qui lui étoient infpirées par la fageffe
& la prudence.

Enfin le moment étant arrivé où tant de
différens fentimens devoient éclater, le Roi
fe rendit dans la chambre du confeil , où il
ne manquoit que le Prince Egrads pour
rendre l'affemblée complette. Etelred en eut
une fecrette joie , croyant trouver dans le
cœur des autres des difpofitions plus favorables qu'il ne lui en avoit montré ; & lorfqu'il vit que l'on étoit dans l'attente de ce
qu'il avoit à dire , il prit la parole , & commençant fon difcours par leur vanter les
douceurs de la paix dont fes Etats jouif-
foient , les foins qu'il avoit aportés à la
maintenir depuis qu'il tenoit les rênes de

l'Empire, la conduite qu'il avoit tenue avec
ses alliés & ses sujets, l'intention où il étoit
de donner toujours à ces derniers de nouvelles marques de sa tendresse pour eux, il
continua en disant, qu'après avoir tant tra-
vaillé pour le bonheur de son peuple, dans
un âge que tous les hommes consacrent aux
plaisirs, il se flattoit qu'ils ne trouveroient
point étrange qu'il songeât à sa satisfaction
particuliere ; que son cœur ne pouvant se
prêter aux mariages contractés par la politique, il s'étoit choisi lui-même une femme
à qui la beauté, l'esprit & la sagesse tenoient
lieu de naissance.

Qu'il croyoit même donner à son peuple
une preuve éclatante de son amour pour lui
en prenant une de ses sujettes pour compagne, & qu'il croyoit que l'admirable Etelgive qui s'étoit attirée tous les cœurs en arrivant à sa Cour, ne trouveroit pas moins
de facilité à s'en attirer les respects. A peine
eut-il prononcé ce nom, qu'un murmure
confus s'éleva dans l'assemblée, & l'empêcha de poursuivre.

Chacun baissa les yeux, la tristesse parut
sur tous les visages, un morne silence suc-
céda à l'impétuosité des premiers mouvemens, & tous généralement cherchoient
dans leur esprit de quelle maniere ils s'opo-
seroient à une alliance si disproportionnée,
lorsque le Prince Egrads parut.

Sa présence surprit & fâcha le Roi, mais
il le rassura de conseil qui, se doutant bien
qu'il en seroit soutenu, le vit arriver avec
joie.

La confternation qui régnoit dans cette affemblée étoit trop remarquable, pour qu'il ne s'en aperçût pas, & quoiqu'il en pénétrât le fujet, il ne laiffa pas de le demander avec empreffement. Un des Confeillers l'en inftruifit en demandant pardon au Roi, s'il avouoit au nom de tout le confeil l'extrême douleur où ils étoient de ne pouvoir aprouver fon deffein ; mais que l'intérêt de fa gloire & celui de l'Etat ne leur permettoit pas d'y confentir.

Egrads, qui aimoit véritablement ce Monarque, & qui craignoit pour lui les malheurs dont ce mariage fembloit le menacer, employa tout ce que l'éloquence pouvoit avoir de perfuafif pour lui faire concevoir les dangereufes conféquences d'un pareil hymenée ; & ménageant mieux fes termes qu'il n'avoit fait la veille, & s'exprimant avec plus de circonfpection, il mit en ufage les faits & les exemples les plus convenables à le détourner de fon entreprife ; il y joignit les prieres & les larmes, & le preffa fi vivement de s'en déporter, que ce Monarque en fut ému. Mais fon amour étant trop fort pour céder la victoire, il fe contenta de rompre le confeil fans aller aux opinions, en difant qu'il feroit fes réflexions & les lui communiqueroit.

Le Prince Egrads, qui crut l'avoir ébranlé, s'aplaudiffoit déja de fa fermeté, lorfqu'il fut étrangement furpris quand il aprit que ce Monarque n'étoit pas plutôt forti du confeil, qu'étant rentré dans fon apartement, où une Cour nombreufe l'attendoit, il avoit déclaré fon mariage avec Etelgive, & qu'il étoit enfermé avec l'Evêque de Durham qu'il avoit envoyé chercher. En effet Etelred, perfuadé par tout ce qu'il venoit de voir & d'entendre, qu'il ne devoit pas efpérer de parvenir à ce qu'il defiroit par la douceur, s'étoit à l'inftant réfolu de faire agir fon autorité & de franchir tous les obftacles. Ainfi ayant fait apeller l'Evêque de Durham, il lui ordonna de fe préparer à faire la cérémonie de fon mariage avec Etelgive, & Cork fut chargé du foin de la rendre auffi pompeufe qu'elle pourroit être.

Cette nouvelle mit Egrads dans un défefpoir fi grand, que comme il étoit naturellement violent, n'écoutant que l'ardeur de fon zele, il courut au palais d'Etelgive pour lui reprocher l'artifice dont il croyoit qu'elle s'étoit fervie pour féduire le cœur d'Etelred; elle étoit feule avec Edite quand il entra, le rang qu'il tenoit à la Cour, fon âge vénérable & l'eftime dont elle favoit que le Roi l'honoroit, le lui firent recevoir avec tout le refpect qui lui étoit dû.

Mais ce Prince dont l'efprit étoit prévenu contr'elle par les idées les plus défavantageufes, fans examiner la douceur & la modeftie qui accompagnoient les civilités qu'elle lui faifoit, n'ouvrit la bouche que pour éclater contre fon ambition prétendue, & fe fervant des expreffions les plus piquantes fur la baffeffe de fa naiffance, il lui tint les difcours les plus outrageans qu'un homme emporté, fans raifon & outré de défefpoir, peut inventer. Une pareille converfation jetta cette belle fille dans un étonnement qui lui laiffa tout le tems de parler ; mais comme ce qui ne partoit pas directement du Roi ne la troubloit que foiblement, elle fe remit affez promptement, & voyant que n'ayant rien à dire, il gardoit le filence.

Seigneur, lui répondit-elle avec douceur, une autre qu'Etelgive, dans la fituation où je fuis, n'auroit peut-être pas écouté fi tranquillement des injures fi peu méritées ; mais à moi, à qui la gloire du Roi eft pour le moins auffi chere qu'à vous, & qui refpecte dans le Prince Egrads le fang de mes Souverains & le zele qui le force à m'outrager, je ne répondrai à fes accufations qu'en lui découvrant les fecrets replis de mon ame, & j'efpere que mon innocence lui donnera des clartés fur ma conduite qui le contraindront à l'eftimer plutôt qu'à la blâmer.

Le ton charmant de cette voix, & la douce majefté qui régnoit fur toute la perfonne d'Etelgive tandis qu'elle parloit, commençoient à produire leur effet ordinaire ; déja ce Prince la regardoit avec des yeux moins courroucés, & déja fe repentoit-il de fon emportement, lorfqu'elle continua ainfi : J'aime le Roi, Seigneur, je ne m'en défends point ; mais cette tendreffe n'a jamais eu d'autre objet qu'elle-même, & l'ambition que vous me reprochez en a toujours été fi fort éloignée, que je n'ai pas même cherché à m'en faire aimer, & depuis

un an qu'il a daigné jetter les yeux fur moi,
l'indifférence & le refpect ont été le feul
prix de fes foins; j'avoue que ce n'a pas été
fans me faire violence, & qu'il a fallu tout
le pouvoir de la vertu pour me forcer au
filence; & bien loin que cette conduite eût
pour objet les motifs que vous lui imputez,
je n'en efpérois que la guérifon d'une paffion dans laquelle je n'envifageois que honte
& qu'infamie.

Si mes penfées euffent été au trône, il ne
m'auroit pas été néceffaire de cacher avec
tant de foin les tendres fentimens de mon
cœur; au contraire, je n'avois qu'à les faire
éclater en nourriffant l'amour du Roi par
tout ce que le mien m'infpiroit en fa faveur,
en lui en refufant toujours le prix, je l'aurois conduit bien plus facilement à ce qu'il
veut faire aujourd'hui contre mon propre
fentiment.

Cependant ce n'eft que d'hier que par un
ftratagême auquel je n'étois pas préparée,
il a fu m'arracher mon fecret; mais je n'ai
pas plutôt apris le fien, que j'ai tout tenté
pour le diffuader de l'honneur qu'il me veut
faire; je n'ignore point qui je fuis, je fais
qu'elles doivent être les Reines qui vous
font dues, & comme je trouve encore plus
de gloire à refufer un trône qu'à l'occuper,
je n'ai rien épargné pour n'y pas monter.
Voilà, Seigneur, mes fentimens, l'ambition, l'artifice font des monftres qui me
font inconnus, l'innocence guide mes pas,
la vérité dicte mes paroles; élevée fans aucune connoiffance de la Cour, j'en ignore

les pratiques & les intrigues, je n'ai pu refuser mon cœur au mérite d'Etelred ; mais
je n'ai jamais aspiré à devenir l'épouse de
mon Roi ; j'ai fait sur lui tous mes efforts
pour l'obliger à me laisser quitter la Cour,
je n'ai pu rien gagner, je ne puis nier que
je ne sois sensible à ses glorieuses marques
de son estime, elles me sont d'autant plus
cheres, que je ne m'y attendois pas.

Après cela, Seigneur, voyez si vous pouvez imaginer quelque moyen pour le faire
changer ; j'y donnerai les mains, & vous
me verrez sacrifier avec joie mon amour,
mon bonheur & ma vie à la gloire de l'Etat
& du Roi ; mais n'espérez pas que par mes
discours je cherche encore à le dissuader ;
mes yeux trop pleins de ma tendresse dé-
mentiroient mes paroles, & ce seroit lui
montrer un acharnement qu'il prendroit
bien moins pour grandeur d'ame, que pour
un mépris outrageant. Etelgive cessa de parler, & le Prince Egrads la regardant avec
toutes les marques d'un homme hors de
lui-même : Madame, lui dit-il, par quels
termes, par quelles actions, enfin par quels
services puis-je réparer le crime que je viens
de commettre ? hé ! comment pourrez-vous
me le pardonner ? Ah ! s'il étoit en mon
pouvoir de vous assujettir les cœurs & de
concilier toutes les voix en votre faveur,
avec quel empressement vous m'y ver-
riez courir ! mais, Madame, on ne me
croiroit pas, & j'ai tant de peine moi-même
à me persuader ce que je vois, qu'il ne seroit pas surprenant qu'on ne pût ajouter foi
à mes paroles.

Le tems feul peut inftruire l'Etat de tout
ce que vous valez : faffe le ciel , continua-t-
il ; que cette haute vertu ne fe démente jamais , & contraigne l'Angleterre à lui rendre
les hommages qui lui font dus , je ne m'é-
tonne plus des fentimens du Roi , il n'eft
plus même en mon pouvoir de les blâmer ,
& je ne vois que trop que vous connoiffant
parfaitement , on lui donneroit la mort en
cherchant à vous en féparer : malheur qui
feroit bien plus grand que tous ceux que
mon zele m'a fait prévoir.

Non , Madame , il n'y faut plus fonger ;
& puifque par une fatalité dont je ne puis
m'empêcher de murmurer , il ne m'eft pas
poffible de changer les efprits , je vous jure
de ne les point aigrir , & que je verrai le
moment de votre bonheur avec autant de
joie qu'il m'a donné de crainte & de douleur ; votre furprenante beauté , votre efprit , & fur-tout votre fageffe , vous en rendent fi digne , que je me reprocherai éter-
nellement ce qu'un zele indifcret m'a contraint de faire.

Etelgive parut bien plus embarraffée des
louanges & des refpects d'Egrads , qu'elle ne
l'avoit été de fon emportement ; elle y répondit avec modeftie , en le priant avec des
graces toutes charmantes de l'affifter de fes
confeils , & de régler fa conduite dans tout
ce qui s'alloit paffer , & elle acheva de le
gagner fi parfaitement , que ce n'étoit plus
le même homme.

Cependant le Roi , qui brûloit de revoir
Etelgive , fe rendit chez elle auffi-tôt qu'il
eut

eut donné les ordres néceffaires pour la cérémonie de fon mariage ; il y entra comme
le Prince Egrads en fortoit ; cette vue le
furprit, & s'arrêtant devant lui, & le regardant fixement : Quel fujet, lui dit-il,
vous a conduit ici ?

Sire, lui répondit Egrads, j'y fuis entré
avec des fentimens bien différens de ceux
avec lefquels j'en fors, & il fe retira à l'inftant : le Roi ne fachant que penfer de cette
vifite & de ce difcours, entra dans le cabinet d'Etelgive avec quelqu'inquiétude ; mais
la tranquillité où il la trouva, & la joie qui
parut fur fon vifage en la voyant, le raffura ; il lui demanda ce qui avoit amené
le Prince Egrads chez elle, & ce qu'il lui
avoit dit.

Cette prudente fille, qui fentoit le tort
qu'elle feroit à ce Prince fi elle découvroit
la vérité, la cacha avec foin, & répondit
au Roi qu'il ne l'avoit entretenue que des
bontés de Sa Majefté pour elle, & paroiffoit
n'être venu que pour les lui aprendre ; Etelred s'imagina alors qu'il avoit pris ce prétexte pour examiner Etelgive, & que l'admiration qu'elle lui avoit caufée, étoit le
changement dont il venoit de lui parler ; il
lui en fut bon gré, & fe propofa de lui en
marquer fa reconnoiffance.

Mais rompant cet entretien pour ne s'occuper que de fon amour, il inftruifit Etelgive de tout ce qu'il avoit fait, & lui fit
voir tant d'amour & d'empreffement à fe
lier à elle pour jamais, que cette belle fille
ne put fe difpenfer d'y répondre auffi ten-

drement qu'il le pouvoit defirer ; & quelques jours après il l'époufa publiquement
dans la chapelle du palais, où l'Evêque de
Durham en fit la cérémonie. Ce Monarque,
qui vouloit que tout fe reffentît de fa joie,
donna à cette occafion des fêtes qui attirerent à la Cour toute la nobleffe du Royaume ; & tant qu'elles durerent, on ne s'aperçut pas qu'il y eût des mécontens fecrets.

Mais lorfqu'elles furent finies, chacun fe
retira, la Cour devint déferte, les Dames
n'y parurent plus, & il ne refta auprès du
Roi & de la Reine que les perfonnes qui
y étoient indifpenfablement attachées par
leurs charges ou leurs emplois, & un très-
petit nombre de gens fenfés auxquels le
mérite d'Etelgive étoit parfaitement connu,
entre lefquels étoient le Prince Egrads &
Cork, qui étoient toujours dans la faveur
du Roi.

Le bonheur dont Etelred jouiffoit le confola de la fierté de fes fujets, & toujours
plus charmé que jamais de la belle Etelgive,
il faifoit confifter fon unique félicité à la
voir, à l'aimer, & à recevoir les tendres
preuves de fon amour.

Pour cette Princeffe, elle ne fit paroître
aucun chagrin de l'efpece de mépris que
lui marquoient les courtifans ; contente de
poffeder le cœur du Roi, elle dédaignoit
fi fort le trône, que le titre de Reine, que
les peuples lui refufoient, ne lui donna jamais la moindre inquiétude, & bien loin
d'en avoir du reffentiment, elle ne s'occupoit qu'à répandre fur eux les graces du

Roi; le peu de perfonnes que fa vertu avoit
attachées à elle ne ne pouvoient fe laffer d'admirer fa patience, fa douceur & fa bonté;
le Prince Egrads en étoit idolâtre, & agif-
foit puiffamment pour la faire reconnoître.

Le ciel même, pour prouver qu'il avoit
béni cet hymen, la fit accoucher d'un
Prince que le Roi nomma Edmond : cette
naiffance fit recommencer les fêtes, & l'on
s'accoutumoit déja à donner quelques marques de bienveillance à la Reine, lorfque
la joie fut interrompue par les nouvelles
de la révolte des Comtes d'Iemerland &
de Koeffort, qui, prétendant être defcendus
du Roi Alfred, un des fept Rois qui ré-
gnoient en Angleterre lorfqu'Adelftan en
fit la conquête, croyant avoir trouvé l'occafion favorable pour envahir la couronne,
par l'indifpofition où le mariage d'Etelred
avoit mis une partie de la nation angloife,
avoient fait prendre les armes aux provinces
du Nord, & foutenus de quelques troupes
que Suénon, Roi de Danemarck, leur avoit
envoyées, & des fecours que Micolme,
Roi d'Ecoffe, leur promettoit, fe flattoient
de détrôner Etelred.

Cela furprit & affligea la Cour ; mais le
Roi qui étoit brave & d'un courage vraiment royal, n'en fut point étonné, &
donna des ordres fi précis pour lever des
troupes afin de groffir fon armée, qu'il fe
vit bientôt en état d'aller réprimer l'audace
des rebelles, & lorfque tout fut prêt, il
ne fongea plus qu'à partir : Etelgive fentit
la plus vive douleur à cette féparation, elle

n'avoit point encore essuyé les craintes des périls de la guerre pour ce qu'elle aimoit ; ces premieres atteintes en furent plus cruelles, & connoissant quel étoit le prétexte de la rebellion, elle en fut plus alarmée qu'une autre ; cependant la gloire & l'intérêt du Roi lui étant plus chers que sa propre satisfaction, elle ne lui fit voir qu'une inquiétude tendre & passionnée, sans y mêler aucunes marques de foiblesse : Etelred, qui l'adoroit toujours, la conjura de se conserver, & d'être persuadée que toute la terre soulevée contre lui n'étoit pas capable d'ébranler un moment son amour & sa constance.

Et comme cette belle & vertueuse Princesse avoit donné quelques marques d'une seconde grossesse, Etelred la recommanda aux soins du Prince Egrads, que son grand âge dispensoit des fatigues de la guerre.

Et le Roi partit de Londres à la tête de son armée, & arriva au Nord d'Angleterre, où il trouva les rebelles qui s'étoient retranchés auprès de l'Inçolne qu'ils avoient dessein d'attaquer.

Ils furent extrêmement surpris de la diligence & de la beauté de l'armée du Roi, qui vint se camper le plus près qu'il put de leur camp, & prit toutes les mesures nécessaires pour les attaquer avantageusement; mais comme il prévoyoit que dans une bataille il y auroit bien du sang répandu, il fit proposer aux chefs des révoltés des accommodemens raisonnables, leur représentant leur foiblesse & sa supériorité ; que la vic-

toire ne pouvoit être que funeste pour tout
le Royaume, de quelque côté qu'elle se dé-
clarât, & que les regardant toujours comme
ses sujets malgré leur rebellion, il ne vouloit rien épargner pour les conserver ; mais
les rebelles animés par les Ecossois, de tous
tems ennemis des Anglois, refuserent les
offres d'Etelred, & se préparerent à se bien
défendre.

Leur opiniâtreté leur coûta cher, le Roi
dès le lendemain matin fit attaquer leurs retranchemens qui furent forcés ; les rebelles
cependant tinrent ferme dans leur camp ;
mais ils y furent bientôt rompus & mis en
fuite par la valeur d'Etelred, les chefs y
périrent, & le Roi se voyant le maître de
leur camp, voulant épargner le sang de ses
sujets, défendit qu'on poursuivît les fuyards ;
il mit en liberté tous les prisonniers qu'il
avoit faits, leur fit prêter un nouveau serment de fidélité, & fit publier une amnistie
générale pour le reste ; mais il donna leur
camp au pillage de son armée, ensuite de
quoi il revint à Londres couvert de gloire.
Etelgive qui avoit passé le tems de son absence au pied des autels, le reçut avec une
joie aussi parfaite que son amour ; Etelred la
revit comme un homme qui ne commence
que d'aimer, & jamais union ne parut plus
tendre ni plus belle.

Les fêtes & les jeux que firent la ville &
la Cour pour l'heureux retour du Roi furent encore augmentés quelques mois après
son arrivée par la naissance d'un second
Prince à qui Etelgive donna le jour, qui

fut nommé Eduin ; cette fécondité, la constance d'Etelred, la piété, la patience & la
haute vertu de la Reïne, déterminerent
enfin les peuples à la reconnoître ; le Prince
Egrads qui l'avoit examinée avec une attention prodigieuse, n'ayant trouvé en elle
rien que de grand, de solide & d'admirable, fut le premier à persuader les Grands
de rendre justice à cette Princesse ; il avoit
été si pénétré de la prudence qu'elle avoit
eue de cacher son emportement au Roi,
qu'il en gardoit au fond de son cœur la
plus vive reconnoissance ; ainsi lorsqu'il
vit les esprits dans ces favorables dispositions, il n'épargna rien pour les y maintenir : déja les Dames excitées par leurs maris, s'empressoient de faire leur Cour à la
Reine, & déja les Seigneurs lui rendoient
leurs hommages, lorsque le Prince Egrads,
pressé de lui rendre un service assez grand
pour effacer de sa mémoire le premier entretien, vint un jour dans le dessein de lui
annoncer les intentions des Anglois. Il semble que le hazard étoit de concert avec ce
Prince pour lui faire trouver seule toutes
les fois qu'il avoit des choses importantes à
lui dire.

    Mais que sa situation étoit différente !
lorsqu'Egrads entra, elle avoit un mouchoir
sur ses yeux, le coude apuyé sur une table,
& dans toute son attitude on ne remarquoit
qu'une personne abandonnée à la plus vive
douleur : Edite étoit à ses genoux le visage tout baigné de larmes, & l'une & l'autre paroissoient avoir oublié toute la nature

pour ne songer qu'à répandre des pleurs.

Un spectacle si extraordinaire surprit Egrads, son cœur en fut ému ; mais ne pouvant résister au desir d'en aprendre la cause : Que vois-je, Madame, lui dit-il, en s'aprochant de la Reine ? quel étrange malheur peut troubler la félicité de Votre Majesté ? A peine eut-il ouvert la bouche, que cette Princesse ôtant le mouchoir qui lui cachoit le visage, & le regardant avec les yeux où le désespoir étoit peint : Ah ! Seigneur, lui dit-elle, que vos conseils me sont nécessaires dans l'état où je suis !

Vous pouvez juger, Madame, lui dit ce Prince, par l'attachement que je vous ai fait voir, qu'il n'y a rien dont je ne sois capable pour vous en tirer ; mais j'avoue que je ne puis en pénétrer la cause ; vous touchez au moment d'une gloire immortelle après avoir triomphé du cœur d'Etelred, vous triomphez encore de ses sujets ; charmés de votre vertu, ils lui rendent enfin justice, ils vont vous reconnoître pour leur Reine, & le premier conseil général ne s'ouvrira que pour faire l'éloge de l'incomparable Etelgive, & pour suplier le Roi de la couronner, &, lorsque rempli de la plus vive joie, je viens pour vous en instruire, je vous trouve en pleurs & le désespoir dans le cœur, que peut-il désormais manquer à votre bonheur, le Roi qui vous adore ?

Non, Seigneur, interrompit-elle avec précipitation, le Roi n'aime plus Etelgive, depuis un mois les froideurs & l'indifférence ont pris la place des tendres soins & de

l'empreſſement ; voilà , Seigneur , continua-t-elle en fondant en larmes , le ſujet de
la douleur où vous me voyez ; les honneurs
que vous avez la bonté de m'annoncer, ne
touchent point mon ame ; ſi je pouvois paroître ſenſible , ce ne feroit que dans l'eſpoir qu'Etelred en auroit de la joie ; mais
ſon fatal changement ne me fait que trop
voir qu'il ne m'en trouve plus digne , &
ſans ſon cœur , ſon amour & ſon eſtime ,
je n'ai plus beſoin que de la mort.

·Cette belle Princeſſe prononça ces paroles avec une vivacité qui fit bien connoître
à Egrads qu'elles partoient du fond de ſon
cœur ; mais comme il ne s'étoit point aperçu
d'aucun changement dans le Roi , & qu'il
ne comprenoit pas qu'après un amour ſi violent on pût être infidele , d'autant plus qu'il
avoit deux gages de cette paſſion qui devoient la cimenter , & qu'Etelgive étoit plus
belle qu'elle ne l'avoit jamais été , n'ayant
que vingt-deux ans , il crut ſa douleur mal
fondée , & que la crainte de ce qui pouvoit
arriver un jour lui faiſoit prendre pour une
réalité , ce qui n'avoit alors aucune ombre
d'aparence.

·Dans cette penſée il traita les ſiennes de
foiblaſſes , & la conjura de ne ſe pas alarmer ſi facilement , lui repréſentant que ſes
ſoupçons étoient injurieux à la gloire même
d'Etelred ; que l'ayant épouſée malgré toutes les raiſons de l'Etat qui devoient l'en empêcher , malgré l'opoſition de ſes ſujets , &
même malgré tout ce qu'elle lui avoit dit , il
y alloit de ſon honneur de ſoutenir une dé-

marche fi hardie, & qu'il s'attireroit une re-
nommée indigne d'un grand Monarque, s'il
étoit capable d'une pareille inconftance dans
un tems où fes peuples étoient prêts à lui
témoigner que fon choix leur étoit agréable;
que fi toutes ces raifons n'étoient pas affez
puiffantes pour la raffurer, qu'elle devoit
fonger qu'elle avoit deux fils dont la naiffance fuffifoit pour retenir Etelred, & que
fa beauté, plus parfaite que jamais, la pouvoit perfuader de la fidélité de ce Prince.

Enfin Egrads n'épargna rien pour remettre
le calme dans le cœur de la trifte Etelgive,
& il la quitta en lui promettant qu'il re-
viendroit bientôt pour lui donner de nouvelles preuves de l'amour du Roi.

Cette vertueufe Princeffe ne fut pas plus
tranquille, elle avoit des preffentimens
qu'elle ne pouvoit vaincre, & la conduite
qu'Etelred tenoit avec elle depuis quelque
tems l'emportoit fur tout ce qu'on lui faifoit efpérer. En effet, ce Prince n'avoit
pas pour elle cette paffion vive, ardente &
pleine d'attention, qui faifoit fon bonheur; un attachement fecret pour une
femme de fa Cour commençoit à le dé-
goûter d'une poffeffion qu'il avoit defirée
avec tant de chaleur, il ne voyoit plus
Etelgive qu'à regret, & fe repentoit d'a-
voir formé des nœuds qu'il ne pouvoit rompre; il avoit caché fes nouveaux fentimens
avec un foin extrême, afin que l'on n'attri-
buât pas la difgrace d'Etelgive à fon inconftance, mais aux raifons d'Etat qu'il vouloit
faire croire lui avoir ouvert les yeux.

G 5

Mais cette Princesse l'aimoit d'une trop forte tendresse pour se tromper sur cet article, elle s'étoit aperçue qu'il aimoit ailleurs, & le seul espoir de le faire revenir à elle, l'avoit empêchée d'en instruire Egrads, conservant encore ce respect pour le Roi de ne vouloir pas publier ce qu'il tenoit si secret : cependant Egrads qui ne se pouvoit persuader un pareil changement, fut à l'apartement de ce Monarque dans l'intention de pénétrer la vérité.

Il étoit avec Cork dans son cabinet au moment qu'il entra, & le Roi ne l'eut pas plutôt aperçu, que se tournant de son côté avec les marques d'un violent courroux : Que direz-vous, Egrads, lui dit-il, d'un sujet assez téméraire pour refuser de m'obéir ? Prince, continua-t-il, j'ai fait de sérieuses réflexions sur le rang qu'Etelgive tient ici, je vois que sa présence y blesse tous les yeux, & puisque j'ai fait une faute en l'épousant, que je ne puis réparer, je veux du moins donner à ma Cour une espece de satisfaction en la faisant retirer : je charge Cork d'aller lui porter mes ordres, & il ose s'en défendre.

Quoi ! Sire, interrompit Egrads, vous voulez chasser la Reine de votre palais ? vous voulez plonger le poignard dans le cœur d'une Princesse qui vous adore, d'une femme à qui l'Etat est redevable de deux Princes qu'il regarde comme les soutiens de l'Empire, & d'une femme enfin pour laquelle vos sujets ont pris une estime si parfaite, qu'ils vous suplient tous par ma

voix d'affermir la couronne fur fa tête ; ils
font prêts, Sire, à la reconnoître d'un confentement unanime, & fa vertu a fait une
telle impreffion fur les cœurs, qu'ils ne verront point votre changement fans une extrême douleur.

Etelred fut affez furpris d'entendre Egrads
parler de la forte ; mais il n'étoit plus en
état d'écouter la raifon, la fageffe n'étoit
plus la conductrice de fes actions, le vice
avoit pris la place de la vertu, l'inconftance
commençoit à lui faire goûter fes dangereux
plaifirs ; & s'il eût ofé, le Prince Egrads
auroit fenti en ce moment les effets de fa
colere ; il fe contraignit cependant, & faifant retomber toute fa fureur fur Cork qui
ne voulut jamais fe charger de cet ordre
cruel, il le bannit de fa préfence & de la
Cour, & fans vouloir écouter Egrads, il fit
apeller un de fes favoris à qui il ordonna
d'aller inftruire Etelgive de fes volontés.

Le Prince Egrads, qui prévoyoit le trouble que cet événement alloit produire, fe
retira l'ame accablée d'une douleur mortelle, fans pouvoir fe réfoudre à paroître
devant la Reine avant qu'elle fût informée
de fon malheur ; toute la Cour en fut inftruite, ce fut une confternation générale,
& cette Princeffe, qui deux ans auparavant,
n'avoit pas trouvé une voix pour elle, n'en
eut pas une en ce moment qui ne s'élevât
pour la plaindre, chanter fes louanges &
blâmer le changement du Roi ; ce Monarque fut infenfible à toutes les remontrances
que les plus Grands de fa Cour fe hazarde-

rent de lui faire, & malgré ce qu'on put lui
dire, la malheureuse Etelgive reçut l'ordre
fatal d'abandonner le lit & le palais du Roi,
pour se retirer dans celui qu'il lui avoit
donné avant que de l'épouser.

Toutes les Dames s'étoient rendues près
d'elle pour l'aider à soutenir ce coup avec
fermeté, la consoler & l'assurer de la part
qu'elles y prenoient; mais lorsque celui qui
avoit l'ordre se fut acquitté de sa commis-
sion, elle ne leur donna pas le tems d'employer leurs soins en vains raisonnemens;
cette Princesse saisie d'un changement si
prompt & si peu mérité, tomba évanouie
entre leurs bras, tous les remedes furent
mis en usage pour la faire revenir, & ce ne
fut qu'avec des peines extrêmes, qu'après
deux heures de tourmens, on lui fit reprendre ses sens.

Mais la mort étoit si bien peinte sur son
visage, qu'elle n'en donna pas pour cela
plus d'espoir pour sa vie; aussi-tôt qu'elle
put ouvrir la bouche, elle demanda à voir
le Roi, & pria avec tant d'instance qu'on
l'obligeât à se rendre près d'elle, que chacun s'empressa à lui obéir : une partie des
Dames coururent en larmes trouver ce
Monarque, & le suplierent de donner cette
derniere consolation à une Princesse prête
d'expirer; mais le cruel Etelred ne voulut
jamais y consentir, & tout rempli de sa
nouvelle passion, il refusa de la voir avec
une dureté inconcevable : on fut contraint
d'en instruire la Reine, qui voyant qu'il
n'y avoit plus de retour, envoya chercher

Egrads ; il vint ; mais dans un état qui augmenta encore les pleurs de tous ceux qui
étoient autour d'Etelgive ; elle avoit fait
venir ses enfans, & aussi-tôt qu'elle vit ce
Prince, dont la douleur paroissoit excessive :
Seigneur, lui dit-elle d'une voix mourante,
si le coup que le Roi vient de me porter
pouvoit recevoir quelque consolation ; il
seroit bien adouci par les marques que je
reçois de vos bontés & celles de toute la
Cour ; je vous proteste, ajouta-t-elle, en
tournant ses regards sur ceux & celles qui
l'environnoient, que je n'ai jamais desiré
que votre estime & votre amitié, & que je
n'ai ambitionné auprès de vous que le rang
de votre premiere amie & de votre protec-
trice ; ce n'est point la témérité de mes pensées que le ciel punit en ce jour, c'est le
trop tendre amour que j'ai eu pour le Roi,
dont il est sans doute outragé ; ma mort va
bientôt expier ma faute ; Seigneur, continua-t-elle en s'adressant à Egrads, je vous
recommande mes fils, leur sort ne sera pas
sans doute plus heureux que celui de leur
mere ; mais si vous les prenez sous votre
protection, j'ose espérer qu'avec le secours
de la vertu que vous leur inspirerez, ils
surmonteront les obstacles qu'ils pourront
trouver dans le cœur de leur pere ; puissiez-
vous, dit-elle en les embrassant, chers gages d'une ardeur trop tendre & trop mal
récompensée, puissiez-vous rassembler pour
vous dans l'ame d'Etelred tout l'amour
qu'il m'avoit juré, puissiez-vous conserver
pour lui les sentimens de respect & de ten-

dreffe dont je ne fuis jamais fortie, & puif-
fiez-vous le contraindre un jour à regretter
la malheureufe Etelgive; je vous les remets,
Seigneur, continua-t-elle, ces Princes infortunés, c'eft à vos foins que je les confie,
ne les abandonnez pas; à ces mots elle les
embraffa encore, & voyant que perfonne
ne pouvoit lui répondre à force de répandre des pleurs, les fanglots coupant la voie
de toute cette affemblée, elle voulut mettre
fin à un fpectacle fi touchant, & ayant ordonné fon départ, elle entra dans le char
qui la devoit conduire à fon palais; elle
étoit foutenue par le Prince Egrads & l'in-
confolable Edite qui fondoit en larmes;
toutes les Dames voulurent embraffer fes
genoux & lui baifer les mains; mais elle
ne le permit pas; & les ayant embraffées
l'une après l'autre avec bonté: Gardez pour
mes enfans, leur dit-elle, l'amour que vous
me témoignez, c'eft la feule chofe que
j'exige de votre zele; cette Princeffe étoit fi
belle dans fa douleur, des graces fi touchantes étoient répandues dans toutes fes
actions, que ceux qui l'accompagnoient fe
fentoient arracher l'ame en s'en féparant :
ce fut un cri général en la voyant partir;
elle en fut elle-même fi touchée, qu'elle
fut obligée de couvrir fon vifage pour cacher l'abondance de fes pleurs; elle étoit
feule dans fon char avec Edite; mais toutes
les femmes qui étoient attachées à elle par
leurs charges ne la voulurent point quitter, & fe rendirent promptement à fon palais pour la recevoir.

Le Prince Egrads qui n'avoit pu proférer une seule parole, s'y rendit aussi dans la même intention, & pour chercher avec elle quelque moyen de faire revenir le Roi de son égarement ; ainsi en arrivant chez elle, elle se trouva au milieu d'une petite Cour qui n'avoit l'air de la disgrace que par la profonde tristesse qui y régnoit ; elle parut très-sensible à leur attention, & sur-tout à celle du Prince ; mais elle se trouva si mal, qu'elle fut contrainte de se mettre au lit.

Le Prince Egrads faisant enfin un effort sur sa douleur, passa à sa ruelle, & s'aprochant d'elle pour n'être pas entendu : Madame, lui dit-il, je ne chercherai point à vous consoler, je vous connois trop bien pour ne pas croire qu'il seroit inutile de l'entreprendre ; mais rapellez ce courage & cette vertu qui vous rendent l'admiration de l'Angleterre ; songez que c'est dans un pareil revers qu'il vous est plus important de les faire éclater, que lorsque vous êtes parvenue au rang dont ils vous ont rendue si digne.

Attendez du tems & de votre patience un changement plus avantageux ; vous avez acquis le cœur des peuples, ils vous rameneront celui du Roi : vivez pour le faire rougir par votre constance & votre sagesse de son injuste infidélité ; &, quoique je voie bien que je n'ai plus aucun pouvoir sur lui, soyez assurée que je parlerai aussi hardiment pour vous rétablir, que je l'ai fait jadis pour empêcher votre hymenée ; ce sera sans doute avec plus de succès, puisque la beauté &

les rares qualités de Votre Majesté qui s'o-
pofoient alors à mes raifons, font aujour-
d'hui d'accord avec elles; je ne vous demande que du tems, & de vivre pour jouir
du fruit de mes foins & d'une gloire que
rien ne pourra plus troubler.

Seigneur, lui répondit Etelgive, ma ré-
fignation aux décrets immortels vous doit
perfuader que je ne ferai rien pour avancer
ma mort; mais le trait a porté trop avant
dans mon cœur; c'eft à celui d'Etelred que
ma vie eft attachée; la privation de l'un ne
peut aller fans l'autre, je ne puis vous promettre de vivre, cela ne dépend pas de
moi; mais je vous promets d'avoir jufqu'à
mon dernier moment une vive reconnoiffance de tout ce que vous faites pour moi;
je ne refufe point vos offres généreufes, &
j'avoue que je mourrois avec moins de regret fi j'emportois au tombeau la fatisfaction d'être encore aimée du Roi.

Alors ayant fait connoître qu'elle fouhaitoit un moment de folitude, il fe retira
en l'affurant qu'il viendroit tous les jours
lui rendre compte de ce qu'il auroit fait;
cependant Etelred, que la préfence de cette
belle Princeffe commençoit à gêner, fe fentit extrêmement foulagé de l'avoir bannie
de fa vue; & s'abandonnant entiérement à
fa nouvelle paffion, il ne donna plus lieu
de douter que fon inconftance étoit la feule
caufe du malheur de la Reine; mais comme
l'objet qui l'enflammoit n'avoit ni fes vertus, ni fa piété, il l'entraîna en peu de tems
dans des déportemens fi peu convenables à

la Majesté Royale, que l'on en murmuroit hautement.

Etelgive qui menoit une vie languissante & solitaire, gémissoit en secret du déréglement de ce Monarque. Le Prince Egrads, qui vit ses nouvelles amours suivies de plusieurs autres, & que le plaisir de changer sembloit faire sa félicité, en auguroit un heureux retour pour cette Princesse, se persuadant que tant qu'il ne prendroit que de volages attachemens, il ne seroit pas si difficile de prendre son tems pour le ramener ; il flattoit souvent Etelgive de cet espoir, & quoiqu'elle n'attendît que la mort, elle ne pouvoit s'empêcher de s'y livrer quelquefois, lorsqu'elle vit mettre le comble à son infortune d'une maniere à n'en plus douter.

Le commerce qu'il y a eu de tous les tems entre la ville de Londres & celle de Rouen, & les habitudes que les Seigneurs de la Cour d'Angleterre avoient avec celle de Normandie, qui étoit des plus galantes, firent parvenir jusqu'à Etelred le bruit de l'extrême beauté de la Princesse Emme, sœur de Richard II, Duc de Normandie. Ce volage Prince commença d'en être épris sur les récits qu'on lui en fit ; & un portrait qu'il en voulut avoir acheva de l'enflammer : ce fut alors qu'il détesta plus que jamais l'engagement qu'il avoit formé avec Etelgive ; & comme sa fécondité avoit mis un obstacle invincible à une rupture entiere, il en fit voir un désespoir si violent, que ses enfans mêmes lui en devinrent insuportables.

Il chaſſa toutes ſes maîtreſſes avec mépris
& ignominie, bannit tous les plaiſirs de ſa
Cour, & ſe livrant ſans réſerve au chagrin
qui le rongeoit, il paſſoit des jours entiers
dans ſon cabinet à contempler le portrait
de la Princeſſe de Normandie. Quelque ſoin
qu'on aportât à cacher à Etelgive un amour
ſi ſurprenant, elle en fut informée, & trouvant la perte de toutes ſes eſpérances dans la
grandeur de la naiſſance & de la beauté de
ce nouvel objet, elle n'en put ſoutenir l'é-
clat : une fievre ardente la ſaiſit, & tout
l'art des médecins ne put la rapeller à la vie;
elle reçut l'arrêt de ſa mort avec une conſtance & une fermeté admirables ; & tandis
qu'elle ne voyoit que pleurs & déſeſpoir
parmi ceux qui l'environnoient, elle étoit
tranquille, & cherchoit à les conſoler en
leur exagérant de combien de peines la mort
alloit la délivrer.

Quelques heures avant que de mourir
elle écrivit au Roi une aſſez longue lettre
qu'elle cacheta & remit au Prince Egrads
pour la rendre à ce Monarque ; enſuite elle
diſtribua tout ce qu'elle poſſédoit entre
Edite & les perſonnes qui ne l'avoient point
quittée : comme Etelred ne lui avoit rien ôté
de ce qu'il lui avoit donné indépendamment
des fonds aſſignés pour ſon entretien, elle
s'en trouva aſſez pour récompenſer magnifiquement ſa maiſon ; & donnant ſes derniers momens à l'immortalité, elle expira
dans les ſentimens d'une piété exemplaire,
âgée de vingt-trois ans, plus belle que jamais, & regrettée univerſellement.

La trifte Édite, profitant de fes bienfaits, ne lui eut pas plutôt rendu les derniers devoirs, qu'elle fe retira dans un couvent, où elle prit le voile quelque tems après. Pour le Prince Egrads, pénétré de la plus vive douleur, il ne fongea qu'à s'acquitter de la commiffion que lui avoit donnée cette vertueufe Princeffe ; & les yeux baignés de pleurs, il fut rendre la lettre au Roi. Ce Monarque, à qui la nouvelle de la mort de la Réine avoit déja été annoncée, reçut Egrads avec une froideur & une infenfibilité dont il fut épouvanté.

Il lui préfenta la lettre d'Etelgive ; il la prit, & fans l'ouvrir ni même y jetter un regard, il la mit négligemment dans un coffre de vermeil qui étoit à côté de lui, où il avoit accoutumé de renfermer le plus précieux de fes bijoux ; & fans dire un feul mot de cette Princeffe, il entretint Egrads de mille chofes indifférentes. Ce Prince trouva tant de dureté dans ce procédé, qu'il le quitta le plutôt qu'il put, & le laiffa en liberté de faire éclater la fecrette fatisfaction de fon cœur.

Il laiffa cependant écouler quelques jours; mais comme toutes fes paffions étoient véhémentes, il ne tarda pas à rendre fes intentions publiques, & ayant déclaré qu'il vouloit époufer la Princeffe de Normandie, il nomma pour fon Ambaffadeur à la Cour de Richard le Comte de Kent, qui étoit le plus riche & le plus puiffant Seigneur de l'Angleterre, Capitaine Général des armées du Royaume.

Il arriva à Rouen avec un équipage superbe, & suivi de trois cents Gentilshommes
qui l'avoient accompagné ; il y fut reçu
avec tous les honneurs possibles ; & dès sa
premiere audience, la demande qu'il fit de
la Princesse lui fut accordée, & cet Ambassadeur, chargé des pouvoirs de son maître,
emmena à Londres la Princesse Emme.
Cette alliance étoit si glorieuse, & la beauté
de la Princesse étoit si parfaite, que les peuples en témoignerent une joie sincere, d'autant plus qu'ils espéroient que cela retire-
roit Etelred de tous ses déréglemens ; il lui
fit une entrée somptueuse, elle fut accompagnée de la noblesse de Normandie & de
Bretagne, & jamais la Cour d'Angleterre
n'avoit été si belle & si magnifique : le Roi
épousa cette Princesse dans la fameuse église
de Wesminster, où le même Evêque de Durham, qui avoit donné la premiere béné-
diction nuptiale au mariage du Roi & d'E-
telgive, en fit la cérémonie ; les réjouissan-
ces durerent un mois entier, & le Monarque paroissoit si fort amoureux & si content,
que l'on crut que cette belle Reine fixeroit
enfin son volage cœur.

Elle n'ignoroit pas la funeste aventure
d'Etelgive, & le récit de ses vertus avoit
fait une impression si vive sur le cœur de
cette Princesse, que comme elle étoit elle-
même un miracle de sagesse & de beauté,
elle en conservoit une tendre mémoire ; elle
prit ses enfans en affection, & voulant leur
servir de mere, & sur-tout le Prince Edmond, qui étoit l'aîné, s'en fit aimer parfaitement.

La premiere année de son mariage elle donna un Prince à l'Angleterre que le Roi fit nommer Alfred, & que l'on regarda comme le présomptif héritier de la couronne, attendu que le mariage d'Etelgive n'ayant pas été revêtu des formalités requises par les loix du Royaume, mettoit un défaut à la naissance de ses enfans : la seconde année la Reine accoucha encore d'un fils, que Robert, frere de Richard, Comte d'Hieme, tint sur les fonts, & qu'il nomma Edouard.

L'Angleterre jouissoit alors d'une paix profonde : plus de factions, plus de partis ; les peuples étoient contens, & les Grands vivoient en bonne intelligence : la Reine, qui possédoit toutes les vertus nécessaires à une grande Princesse, faisoit les délices de la Cour & de la ville ; la tendresse qu'elle témoignoit aux enfans d'Etelgive lui avoit gagné tous les cœurs : le Prince Edmond, qui étoit sa vivante image, en rapelloit souvent la mémoire, & le mérite de cette Princesse infortunée rendoit son souvenir si cher, que l'on vit avec une joie extrême les bontés que la Reine marquoit à ses deux fils, ne voulant pas qu'il y eût aucune différence entre les siens & eux, les traitant également & leur donnant les mêmes soins : enfin tout sembloit conspirer au bonheur d'Etelred & à la félicité de ses peuples, quand l'inconstance & la légéreté de ce Prince vint encore troubler cette belle harmonie.

Il prit un dégoût pour la Reine si extraordinaire, qu'il vint au point de ne pouvoir plus la voir, ni la souffrir : cette aversion devint si visible, que tout le monde s'en aperçut ; la Reine, qui étoit bonne, & d'une douceur charmante avec ses inférieurs, mais fiere avec ses égaux, se plaignit à lui de son changement, lui en demanda la cause, & le conjura de ne la point porter par ses mépris à des extrêmités qui lui seroient désavantageuses : mais Etelred, bien loin de répondre à ses justes plaintes, & de se justifier, la quittoit avec un air de dédain & d'indifférence qu'elle ne put suporter : elle s'en expliqua hautement, & en écrivit au Duc de Normandie, qui, entrant dans les intérêts de sa sœur, envoya des Ambassadeurs à Etelred pour le faire rentrer en lui-même.

Mais ils lui parlerent avec tant de hauteur, qu'au lieu de l'adoucir, ils ne firent que l'aigrir davantage contre la Reine, à laquelle il fit le même traitement qu'à Etelgive, la chassant de son lit & de son palais, qu'il remplit de maîtresses & de plaisirs désordonnés, affectant de parler avec mépris de la Reine & du Duc de Normandie ; les choses parvinrent à un tel degré de haine, que la Cour se partagea entre deux partis, l'un pour le Roi, & l'autre pour la Reine, & tout étoit dans une confusion terrible.

Dans ce trouble, deux Seigneurs Danois établis en Angleterre, auxquels le Roi avoit pardonné pour avoir été de la rebellion du Comte d'Iermeland, furent accusés d'entretenir des correspondances suspectes à l'Etat avec Suénon, Roi de Danemarck :

Etelred les fit arrêter, leur procès leur fut fait, & ayant été trouvés coupables, ils furent condamnés à perdre la tête, & leurs biens confisqués au profit du Roi : cette sentence fut exécutée à la rigueur, & ils eurent la tête tranchée publiquement à Londres. Un de ces Seigneurs étoit proche parent du Roi de Danemarck, & les gens sensés blâmoient Etelred d'avoir été si vîte dans cette affaire, dont les conséquences pouvoient être dangereuses.

En effet, la nouvelle n'en fut pas plutôt arrivée en Danemarck, que Suénon jura de s'en venger sur le Roi d'Angleterre & ses sujets d'une maniere si cruelle, que l'Europe en frémiroit ; & sans perdre de tems, ayant armé puissamment, rempli de l'ardeur de sa vengeance, & plus encore de son ambition, il fit une descente en Angleterre avec une armée formidable au commencement du mois de mai 1013, où il porta le fer & le feu, & soumit toutes les provinces du Nord de ce Royaume.

Etelred, rapellant son courage, se mit à la tête d'une nombreuse armée, fut au-devant de son ennemi & lui livra bataille ; mais il fut défait, son camp forcé & ses troupes furent mises en désordre ; & lui étant impossible de les rallier, il prit la fuite & se retira à Londres, où tout étoit en combustion ; dans cette extrêmité, ne sachant plus que devenir, il eut recours à la Reine qui, touchée de son malheur, oubliant l'outrage qu'il lui avoit fait, écrivit au Duc de Normandie, fit la paix avec lui, qui, à la confidération de fa fœur, lui accorda retraite dans fes Etats, où la Reine le conduifit avec tous fes enfans.

Le Duc de Normandie, excité par les prieres de cette Princeffe & par fa générofité naturelle, reçut ce Prince avec bonté, & lui promit de prompts & puiffans fecours pour le rétablir dans fes Etats, à quoi il travailla dès ce moment avec chaleur; la nouvelle de l'arrivée d'Etelred & de toute la Famille Royale auprès de Richard, & de l'armement formidable que faifoit ce Prince pour remettre fon beau-frere fur le trône, fut bientôt répandue par toute la France; les Seigneurs François, animés du defir d'acquérir de la gloire, & dont la valeur ne peut refter oifive, vinrent en foule offrir leurs fervices au Roi d'Angleterre; la noblesse du fecond ordre fuivit leur exemple, & vint en Normandie lui faire les mêmes offres; de forte qu'avec un fecours fi confidérable & fi peu attendu, Etelred fe vit en état de reconquérir fon Royaume.

Il l'efpéra d'autant plus, que pendant que l'on travailloit à l'embarquement de fes troupes, on aprit que Suénon étoit mort à Londres: cette nouvelle fit preffer l'armement; on mit à la voile, les vents furent favorables, & le deuxieme jour du départ ils débarquerent dans la province de Suffex avec une auffi belle armée qu'on eût encore vue en Angleterre, ayant à fa tête quatre mille Gentilshommes François, & fans prendre aucun repos, on marcha droit à Londres.

Les troupes danoises qui voulurent s'o-
poser à leur marche furent défaites, rien ne
put résister au courage des François ; les
Danois s'étant rassemblés en corps d'armée
voulurent hazarder la bataille, mais ils eurent lieu de se repentir de leur témérité ; ils
furent taillés en pieces, & menés battant
jusqu'aux extrêmités de l'Angleterre, où
les débris de l'armée danoise se rembarque-
rent avec le jeune Canut, fils de Suénon,
abandonnant leur conquête, leur gloire &
tout leur bagage.

Etelred, dont la joie étoit parfaite, rentra dans Londres victorieux, aux acclamations de tous ses sujets : il fit revenir en Normandie la Famille Royale, & combla d'honneurs & de présens toute la noblesse françoise,
dont la valeur l'avoit si puissamment secouru ;
& il se flattoit de jouir paisiblement de ses travaux, lorsque le repos de son ame se vit troublé dans le tems qu'il s'y attendoit le moins.

Un jour qu'il s'amusoit dans son cabinet
à choisir entre ses pierreries celles qui pouvoient le mieux convenir à faire un brasse-
let, qu'il vouloit donner à la Reine, la lettre encore cachetée de la malheureuse Etelgive s'offrit à ses regards ; un mouvement
dont il ne fut pas le maître la lui fit prendre en soupirant, il l'ouvrit, & n'en eut pas
plutôt lu quelques lignes, qu'il desira la lire
entiérement : une tendre pitié s'empara de
son cœur ; il s'assit, & prenant ce dangereux
papier, il le baisa sans trop savoir ce qui le
forçoit à cette action ; enfin il en fit la lecture
sans interruption, elle étoit en ces termes :

La trop fidelle & malheureuſe Etelgive
à ſon Seigneur & Roi, le trop aimé
ETELRED.

SIRE,

*Si je n'étois pas aſſurée que je vais mourir,
je n'aurois pas la hardieſſe d'expoſer à vos yeux
des caractères qui n'ont plus rien d'agréable
pour Votre Majeſté; mais l'état où je ſuis
autoriſe ma témérité, & vous ne devez pas
refuſer à la mourante Etelgive la conſolation
de vous dire pour la derniere fois qu'elle vous
a aimé & vous aime encore plus que jamais,
malgré tout ce que vous lui avez fait ſouffrir.*

*Je ne mets point la main à la plume pour
vous faire des reproches, je reſpecte juſqu'à
vos infidélités, & j'en accuſe bien moins votre
cœur que la fatalité de ma deſtinée, qui ne
m'avoit pas donné les qualités néceſſaires pour
le conſerver; j'oſe ſeulement vous ſuplier de
vous ſouvenir que j'ai fait tous mes efforts
pour vous épargner un repentir, & que j'ai
payé de la plus vive tendreſſe & de la plus
parfaite ſoumiſſion l'eſtime dont vous m'aviez
honorée.*

*Accordez-moi la grace, Sire, que ma mé-
moire ne vous ſoit pas odieuſe, après vous
avoir été ſi chere, & de ne pas faire retomber
ſur des Princes infortunés le mépris que vous
avez marqué à leur malheureuſe mere; ſou-
venez-vous que vous êtes leur pere, & qu'en
voyant le jour ils ont perdu tout ce qu'ils pouvoient tenir de ma naiſſance pour être revêtus*

de tout l'éclat de la vôtre ; s'ils ont un jour
quelque reſſemblance avec moi, je deſire que ce
ne ſoit que par leur amour & leur repeſt pour
Votre Majeſté ; j'eſpere que le Ciel exaucera
la priere que je lui en fais : vous allez bientôt
donner à l'Angleterre une Reine véritablement digne d'occuper une place que je n'ai fait
qu'uſurper , je lui cede ſans regret un trône où
je n'ai jamais prétendu , mais je crois que ſi je
ne mourois pas , je ne pourrois lui céder votre
cœur ; mais, Sire , je meurs , & rien ne pourra
mettre obſtacle à de ſi beaux nœuds ; puiſſent-
ils être plus heureux que les miens : formés ſous
de meilleurs auſpices , vous jouirez d'une éternelle félicité, ſi vous n'y mettez vous-même
de triſtes bornes en vous livrant à des nou-
veautés dangereuſes.

Souffrez , Sire , que comme la premiere de
vos ſujettes , je prenne la liberté de vous rapeller à vous-même : mon intérêt n'a plus de
part à mes diſcours , c'eſt le vôtre ſeul qui me
les diſte , c'eſt votre gloire , c'eſt votre repos
auxquels j'oſe vous ſuplier de ſacrifier tous les
mouvemens de votre ame. Engagez par votre
amour & par votre conſtance l'admirable
Princeſſe qui va devenir votre compagne , à
ne point blâmer l'ardeur de la tendreſſe que
j'ai eue pour vous ; plus vous lui paroitrez
aimable , & plus elle excuſera ma conduite ;
mais, hélas ! qui peut jamais vous aimer comme
Etelgive , elle ne vivoit que pour vous , vous
l'abandonnez , elle meurt : adieu, Sire , mes
forces s'affoibliſſent , & mon amour ne diminue
point , je ne vous verrai plus , vous n'enten-
drez plus parler de moi ; & je quitte la vie

sans avoir seulement l'espérance que vous vous
souveniez jamais d'ETELGIVE.

Cette lettre fit sur le cœur d'Etelred un
effet aussi prompt que celui de la première
vûe de celle qui l'avoit écrite ; tous les charmes de cette Princesse revinrent à son esprit,
les douceurs qu'il avoit goûtées dans leur
possession se représenterent à sa mémoire ,
son amour se réveilla ; & la douleur de l'a-
voir traitée si indignement , d'avoir causé sa
mort , de l'avoir perdue pour jamais , se fit
sentir si vivement , qu'il ne pût retenir un
torrent de larmes , dont en un instant son
visage & la lettre qu'il tenoit furent baignés : il ne se pouvoit lasser de la relire &
de se faire à lui-même les plus sanglans reproches sur sa conduite passée : il se rapella
celle qu'il avoit tenue avec la Reine Emme,
les outrages qu'il avoit faits aux deux plus
vertueuses femmes de la terre, leur douceur,
leur patience, la soumission de la première,
son amour & sa mort, les obligations qu'il
avoit à la derniere, & l'oubli qu'elle marquoit des offenses qu'elle en avoit reçues,
mirent ce Prince dans un état digne de com-
passion.

La Reine , qui étoit alors parfaitement
bien avec lui , entra dans ce moment , il ne
la vit point, étant placé de façon que la
porte du cabinet se trouvoit derriere lui ; &
d'ailleurs entiérement occupé à sa lecture ,
il n'avoit d'attention à rien : cette Princesse
qui vit qu'elle n'en étoit point aperçue, s'a-
puya doucement sur le dos de son fauteuil ,

& lut diftinctement la lettre d'Etelgive : elle
en fut fi touchée, qu'oubliant elle-même où
elle étoit, les larmes coulerent de fes yeux,
& fes fanglots ayant tiré le Roi de fa rêve-
rie, il fe retourna, & là voyant en cet état :
Ah ! Madame, lui dit-il, qu'avez-vous vu ?

Sire, lui dit cette belle Reine, ne foyez
point alarmé des pleurs que je répands, une
indigne jaloufie n'en eft point l'objet ; je les
donne à la mémoire & aux malheurs de la
plus aimable femme du monde, & je ne
croïrois pas mériter la place qu'elle m'a
laiffée, fi je blâmois celle qu'elle doit avoir
dans votre fouvenir.

Des fentimens fi nobles & fi rares rendirent à Etelred fes premieres vertus, il eut
horreur de tout ce qu'il avoit fait, & racon-
tant à la Reine fans déguifement l'aventure
de cette lettre, il lui avoua qu'elle avoit
ranimé dans fon cœur tout l'amour qu'il
avoit eu pour Etelgive ; mais, Madame,
continua-t-il, cet amour qui n'a plus qu'une
ombre plaintive pour objet, ne fe rallume
dans mon cœur que pour vous en faire partager l'ardeur ; & je ne puis réparer le tort
que j'ai fait à cette Princeffe infortunée
qu'en me donnant entiérement à vous ; oui,
vous ferez déformais l'unique but des foins,
de la tendreffe & de la fidélité que je lui
devois, & puifque je ne puis la rapeller à
la vie, je veux la faire revivre en vous par
la conftance de mon attachement.

Sire, lui répondit la Reine, & pour Etelgive & pour moi, je recevrai toujours les
marques de votre amour avec une joie fen-

fible ; foyez affuré de
enfans de cette belle
auffi chers que les
jamais aucune diff
la Reine calma un
mercia; & ce touch
promeffes d'une in

Cependant , q
dit , fon ame n'é
d'Etelgive le fui-
lettre fur fon co
inftant de tendr
quoiqu'il vécû
la Reine , Etel
& occupoit t
leur fecrette
çoit à fe man
guiffante, lor
Roi de Da
contre lui ,
dans tous
celui de N
de toutes
pes , fit de
les précau
fifter à fe
l'année 1
terre av
defcente
fe camp
forte d
ne vou
pouve
& la I
les D

mais fes troupes furent toujours battues, &
les ennemis s'avançoient à chaque inſtant
vers la ville ; ce Monarque preſſé par ce
nouveau malheur, rongé par des remords
cruels, perſécuté de l'image d'Etelgive ;
pour laquelle il nourriſſoit un amour d'autant plus violent, qu'il ne pouvoit le ſatiſ-
faire, fut attaqué d'une fievre aiguë dont il
mourut en peu de jours en prononçant ſans
ceſſe le nom d'Etelgive, & laiſſant tout le
Royaume & ſa famille dans un trouble &
une confuſion qui ne permirent pas aux
enfans de la Reine de conteſter l'état de
ceux d'Etelgive ; & comme le Prince Edmond étoit le ſeul que l'âge rendoit capable
de régner, il fut couronné & proclamé Roi
d'Angleterre d'une commune voix ; au préjudice des fils de la Reine, dont la jeuneſſe
étoit encore trop tendre pour prendre les
rênes d'un Empire accablé de guerres & de
diſſentions ; & telle fut la fin d'Etelred, un
des plus aimables & des plus inconſtans
Monarques de la terre.

A peine Félicie eut-elle ceſſé de parler,
que la compagnie, qui n'avoit fait que
pleurer pendant ſon récit, lui donna mille
louanges ſur la maniere touchante dont elle
avoit conté cette hiſtoire : Pour moi, lui
dit Camille, ſi j'en entends encore pluſieurs
de cette ſorte, on changera abſolument
mon tempérament, & d'enjouée que je ſuis,
je deviendrai triſte & mélancolique ; j'ai le
cœur ſi ſerré, que je crois ne pouvoir rire
de ma vie.

Nous y perdrions, dit Uranie ; mais il

faut convenir que l'aventure d'Etelgive est des plus tristes, & qu'il est impossible de l'entendre sans en être émue.

Avouez, ajouta Florinde, que cela donne de cruelles impressions contre les hommes, & qu'Etelred est un exemple bien sensible de l'instabilité de leurs sentimens.

Ah ! ma chere Florinde, interrompit Erasme., ne portez pas plus loin vos dangereuses réflexions ; & pour un infidele, n'offensez pas ceux qui sont incapables de changer.

Quoi qu'il en puisse être, dit alors Célimene, il faut s'en flatter pour ne pas troubler d'avance la tranquillité de son cœur ; & je suis si persuadée de la constance de tous ceux qui sont ici, que l'histoire du Roi d'Angleterre ne m'a donné aucune idée qui leur soit désavantageuse.

Nous méritons cette confiance, s'écria Thélamont, & vous ne risquez rien, Madame, à nous servir de caution auprès de celles qui nous ont engagés. La conversation alloit continuer lorsqu'on vint avertir que le soupé étoit servi ; je vous assure, dit Camille en se levant la premiere, que j'ai besoin d'un aussi bon repas que celui que je vais faire, pour dissiper la douleur que Félicie m'a causée.

On rit beaucoup de la façon dont cette belle femme prononça ces paroles ; & pour la tirer de sa tristesse prétendue, on se pressa de se mettre à table, où chacun fit briller à l'envi l'esprit, l'enjouement & l'amour. Silviane & Arélise convinrent qu'elles n'avoient

jamais paſſé une plus agréable journée ;
comme la maiſon d'Uranie pouvoit encore
contenir cette augmentation de compagnie,
elle pria Célimene & ſes aimables amies d'y
coucher , ce qu'elles accepterent avec plaiſir , pour avoir celui de jouir encore le lendemain des amuſemens de ce charmant
ſéjour.

Fin du ſixieme Tome.

Lightning Source UK Ltd.
Milton Keynes UK
UKHW020349081118
331957UK00009B/1022/P